本书由浙江省新型重点专业智库“浙江财经大学中国
政府监管与公共政策研究院”资助

浙江智库
ZHEJIANG
THINK TANK

商业银行
会计方法调节
监管资本问题研究

于永生　卢桂荣◎著

中国财经出版传媒集团
中国财政经济出版社
·北京·

图书在版编目（CIP）数据
商业银行会计方法调节监管资本问题研究 / 于永生，卢桂荣著. -- 北京 : 中国财政经济出版社，2025. 3.
ISBN 978-7-5223-3707-4
Ⅰ. F830.42
中国国家版本馆CIP数据核字第2025V8B244号

责任编辑：马　真　　　　责任校对：张　凡
封面设计：智点创意　　　　责任印制：史大鹏

商业银行会计方法调节监管资本问题研究
SHANGYE YINHANG KUAIJI FANGFA TIAOJIE JIANGUAN ZIBEN WENTI YANJIU

中国财政经济出版社 出版
URL：http：//www. cfeph. cn
E－mail：cfeph@ cfeph. cn

社址：北京市海淀区阜成路甲 28 号　邮政编码：100142
营销中心电话：010－88191522　编辑部电话：010－88190957
天猫网店：中国财政经济出版社旗舰店
网址：https：//zgczjjcbs. tmall. com
涿州汇美亿浓印刷有限公司印刷　各地新华书店经销
成品尺寸：170mm×240mm　16 开　16.5 印张　242 000 字
2025 年 3 月第 1 版　2025 年 3 月河北第 1 次印刷
定价：76.00 元
ISBN 978－7－5223－3707－4
（图书出现印装问题，本社负责调换，电话：010－88190548）
本社质量投诉电话：010－88190744
打击盗版举报热线：010－88191661　QQ：2242791300

目　　录

第1章

导　论

1.1　研究背景与目的

党的十九大报告提出，要深化金融体制改革，健全金融监管体系，守住不发生系统性金融风险的底线。党的二十大报告指出，要加强和完善现代金融监管，强化金融稳定保障体系，依法将各类金融活动全部纳入监管，守住不发生系统性风险底线。2023 年中央金融工作会议强调，要全面加强监管、防范化解风险，牢牢守住不发生系统性金融风险的底线。由此可见，系统性金融风险的防控一直是国家金融监管工作的重中之重。系统性金融风险主要源于系统重要性金融机构，它们大多为商业银行，因此银行业风险防控成为最终的聚焦点。在银行业监管体系中，资本监管是核心，其关键指标——资本充足率是基于会计数据核算确定的；但会计核算一般具有裁量权空间，相同的业务在不同会计核算方法下会导出不同的数据，这为商业银行运用会计方法调节监管资本①提供了渠道。2008 年全球金融危机后的一些研究证实，欧美商业银行广泛采

① 本书研究会计方法调节监管资本问题，聚焦于商业银行运用会计处理的自由裁量权“向上调节监管资本”，它不能实质性地提高监管资本，仅在账面上增加监管资本，实质上是“虚增监管资本”，因此本书将“调节监管资本”和“虚增监管资本”界定为同义词，相互替代使用。

用会计方法调节监管资本（如推迟确认贷款减值损失、调整金融资产分类等），这被认为是诱发金融危机和加剧市场顺周期性的原因之一，因此 G20 在华盛顿、伦敦和匹兹堡举办的三次领导人会议均持续关注会计准则与资本监管制度的关联性引发的问题。随后，国际会计准则理事会（IASB）改革金融工具会计准则与巴塞尔银行监管委员会（BCBS）废止审慎过滤器制度等举措均有压缩会计方法调节监管资本空间之考虑。

我国会计准则和资本监管制度与国际趋同，我国商业银行与欧美银行的制度背景相同，欧美银行业存在的问题在我国银行业也可能存在；锦州银行爆雷（2019）后一次性确认资产减值损失 236.84 亿元，导致其资本充足率指标（9.21%）迅速降至监管红线（10.5%）之下[①]，暴露了其会计方法虚增监管资本的本质；国内文献（宋洪吉，2013；万晓莉，2016；沈庆颉，2016）也获得了其他一些相似证据。更重要的是，在金融风险防范成为国家工作重心以来，资本监管问题受到高度重视：央行（2018）将资本套利列为我国金融风险防范的制度短板，银监会（2019）也将其列为银行业金融安全问题的整治重点，资本套利常见方法之一就是会计方法虚增监管资本。

本书研究商业银行会计方法虚增监管资本诱发的风险隐患，基本思路是：在 2013 年我国开始实施更高的监管资本要求、2014 年我国经济步入新常态，以及商业银行资本监管压力不断提高的背景下，它们有动机和渠道利用会计方法虚增监管资本，由此诱发的风险隐患会在经济下行期演化成实质性风险或爆雷事件，必须及时进行有效识别和防控。本书揭示商业银行利用会计方法调节监管资本的机理，调查我国商业银行运用该方法虚增监管资本的现状，研究可能诱发的风险隐患和防控策略，为系统性金融风险防控提供针对性的解决方案。

---

① 参见该银行 2019 年 8 月 30 日披露的 2018 年年报。

1.2　主要内容与重要观点

1.2.1　主要内容

本书研究商业银行会计方法虚增监管资本诱发的风险隐患，设计了围绕该主题的研究框架："银行经营情况和资本监管制度变化→会计方法虚增监管资本的理论和实证研究→会计方法虚增监管资本引发风险隐患的理论和实证研究→会计方法虚增监管资本引发风险隐患的识别与防控措施"。

（1）银行经营情况和资本监管制度变化

基于2013—2019年的相关数据和制度，梳理了我国商业银行的经营情况和资本监管制度变化。在这一期间我国经济承受着较大下行压力，其中，前期主要由金融危机后全球经济复苏乏力所致，后期则主要归因于中美贸易摩擦。在此期间，监管机构对银行监管资本数量和质量提出了更高要求，最低资本充足率要求由8%提高至10.5%，增加了31.25%。因此银行业面临经营环境复杂化和资本监管要求严苛化的双重压力，遭遇前所未有的经营管理和资本管理挑战。本书还分析了商业银行的双重监管制度背景，即它们受会计监管和资本监管双重约束，但这两种制度的目标却不同：前者致力于保护投资者，后者追求金融系统稳定。这种目标差异使"双重监管"机制可能产生"合成谬误"，滋生"监管套利"等负面效应，从而诱发会计方法虚增监管资本问题。

（2）会计方法虚增监管资本的理论和实证研究

首先厘清会计方法虚增监管资本的机理，已有文献论证了"监管税理论"和"监管之王理论"，本书提出了"双重监管差异理论"和"会计裁量权理论"；其次在系统分析会计准则对监管资本影响并深入研究当前会计监管和资本监管制度关系基础上，提炼出银行会计方法虚增监管资本操作的主要项目和渠道；最后基于我国主要银行数据，分别采用行业分析、案例分析和实证分析方法探究我国银行会计方法虚增监管资本的具体情况、一般规律和基本特点。

（3）会计方法虚增监管资本引发风险隐患的理论和实证研究

首先厘清会计方法虚增监管资本诱发风险隐患的机理，基于资本收缩理论和银行特殊性理论，本书提炼出两条机理：一是未确认损失积累到一定程度诱发风险，二是机会主义会计裁量权运用到一定程度诱发风险；其次锁定主要风险隐患，已有文献论证了顺周期性、传染性等宏观风险隐患，本书补充了资本违规、流动性不足和股价崩盘等微观风险隐患；最后针对上述三类微观风险隐患选取变量、设计假设和模型，基于我国商业银行数据、采用行业分析和案例分析方法探究上述风险隐患的具体情况和基本特点。

（4）会计方法虚增监管资本引发风险隐患的识别与防控措施

首先总结我国商业银行会计方法虚增监管资本引发风险隐患的基本情况；其次梳理会计方法虚增监管资本的识别策略，包括国际规则制定机构采纳的识别策略和本书提出的识别策略；再次提炼会计方法虚增监管资本引发风险隐患的防控策略；最后在总结国际规则制定机构采纳的防控策略之后，本书提出了增加会计裁量权运用情况的信息披露和建立针对会计裁量权运用的内控制度两项防控策略。

1.2.2 重要观点

（1）关于我国商业银行经营情况和监管制度变化的认识

2013 年以来我国商业银行面临的经营环境比过去更加复杂、经营情况比过去更加艰难；在这一背景下原银监会推出了重大监管资本改革措施，强化了资本约束机制，推动银行从高资本消耗的规模扩张模式转向资本节约的内涵发展模式。上述经营环境和监管制度变化使我国商业银行面临前所未有的资本监管压力。

新资本监管制度压缩了资本充足率公式的分子、拓展了分母，其结果是拉低银行当前的资本充足率；它还提高了资本充足率要求，且主要通过补充权益资本方式予以满足。我国商业银行资本监管制度的上述变化不仅使银行遭遇短期监管资本管理压力，而且使资本充足率达标压力成为常态。

商业银行受会计准则与资本监管的双重约束，但这两种监管制度的目标却不同：前者致力于保护投资者，后者追求金融系统稳定，两者的目标差异使“双重监管”机制可能产生“合成谬误”，滋生“监管套利”等负面效应，诱发通过会计方法虚增监管资本问题。

（2）关于会计方法虚增监管资本理论和实证研究的发现

商业银行为什么能利用会计方法虚增监管资本，原因有以下几个：①“监管税理论”从财务管理角度揭示了一部分机理，认为资本监管导致成本增加，银行为实现股东价值最大化目标会运用一些虚增监管资本手段来缓解这一压力；②“双重监管差异理论”“监管之王理论”和“会计裁量权理论”从制度约束和制度之间关系角度揭示了另一部分机理，认为银行同时受制于目标不同但却高度关联的制度组合，这种制度组合营造了一种存在差异性和不协调性的制度环境，这为会计方法虚增监管资本提供了土壤。

按照既存在会计估计裁量权空间又直接影响资本充足率核算的原则，我们认为当期损益和资本公积是银行虚增监管资本的主要会计科目，贷款和金融投资是银行会计方法虚增监管资本的主要操作对象。

大样本和案例研究后的发现如下：第一，我国银行业存在会计方法虚增监管资本问题；第二，银行主要运用推迟确认金融资产减值准备（主要是贷款减值准备）和调整金融投资规模和结构等会计方法虚增监管资本；第三，从整体上看，银行会计方法虚增监管资本的问题并不严重，但在少数银行中该问题比较严重，应该引起重视。

（3）关于会计方法虚增监管资本引发风险隐患理论和实证研究的发现

银行会计方法虚增监管资本诱发风险隐患的机理是：第一，未确认损失积累到一定程度诱发风险；第二，机会主义会计裁量权运用到一定程度诱发风险。

会计方法虚增监管资本可能诱发三个层面的微观风险隐患：一是在资

本层面可能诱发资本违规风险；二是在经营层面可能诱发流动性风险；三是在市场层面可能诱发股价崩盘风险。

大样本和案例研究的发现如下：第一，我国银行业存在会计方法虚增监管资本从而诱发风险隐患的问题；第二，银行会计方法虚增监管资本可能诱发的风险主要是资本违规风险和股价崩盘风险。

（4）关于会计方法虚增监管资本引发风险隐患识别与防控措施的建议

在识别策略方面，新金融工具准采纳了简化金融资产分类和金融资产减值会计处理以增加相关信息透明度的策略，新资本监管制度采纳了删除“审慎过滤器”制度以增加财务报告与监管资本关联度的策略，本书建议通过以下专项识别指标来捕捉会计方法虚增监管资本问题的早期迹象：一是反映贷款减值准备计提及时性的指标；二是反映资产减值准备对监管资本指标侵蚀程度的指标；三是反映公允价值计量金融资产占比的指标。

在防控策略方面，国际会计准则理事会（IASB）和巴塞尔银行监管委员会（BCBS）通过压缩银行裁量权和发挥市场约束力的策略来防控会计方法虚增监管资本问题，本书建议通过增加关于会计裁量权运用情况的信息披露和建立针对会计裁量权运用的内控制度进一步压缩银行会计裁量权的空间，从而降低这一问题诱发风险隐患的可能性。

1.3 创新程度、突出特色与主要建树

1.3.1 创新程度

（1）选题的创新程度

本书研究商业银行会计方法虚增监管资本诱发的风险隐患。我们查阅了约150个相关中外文献，其中研究资本套利、会计准则与资本监管关系、会计准则对银行行为和金融稳定影响等方面的文献与本书研究主题直接相关，我们认真研读了这些文献，未发现聚焦本书主题的文献，因此本书既

补充了现有文献的不足又完善了当前金融风险防控体系。

（2）理论的创新程度

本书研究重点之一是揭示银行业为什么会存在会计方法虚增监管资本问题以及它为什么会引发风险隐患。针对第一个问题，本书提出了“双重监管差异理论”和“会计裁量权理论”，认为银行受制于目标不同但高度关联的制度组合，这种制度组合营造了一种存在差异性和不协调性的制度环境，这为会计方法虚增监管资本提供了土壤；另外，会计裁量权内嵌于会计系统并被看作合法手段，这为会计方法虚增监管资本提供了空间。针对第二个问题，本书提出了“未确认损失积累到一定程度诱发风险”和“机会主义会计裁量权运用到一定程度诱发风险”两种解释。上述理论观点均不同于已有文献对资本套利和会计准则对金融稳定影响的理论解释，能够更深入地揭示问题的根源，因而具有一定创新性。

（3）研究设计的创新程度

本书按照“制度→机理→风险→对策”的设计思路展开研究，我们认为“双重监管差异”和“会计裁量权”是引发“会计方法虚增监管资本问题”的根源，该问题是商业银行监管制度组合中存在的“合成谬误”。因此，我们首先从银行制度约束和制度之间关系的角度探究问题的根源、提炼问题的机理，其次以符合该机理的数据为基础展开大样本和案例分析，寻找该机理运行和引发风险的经验证据，最后提出具有针对性的风险防控对策。这一研究设计首先是从当前有效的制度组合中提炼会计方法虚增监管资本问题的机理，其次用商业银行经营数据验证这一机理，最后依据所发现的经验证据提出政策建议，鲜有研究会计制度对金融稳定影响的文献运用这种研究设计，因而具有一定创新性。

1.3.2 突出特色

（1）紧扣国家金融风险防控战略需要

党的十九大和二十大报告均将金融风险防控确定为国家战略。2013 年以来，我国银行业遭遇了宏观经济下行和监管资本要求提高的双重压力。

2019 年 8 月，锦州银行因一次性确认巨额资产减值损失而出现监管资本违规风险，这是通过推迟确认资产减值虚增监管资本进而引发风险隐患的典型案例。依据欧美 2008 年金融危机的经验和教训，本书判断，银行业会计方法虚增监管资本问题是当前我国金融监管的漏洞和短板。本书揭示商业银行利用会计方法虚增监管资本的机理，调查我国商业银行运用该方法虚增监管资本现状，研究可能诱发的风险隐患及其潜在影响和防控策略，为监管机构补齐银行业监管的漏洞和短板提供经验证据和政策建议，紧扣了国家金融风险防控的战略需要。

（2）巧用证据链支撑研究结论

本书设计了三项实证分析：第一项是验证在监管资本压力增加后，银行是否通过推迟确认贷款减值、压缩金融资产投资规模和增加第三层金融资产来虚增监管资本；第二项是验证在监管资本压力增加后，银行是否通过积极地实施向上监管资本调整来虚增监管资本；第三项是验证在预期信用损失法实施后，银行是否会增加贷款减值损失的计提比例。第一条证据链由第一项和第二项实证分析的结果构成，前者属于会计方法虚增监管资本、后者属于非会计方法虚增监管资本，两项针对不同虚增监管资本方法的研究假设均通过了检验，这说明我国商业银行在监管资本压力增加后综合运用了各种可能的虚增监管资本方法来缓解压力。第二条证据链由第一项和第三项实证分析结果构成，第一项针对 2013 年开始实施的《商业银行资本管理办法（试行）》，第三项针对 2018 年开始实施的预期信用损失法，这两项研究的假设均通过了检验。这说明我国商业银行普遍运用推迟确认贷款减值的方法来虚增监管资本。证据链支持的研究结论可靠性更高，这是本书的突出特色之一。

（3）综合运用行业、案例和实证分析方法

行业分析、案例分析和实证分析各有优势和不足。行业分析是对行业内所有公司数据进行统计分析和趋势分析，优点是能够真实反映行业整体特征和趋势，但会忽视个体公司的特征和趋势；案例分析则能够全面反映个体公司的特征和趋势，但不一定能反映行业整体的特征和趋势；实证分析依据权威理论和文献推导假设、设计模型，再使用样本数据验证假设，在科学性和严谨性方面优于行业分析，但也可能因假设和模型设计或变量选择错误而使结果偏离实际。为综合运用上述研究方法的优势，本书设计了两项行业分析、三项案例分析和三项实证分析，从不同的角度并基于不同时期数据展开深入调查，掌握了我国商业银行会计方法虚增监管资本及引发风险隐患基本状况的真实信息。

1.3.3 主要建树

本书的主要建树有如下几项：第一，揭示了银行业会计方法虚增监管资本诱发风险问题的根源；第二，提炼出银行会计方法虚增监管资本的主要渠道；第三，总结出银行会计方法虚增监管资本引发微观风险隐患的机理；第四，厘清了我国银行会计方法虚增监管资本及引发风险隐患的具体情况、一般规律和基本特点；第五，提出了会计方法虚增监管资本引发风险隐患的识别与防控措施。

本书的上述建树丰富和深化了会计制度对金融稳定影响的研究文献，也为我国银行监管机构拓展监管范围、补齐监管漏洞提供了经验证据和政策建议。

1.3.4 学术价值和应用价值

（1）学术价值

近年来，国内外涌现出大量探究会计制度是否加速了金融危机恶化的文献，但其中的许多文献存在局限性：有的忽略了监管资本管理视角，有的未考虑银行的特殊制度环境，有的未探究会计行为与风险隐患的关系。本书的学术价值在于：站在系统重要性金融机构风险管控的高度，基于商业银行双重监管的制度背景，从监管资本管理和风险防控的角度研究会计方法虚增监管资本诱发风险隐患的问题，已有文献未涉及上述内容，因此本书能丰富会计制度对金融稳定影响的研究内容、推动和深化该领域研究的进程。

（2）应用价值

本书研究商业银行会计方法虚增监管资本行为及其引发风险隐患的过程，检验在我国制度背景下这些行为在多大程度上存在并引发了哪些风险隐患，最终为防范这些风险隐患提出政策建议，已有文献未涉及上述内容，因此本书的应用价值在于：研究成果可以为监管机构完善银行系统风险防控工作提供全新视角，扩充了系统性金融风险管理和防控工作的外延、补齐了监管制度短板。

第2章

我国商业银行经营情况和资本监管制度变化

2.1 我国商业银行经营情况变化

2.1.1 期间选择

对我国商业银行经营情况变化的正确理解和认识是做好本书研究工作的重要前提。本书研究在资本监管要求提高和宏观经济下行的双重压力影响下，我国商业银行会计方法虚增监管资本及其诱发风险隐患的问题。其中，资本监管要求提高，是指原银监会2012年6月颁布《商业银行资本管理办法（试行）》（以下简称《资本办法》），于2013年1月实施，它将商业银行最低资本充足率要求由8%提高至10.5%，增加了31.25%；宏观经济下行的判断是由2014年12月中央经济工作会议做出，该会议指出我国经济发展进入新常态，认为我国经济发展正从高速增长阶段转向中高速增长阶段。基于上述背景，本节梳理我国商业银行的经营情况变化，以2013—2019年的数据为主，剔除了新冠疫情暴发后的数据，因为新冠疫情是突发的重大事件且对我国和世界经济均产生了重大负面影响，属于异常事件。本书从国家统计局和银保监会官网收集相关数据，汇总为表2-1，

图 2－1 展示了这些数据的变化趋势，我们以这些数据和历年中央经济工作会议资料及《中国银行业发展报告》[①] 为基础，梳理和总结商业银行经营情况变化。

表 2－1　　反映我国商业银行经营情况变化的相关数据　　（单位：%）

指标名称	2013 年	2014 年	2015 年	2016 年	2017 年	2018 年	2019 年
GDP 增长率	7.8	7.4	7.0	6.8	6.9	6.7	6.0
银行业总资产增长率	13.27	13.87	15.67	15.80	8.68	6.27	8.14
商业银行（合计）资本利润率	19.17	17.59	14.98	13.38	12.56	11.73	10.96
商业银行（合计）不良贷款率	1.0	1.25	1.67	1.74	1.74	1.83	1.86
商业银行（合计）资本充足率	12.19	13.18	13.45	13.28	13.65	14.20	14.64

资料来源：GDP 增长率源自国家统计局发布的年度数据信息，其他数据均来自银保监会官网"统计数据"栏目下的"商业银行主要监管指标情况表"和"银行业总资产、总负债（季度）"。

2.1.2　选定期间的宏观经济运行和商业银行经营基本情况

表 2－1 汇总的数据包括如下内容：①GDP 增长率。它是反映我国宏观经济运行情况的综合指标。②银行业总资产增长率。它是反映银行业成长性的代表性指标，依据会计准则核算得出。③商业银行（合计）不良贷款率。它是反映商业银行信用风险情况的代表性指标，是不良贷款占贷款余额的比率，依据监管制度核算得出。④商业银行（合计）资本利润率。它是反映商业银行经营效益的代表性指标，是净利润与权益资本之比，依据会计准则核算得出。⑤商业银行（合计）资本充足率。它是反映商业银行资本充足水平的代表性指标，是总资本在扣除对应资本扣除项后与风险加权资产之比，依据监管制度核算得出。这些指标虽然依据的是不同的制度核算得出，但除 GDP 增长率之外均针对的是商业银行，因而可以相互印证。

商业银行经营情况与宏观经济运行状况直接相关。从整体上看，

① 中国银行业发展协会每年发布一次《中国银行业发展报告》，www. china－cha. net。

2013—2019 年我国经济承受着较大下行压力，其中前期主要由金融危机后全球经济复苏乏力所致，后期则主要归因于中美贸易摩擦。2012—2018 年七次中央经济工作会议对下一年经济形势进行研判时，有五次认为宏观经济存在下行压力，分别使用了"经济增长下行压力加剧（2012 年）""经济运行存在下行压力（2013 年）""经济下行压力大（2014 年）""经济内生动力不足（2016 年）"和"经济面临下行压力（2018 年）"等表述。在宏观经济面临下行压力背景下，我国 GDP 增长率呈现逐年下降的基本趋势（见图 2－1），表现在具体数据上：除 2017 年同比略有回升之外，其他年份 GDP 增长率同比均为下降。

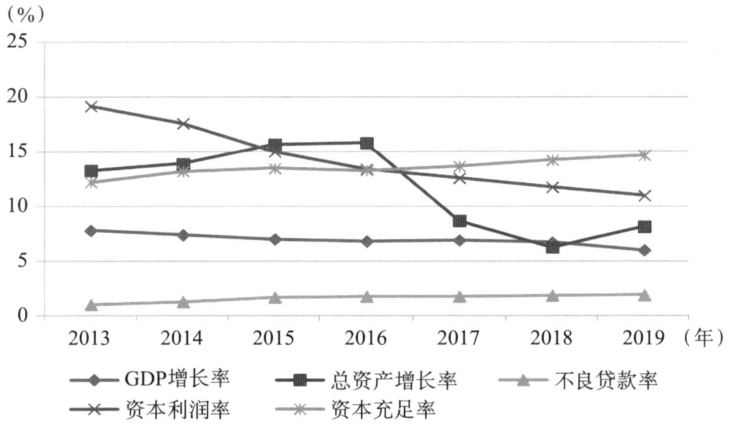

图 2－1　我国商业银行经营情况变化的指标变化趋势

在宏观经济下行和 GDP 增长率下降的大趋势影响下，我国商业银行的经营效益逐年下降、贷款等主要资产的风险程度逐年增加。表现在具体数据上，2013 年商业银行（合计）资本利润率为 19.17%，但到 2019 年仅为 10.97%，下降了 42.78%；与此同时，商业银行最主要资产——贷款的信用风险指标，即不良贷款率，由 2013 年的 1% 增加到 2019 年的 1.86%，增加了 86%。这说明 2013 年以来，我国商业银行和宏观经济均承受着较大下行压力，面临经营环境复杂化、盈利能力减弱、经营风险增加等新形势，需要通过推动战略转型、全面加强风险管理、努力改进金融服务来保持稳健运行。

2.1.3 选定期间的资本监管制度变化

在经营环境复杂化、盈利能力减弱和经营风险增加的时候，商业银行遭遇了另一个新挑战，即原银监会发布的《资本办法》，它对银行资本的数量和质量提出了更高要求。具体而言，在数量上，“核心一级资本充足率”由4%增加到7.5%、“资本充足率”由8%增加到10.5%[①]，分别增加87.5%和31.25%；在质量上，要求新增加的监管资本主要由权益资本满足，例如新的权益资本要求比以前增加了3.5%。另外，对非权益资本也提出了更严格的确认条件，如2013年1月1日之后发行的不合格资本工具不再计入监管资本等。原银监会在当时对主要商业银行开展的定量测算显示，上述要求会使商业银行资本充足率平均下降约1个百分点[②]。因此，综合数量和质量上的要求，《资本办法》要求的最低资本充足率比以前提高约3.5%[③]，实际增幅约为43.75%，使我国商业银行面临的资本压力陡然增加。正是考虑到《资本办法》所带来的巨大压力和挑战，原银监会为商业银行设置了六年过渡期，要求在2018年底前全面达标。

2.1.4 选定期间商业银行面临的新挑战

我国商业银行面临经营环境复杂化和资本监管要求严苛化的双重压力，即一方面宏观经济下行、银行净利润增幅持续下滑，另一方面资本监管要求大幅提高，遭遇了前所未有的经营管理和资本管理方面的挑战。商业银行经营管理不善（如经营亏损）和监管资本违规（如核心一级资本充足率低于7.5%或资本充足率低于10.5%）均会引发市场（投资者、存款人）和监管机构关注，但是市场约束带来的压力远不及监管措施。根据《资本办法》，监管资本不达标的银行可能遭遇的监管措施包括制订资本补

① 这里“核心一级资本充足率”和“资本充足率”的指标均没有考虑逆周期资本要求。

② 欧阳洁，《尚福林：资本新规将降银行资本充足率》，《人民日报》2012年6月11日。

③ 这里3.5%的由来是，10.5%与8%差额的2.5%加上资本质量要求提高使资本充足率平均下降的1%。

充计划、限制分红和高管激励、停办某些业务、撤换高管和实行接管或撤销等[①]。因此，本书判断，在现行制度背景下商业银行管理层可能会更重视资本管理问题，将应对资本监管挑战作为优先事项。

如前文所述，《资本办法》要求增加的监管资本主要是高质量的权益资本，满足条件的项目有普通股、资本公积、盈余公积、一般风险准备、未分配利润和少数股东资本可计入部分[②]，优先股、次级债和其他混合资本工具均不符合条件。这一要求压缩了商业银行补充监管资本的渠道，增加了商业银行满足《资本办法》要求的难度。事实上，商业银行补充权益资本的渠道非常有限，仅有内源性资本补充（即提高利润留存比例）和发行普通股两个渠道。而内源性资本补充所依赖的银行盈利能力却在逐年下降，如图 2 – 1 所示，2013 年商业银行（合计）资本利润率为 19. 17%，但到 2019 年仅为 10. 97%，下降了 42. 78%；另外，商业银行在提高利润留存比例方面也面临相关法规、监管机构和市场的诸多压力。根据《证券法》规定，上市公司在公开发行新股、可转债、附认股权证债券的过程中，均需要满足“最近三年累计以现金方式发放分红的比例不少于最近三年年均可分配利润的 30%”这一规定。可见，有些上市银行没有条件将所有利润留存来补充资本，只能在满足对外融资必须保持的分红比例要求后，将剩余利润用于补充资本，这在一定程度上削弱了银行内源性资本补充能力。例如，2014 年中信银行选择留存所有利润来补充资本，但在 2015 年非公开发行新股时被证券监管机构问询，要求说明该行为是否表明公司尚未建立健全分红机制以及是否侵害了新老股东的合法权益，受此影响 2015 年该银行恢复了前期的分红安排[③]。

2. 1. 5　小结

整体上看，2013 年以来我国商业银行所面临的经营环境比过去更加复

① 原银监会：《商业银行资本管理办法（试行）》（中国银行业监督管理委员会令 2012 年第 1 号），2012 年 6 月 7 日，第 39 – 43 页。

② 原银监会：《商业银行资本管理办法（试行）》（中国银行业监督管理委员会令 2012 年第 1 号），2012 年 6 月 7 日，第 6 – 8 页。

③ 见中信银行 2014 年、2015 年、2016 年年报和 2015 年相关非公开发行新股公告。

杂、经营情况比过去更加艰难；在这一背景下原银监会推出了重大的监管资本改革措施，强化了资本约束机制，推动银行从高资本消耗的规模扩张模式转向资本节约的内涵发展模式；上述经营环境和监管制度变化使我国商业银行面临前所未有的双重压力。虽然商业银行在2012年就掀起了一波超3000亿元的融资潮，并且许多银行自2013年1月以来公布了新的融资计划（如2013年1月工商银行称将发行600亿元人民币的二级资本工具、2013年5月建设银行发布公告称将发行600亿元人民币合格资本工具），但有研究机构判断，2013年末上市银行的资本缺口仍可能超过千亿元①。在巨大的经营管理和资本管理压力下，商业银行为避免监管检查或监管介入有可能运用会计处理的裁量权虚增监管资本，此类监管资本套利行为曾在欧美国家银行业被多次发现。2019年4月锦州银行一次性确认资产减值损失236.84亿元，致使资本充足率降至监管红线以下，诱发监管介入，暴露了该银行前期运用推迟资产减值准备（主要是贷款减值准备）虚增监管资本的实质。这说明在欧美银行业多次发现的会计方法虚增监管资本问题在我国银行业也存在，因此研究在这种双重压力影响下我国商业银行会计方法虚增监管资本问题具有理论价值和现实意义。

2.2 我国商业银行资本监管制度变化

2.2.1 原资本监管制度的主要内容

在2013年之前，我国商业银行执行原银监会颁布的《商业银行资本充足率管理办法》（2004年第2号令，以下简称《管理办法》），该办法在2006年12月28日被修正②，以下整理的内容基于修正后的《管理办法》。

① 蔡颖，《银行一季报齐发资本充足率普降》，《经济参考报》2013年5月2日。

② 参见2006年12月28日原中国银行业监督管理委员会第五十五次主席会议发布的《关于修改〈商业银行资本充足率管理办法〉的决定》。

（1）资本定义和最低资本要求

《管理办法》将资本划分为两个级别：核心资本和附属资本。核心资本包括实收资本或普通股、资本公积、盈余公积、未分配利润和少数股权，附属资本包括重估储备、一般准备、优先股、可转换债券、混合资本债券和长期次级债券。《管理办法》要求的最低资本充足率是：核心资本充足率不得低于4%、资本充足率不得低于8%；计算公式为：核心资本充足率=(核心资本－核心资本扣除项)/(风险加权资产＋12.5倍的市场风险资本)、资本充足率=(资本－扣除项)/(风险加权资产＋12.5倍的市场风险资本)。

（2）资本调整

《管理办法》规定了不同的资本调整方式来提高资本吸收损失的能力。在《企业会计准则（2006)》实施后，商业银行计算资本充足率涉及的部分会计数据的性质和口径发生了重大变化，2007 年 11 月 10 日原银监会发布了《中国银监会关于银行业金融机构执行〈企业会计准则〉后计算资本充足率有关问题的通知》，决定对计算资本充足率涉及的部分会计数据进行调整。本书对这些监管资本制度中关于资本调整的内容进行分类整理，划分为全额扣除、部分扣除和限制金额三种方式。

①全额扣除。全额扣除的项目是指，按照资本定义将核心资本和附属资本加总后需要从中全额扣除的项目，包括：从核心资本和附属资本中全额扣除商誉；从核心资本中全额扣除交易性金融资产的公允价值正变动、可供出售金融资产的公允价值正变动、现金流量套期的公允价值正变动和使用公允价值选择权的金融资产的公允价值正变动；计算资本充足率时，从资本中全额扣除对未并表金融机构的资本投资和对非自用不动产和企业的资本投资。

②部分扣除。部分扣除的项目是指，按照资本定义将核心资本和附属资本加总后需要从中部分扣除的项目，包括计算核心资本充足率时，从核心资本中扣除对未并表金融机构的资本投资与对非自用不动产和企业的资本投资的50%。

③限制金额。限制金额的项目是指，按照资本定义将核心资本和附属

资本加总时某一资本要素可计入的最高金额受到限制，包括：附属资本不得超过核心资本的100%；计入附属资本的长期次级债务不得超过核心资本的50%；可供出售债券公允价值正变动计入附属资本的金额不得超过正变动的50%；现金流量套期的公允价值正变动和投资性房地产的公允价值正变动计入附属资本的金额不得超过正变动的50%等。

（3）风险范围

《管理办法》规定，商业银行的监管资本应抵御信用风险和市场风险。信用风险是通过将信用风险资产乘以对应风险权重系数核算确定的。风险权重系数依据外部信用评级结果或者由银监会确定。境外债权的风险权重以相应国家或地区的外部信用评级结果为基准核算。其他债权依据其发行主体确定不同风险权重系数：多边开发银行债权、我国中央政府和中国人民银行本外币债权、政策性银行债权的风险权重为0，其他债权的风险权重在20%—100%。市场风险包括交易账户中受利率影响的各类金融工具及股票所涉及的风险、商业银行全部的外汇风险和商品风险。经银监会审查批准，商业银行可以使用内部模型法计算市场风险资本。

（4）监管措施

《管理办法》将商业银行分为三类：资本充足的商业银行（资本充足率不低于8%，核心资本充足率不低于4%）、资本不足的商业银行（资本充足率不足8%，或核心资本充足率不足4%）和资本严重不足的商业银行（资本充足率不足4%，或核心资本充足率不足2%）。对于资本不足和严重不足商业银行，银监会可以要求它们制订资本补充计划、限制资产增长速度、降低风险资产规模、调整高管和实行接管或者促成重组，直至予以撤销。

2.2.2 新资本监管制度的主要内容

从2013年1月1日起，我国商业银行执行《资本办法》。

（1）资本定义和最低资本要求

《资本办法》将资本划分为三个级别：核心一级资本、其他一级资本和二级资本。核心一级资本包括实收资本或普通股、资本公积、盈余公积、一般风险准备、未分配利润和少数股东资本可计入部分，其他一级资本包括其他一级资本工具及其溢价和少数股东资本可计入部分，二级资本包括二级资本工具及其溢价和超额贷款损失准备。《资本办法》规定，商业银行资本充足率监管要求包括最低资本要求、储备资本和逆周期资本要求、系统重要性银行附加资本要求以及第二支柱资本要求，这是一种多层次的资本要求设计（见表 2－2）。资本充足率计算公式为：核心资本充足率＝(核心资本－对应资本扣除项)/风险加权资产×100%、一级资本充足率＝(一级资本－对应资本扣除项)/风险加权资产×100%、资本充足率＝(总资本－对应资本扣除项)/风险加权资产×100%。

表 2－2　多层次的资本充足率监管要求　（单位:%）

各层次资本要求		核心一级资本	一级资本	总资本
最低资本要求		5	6	8
储备资本要求		2.5	—	—
反周期资本要求		0—2.5	—	—
系统重要性银行附加资本		1	—	—
正常时期资本要求	国内系统重要性银行	8.5	9.5	11.5
	其他银行	7.5	8.5	10.5
第二支柱资本要求		基于判断的灵活性要求		

资料来源：原银监会颁布的《资本办法》。

（2）资本调整

《资本办法》规定了不同的资本调整方式来提高资本吸收损失的能力，可以分为全额扣除和限制金额两种方式。

第一，全额扣除。《资本办法》规定，商业银行计算资本充足率时应当从核心一级资本中全额扣除以下项目：①商誉；②其他无形资产（土地使用权除外）；③由经营亏损引起的净递延税资产；④贷款损失准备缺口；⑤资产证券化销售利得；⑥确定受益类的养老金资产净额；⑦直接或间接持有本银行的股票；⑧对资产负债表中未按公允价值计量的项目进行套期形成的现金流储备，若为正值应予以扣除，若为负值应予以加回；⑨商业银行自身信用风险变化导致其负债公允价值变化带来的未实现损益；⑩商业银行之间通过协议相互持有的各级资本工具，或银监会认定为虚增监管资本的各级资本投资，应从相应监管资本中扣除。

第二，限制金额。《资本办法》规定，以下资本要素计入对应监管资本时要限制金额：①“对未并表金融机构的小额少数资本投资”计入资本的金额合计不能超出本银行核心一级资本净额的10%；②“对未并表金融机构的大额少数资本投资”计入资本的金额合计不能超出本行核心一级资本净额的10%；③“不是由经营亏损引起的递延税资产和其他依赖于本银行未来盈利的净递延税资产”计入资本的金额合计不能超出本行核心一级资本净额的10%；④未在商业银行核心一级资本中扣除的对金融机构的大额少数资本投资和相应的净递延税资产，合计金额不得超过本行核心一级资本净额的15%。

（3）风险范围

《资本办法》规定，商业银行资本应抵御其面临的风险，包括信用风险、市场风险和操作风险。信用风险的大小可以用信用风险加权资产的多少来衡量；《资本办法》规定，商业银行可以采用权重法或内部评级法计量信用风险加权资产。权重法下信用风险加权资产为银行账户表内资产信用风险加权资产与表外项目信用风险加权资产之和；内部评级法下商业银行先对银行账户信用风险暴露进行分类，然后分别计量未违约和已违约风险暴露的风险加权资产。市场风险资本计量应覆盖商业银行交易账户中的利率风险和股票风险，以及全部汇率风险和商品风险；商业银行可以采用标准法或内部模型法计量市场风险资本要求，市场风险加权资产为市场风险资本要求的12.5倍。操作风险是指由不完善或有问题的内部程序、员工和信息科技系统，以及外部事件所造成损失的风险；商业银行可采用基本指标法、标准法或高级计量法计量操作风险资本要求；操作风险加权资产为操作风险资本要求的12.5倍。

（4）监管措施

《资本办法》将商业银行分为以下四类：①资本充足率、一级资本充足率和核心一级资本充足率均达到各级资本要求；②资本充足率、一级资本充足率和核心一级资本充足率未达到第二支柱资本要求，但均不低于其他各级资本要求；③资本充足率、一级资本充足率和核心一级资本充足率均不低于最低资本要求，但未达到其他各级资本要求；④资本充足率、一级资本充足率和核心一级资本充足率任意一项未达到最低资本要求。对于上述②、③、④三类商业银行，银监会可以要求它们制订资本补充计划、增加检查频率、限制分红和高管激励、限制资本性支出、控制风险资产增长、调整高管和实行接管或者促成重组，直至予以撤销。

2.2.3 资本监管制度的主要变化

本书研究在宏观经济下行和资本监管要求提高双重压力影响下，我国商业银行会计方法虚增监管资本及其诱发风险隐患的问题。本章 2.1 部分阐述了 2013 年以来我国宏观经济增速放缓的基本情况，本部分论述我国资本监管制度变化引发商业银行监管资本压力增加的基本情况。比较《管理办法》和《资本办法》后我们发现，资本监管制度的变化反映了资本要求在质量和数量方面均显著提高进而使商业银行资本达标压力陡增的基本事实（见表 2－3）。

表 2－3　《管理办法》和《资本办法》的资本定义比较

《管理办法》的资本定义		《资本办法》的资本定义	
核心资本	实收资本或普通股、资本公积、盈余公积、未分配利润和少数股权	核心一级资本	实收资本或普通股、资本公积、盈余公积、一般风险准备、未分配利润和少数股东资本可计入部分
		其他一级资本	优先股及其溢价
附属资本	重估储备、一般准备、优先股、可转换债券、混合资本债券和长期次级债务	二级资本	长期次级债、可转换债券、超额贷款损失准备

资料来源：《管理办法》和《资本办法》。

（1）资本定义更严苛

《管理办法》将资本分为两个层级，即核心资本和附属资本；《资本办法》将资本分为三个层次，即核心一级资本、其他一级资本和二级资本。为便于比较，我们将《资本办法》的核心一级资本和其他一级资本统称为一级资本，使《管理办法》的核心资本与《资本办法》的一级资本对应，附属资本与二级资本对应。

我们还需要解释《资本办法》的资本定义中部分术语的具体含义，如“其他一级资本工具”和“二级资本工具”。根据《资本办法》附件1“资本工具合格标准”，在我国只有优先股可以计入其他一级资本工具（王冠中，2013）①，因此表2-3中用“优先股及其溢价”代替“其他一级资本及其溢价”。“资本工具合格标准”对“二级资本工具”作出了非常严格的规定，包括受偿顺序必须排在存款人、一般债权人之后，发行银行或关联方不得为工具提供抵押或担保，期限不得低于五年，不得含有利率跳升机制和赎回激励，发行后至少五年后方可由银行赎回且还需得到银监会批准，必须含有减记或转股条款等，可以满足上述规定的资本工具仅有长期次级债和可转换债券；另外，《资本办法》的一个新变化是允许将“超额贷款损失准备”计入二级资本。因此表2-3列举了“二级资本工具”的具体内容，即长期次级债、可转换债券和超额贷款损失准备。

观察表2-3可以发现《资本办法》关于资本定义的具体变化，即将原计入附属资本的“一般准备”和“优先股”调整到一级资本中；将原计入附属资本的“长期次级债券”和“可转换债券”保留在二级资本中，并额外将“超额贷款损失准备”计入二级资本。

基于上述监管资本制度变化的比较和分析，我们认为《资本办法》的资本定义比《管理办法》更严苛，原因如下：①重估储备和混合资本债券被剔除在资本定义之外，超额贷款损失准备被纳入资本定义之中，剔除的资本要素更多；②超额贷款损失准备可计入资本的金额受到严格限制；②③虽然长期次级债和可转换债券可以继续计入资本，但增加了许多苛刻的要求，如必须含有减记或转股条款，而银行前期发行的这两类资本工具大

① 王冠中，《〈商业银行资本管理办法（试行）〉解读》，《北京金融论坛》2013年第4期。

② 采用权重法计量信用风险加权资产的银行不超过信用风险加权资产的1.25%、采用内部评价法的银行不超过信用风险加权资产的0.6%。

多不符合这些要求，所以未来发行符合新要求的上述资本工具的难度和成本均会提高。因此，《资本办法》的资本定义更严苛，符合条件的资本要素比以前减少，商业银行补充资本的难度加大。

（2）资本扣除项显著增加

我们以“一级资本”为例说明《资本办法》的资本扣除项显著增加给银行资本管理带来的压力。为方便比较，我们将《资本办法》的“一级资本”等同于《管理办法》的“核心资本”。《资本办法》规定，一级资本充足率 =（一级资本 − 对应资本扣除项）/风险加权资产 ×100%，一级资本包括核心一级资本和其他一级资本。表 2 –4 比较了《管理办法》的核心资本扣除项和《资本办法》的核心一级资本扣除项。

表 2 –4　　《管理办法》和《资本办法》的资本扣除项比较

《管理办法》的核心资本扣除项	《资本办法》的核心一级资本扣除项
从核心资本中全额扣除商誉、交易性金融资产的公允价值正变动、可供出售金融资产的公允价值正变动、现金流量套期的公允价值正变动和使用公允价值选择权的金融资产的公允价值正变动；从核心资本中扣除对未并表金融机构的资本投资和对非自用不动产和企业的资本投资的 50%	从核心一级资本中全额扣除以下项目：①商誉；②其他无形资产（土地使用权除外）；③由经营亏损引起的净递延税资产；④贷款损失准备缺口；⑤资产证券化销售利得；⑥确定受益类的养老金资产净额；⑦直接或间接持有本银行的股票；⑧对资产负债表中未按公允价值计量的项目进行套期形成的现金流储备，若为正值应予以扣除，若为负值应予以加回；⑨商业银行自身信用风险变化导致其负债公允价值变化带来的未实现损益；⑩商业银行之间通过协议相互持有的各级资本工具

资料来源：《管理办法》和《资本办法》。

观察表 2 –4 发现，《管理办法》的核心资本扣除项包括：商誉、对未并表金融机构的资本投资、对非自用不动产的资本投资、对企业的资本投资和运用公允价值计量金融资产产生的未实现利得 5 项；但《资本办法》的核心一级资本扣除项有 10 项，增加了许多金额较高、影响较大的项目，如其他无形资产、资产证券化销售利得、确定受益类的养老金资产净额等。这些扣除项将显著地降低银行一级资本总额从而显著拉低一级资本充足率，给银行监管资本管理带来较大压力。另外，《资本办法》除了删除现金流量套期运用公允价值计量产生的未实现利得之外，还删除了交易性金融资产的公允价值正变动和可供出售金融资产的公允价值正变动这两个扣除项；但这一变化不仅不会缓解监管资本压力，而且可能因主要金融资产市值变动计入监管资本致使资本充足率波动增加，从而给银行带来新的资本管理压力。因此，《资本办法》增加的核心一级资本扣除项和删除的核心一级资本扣除项均会增加银行资本管理压力。

（3）资本要求显著提高

《管理办法》仅设计了单一的最低资本要求，即核心资本充足率不低于4%，资本充足率不低于8%。比较而言，《资本办法》的资本要求显著提高，体现为：①设计了一个层次化的最低资本要求体系，包括最低资本要求、储备资本要求、逆周期资本要求、系统重要性银行附加资本要求和第二支柱资本要求，满足所有层次资本要求的银行才属于资本达标银行；②在不考虑第二支柱资本要求的正常时期，系统重要性银行的资本充足率要达到11.5%、其他银行的资本充足率要达到10.5%，其中核心一级资本充足率必须分别达到8.5%和7.5%，比以前增加112.5%和87.5%，增幅显著。因此，《资本办法》的资本要求显著提高，而且所提高的资本要求必须用成本更高的权益资本来满足，这给银行资本管理带来前所未有的压力。

（4）风险范围增加

《管理办法》要求银行监管资本能够抵御信用风险和市场风险，《资本办法》规定监管资本应足以抵御信用风险、市场风险和操作风险，这增加了对操作风险的风险核算要求，扩大了风险核算范围。这一新要求使资本充足率计算公式的分母金额（即风险加权资产）显著增加，在合格资本金额（即分子）不变的情况下银行资本充足率将被显著拉低。另外，《资本办法》还规定，操作风险加权资产为操作风险资本要求的12.5倍，这增加了操作风险核算对银行资本充足率的负面影响。因此，这一增加风险范围的要求大大提高了银行保持监管资本达标的难度。

（5）资本的风险敏感性提高

《管理办法》仅关注信用风险和市场风险，且只能使用“权重法”核算信用风险加权资产；并且对市场风险设置了免除核算的条件，即交易账户总头寸低于表内外总资产的 10% 或不超过 85 亿元人民币的商业银行不必核算市场风险加权资产。相比而言，《资本办法》在这些方面有以下变化：一是将操作风险纳入风险核算范围；二是可以采用“权重法”或“内部评级法”计量信用风险加权资产；三是所有银行均需计量市场风险；四是可以采用“标准法”或“内部模型法”计量市场风险资本要求；五是可以采用“基本指标法”“标准法”或“高级法”计量操作风险资本要求。银行采用“内部评价法”“内部模型法”和“高级法”等先进方法计量各类风险资本要求，将大大提高资本的风险敏感性，从而增加资本充足率的波动性，给银行资本管理带来新挑战。

2.2.4 小结

本节阐述了我国商业银行资本监管制度的主要变化，这些变化均反映在资本充足率的计算之中。资本充足率是合格资本（分子）与风险加权资产（分母）之比。与《管理办法》比较，新的资本监管制度——《资本办法》通过压缩分子、拓展分母，显著拉低银行当前的资本充足率；“压缩分子”体现在资本定义严苛化和资本扣除项显著增加等方面，“拓展分母”体现在风险范围增加和资本的风险敏感性提高等方面；与此同时，《资本办法》还显著提高了资本充足率要求，增幅在 87.5% 至 112.5% 之间，且需要通过补充权益资本方式予以满足。我国商业银行资本监管制度的上述变化不仅使银行增加了短期资本管理方面的压力，而且使资本充足率面临达标压力成为常态。

第3章

会计监管和资本监管双重监管制度背景

3.1 会计监管和资本监管双重监管内涵

上市商业银行最重要的特点之一是同时面临证券市场监管（依据会计准则编制并披露财务报告是其核心内容，因此本书也称会计监管）和金融行业监管（依据资本监管制度管理资本并披露资本报告是其核心内容，因此本书也称资本监管），于永生（2017）将其界定为“双重监管”；通常认为双重监管能提高会计信息质量，但从欧美倒闭银行和我国爆雷银行案例分析结果来看，双重监管并未有效地遏制银行会计方面的机会主义行为，相反却阻碍了正常治理机制的有效发挥，导致银行公司治理机制扭曲（Laever，2013），我们判断这是双重监管的差异和冲突对银行的负面影响。Bushman（2016）发现，会计裁量权引发的信息不透明问题与资本充足率之间的互动关系可能破坏银行的稳定性，这从另一角度阐释了双重监管的负面效应。

商业银行受会计准则与资本监管的双重约束，但这两种监管制度的目标却不同：前者致力于保护投资者，后者追求金融系统稳定，两者的目标差异使“双重监管”机制可能产生“合成谬误”，滋生“监管套利”等负面效应，从而诱发会计方法虚增监管资本问题。过去数年来，由于我国政府对重大经济问题进行了及时引导和干预，多次避免了金融危机的发生，因此我国缺乏讨论银行会计信息质量与金融风险关系问题的现实环境，学术界关于双重监管协调问题的研究较少。但在当前金融风险防控需要和会计信息质量问题频繁出现的背景下，从双重监管负面效应角度研究银行会计信息质量对金融稳定的影响机制，寻找金融监管领域的监管漏洞和制度短板具有一定现实意义。

3.2 会计监管和资本监管双重监管差异

3.2.1 双重监管差异的根源

双重监管在监管机构主体、监管制度和机制、监管方式等方面存在诸多明显差异，但从根源上来看，主要是因为监管目标以及立场存在差异。人造系统都具有特定的目标，目标指导着整个系统的运行，双重监管的其他差异可视为其目标差异、立场差异的具体体现。

双重监管在监管目标上存在差异，证券市场监管的主要目标是保护投资者，银行业监管的主要目标是确保银行系统的稳定与安全。商业银行会计监管目标就是通用财务报告的目标框架，它经历了一个历史的变迁，即从报告受托责任到决策有用，再到投资者保护（谢志华，2014）。通过追溯银行业监管历史可知，美国组建联邦储备系统（即美国中央银行）的主旨是应对 1907 年经济危机及随后的经济衰退，英格兰银行（即英国中央银行）从 19 世纪开始将其工作重心转为维护金融稳定、预防危机发生，巴塞尔银行监管委员会将“加强银行系统稳定与安全”作为其主要目标（于永生，2017）。

监管立场和监管目标互为因果、相互影响，双重监管在监管立场上存在差异，证券市场监管机构将自身视为“中立者”，银行业监管机构将自身视为“利益相关者”。会计监管强调，会计信息要向投资者透明地反映企业经营真实情况，它更多时候扮演“信使”角色；证券市场监管机构是证券市场上的“裁判员”，在立场上不偏袒任何一家企业，扮演“中立者”的角色。相比而言，银行业监管将自己看作是经济正常运行的维护者或保护者，事实上，银行业监管机构对商业银行实施监管的根本原因是金融安全网的存在使其成为商业银行的最大潜在债权人，即监管机构也是银行经营资源的提供者，以及直接的利益相关人（Berger 等，1995）。

从理论层面进一步剖析，双重监管在理论基础上存在差异，银行业监管缘起于凯恩斯的国家干预主义理论，证券市场监管基于的是亚当·斯密的自由市场经济理论（于永生，2017）。国家干预主义理论认为市场自身调节有时会失效，需要外界力量介入，通过国家干预解决市场自身无法应对的问题，因此银行业监管强调对商业银行经营活动进行管控，运用各种手段确保商业银行的平稳运行，以降低银行业系统性风险的发生。相比而言，自由市场理论强调市场是万能的，能够通过自身调节解决运行中的所有问题，实现资源最优配置，因此证券市场监管一直致力于缓解市场中存在的信息不对称问题，致力于市场透明度建设，为市场自身的资源配置优化提供支持，它还鼓励市场出清、淘汰问题企业，促进市场调节功能的有效发挥。

上述差异必然导致双重监管对待风险的态度不同。银行业监管的监管导向以风险防范为主要责任，具有保护银行个体风险的义务和责任，希望通过促进个体银行稳定运营、控制个体银行风险以达到防范系统性风险的目的。证券市场监管更关心商业银行是否将风险相关信息及时向市场披露，它促使银行提供决策有用信息，以更快速、直接地反映银行经营状况的市场价值信息为方向，并通过维护信息质量来达到保护投资者的目的。

3.2.2 双重监管差异的具体表现

在分析双重监管差异根源的基础上，我们进一步分析反映双重监管差异的两个典型问题：贷款减值准备核算和金融资产估值。

（1）贷款减值准备核算

银行业监管机构从风险防范的角度看待贷款减值准备核算，认为它是用来吸收贷款预期损失的，是抵御贷款风险的首道防线，因此银行业监管机构普遍倡导通过对贷款风险（形成损失的可能性）的分析来计提减值准备，常用的方法是将贷款分为不良贷款和正常贷款，针对不良贷款按较大比例计提专项准备，针对正常贷款按一定比例计提一般准备。

会计监管机构从金融资产估值的角度看待贷款减值准备核算。在 2008 年金融危机前会计准则要求贷款减值准备核算采用“已发生损失模型”，规定当且仅当存在客观证据证明某损失事项导致资产减值，并且该损失事项可以可靠估计时才针对资产计提减值准备，没有客观证据时无论未来事项引起预计损失的可能性有多大都不予确认。2008 年金融危机后会计监管机构国际会计准则理事会（IASB）和美国财务会计准则委员会（FASB）将贷款减值准备核算方法由“已发生损失模型”改为“预期损失模型”，但仍保留了会计估值的思想。

上述针对贷款减值准备核算的不同监管态度常常导致不同口径下需计提（可计提）的减值准备金额上的差异，甚至引发监管部门的冲突。美国发生的 SunTrust 事件是这种冲突的一个实例。1998 年，美国证监会（SEC）认为美国上市银行 SunTrust 为了盈余管理而过多计提贷款减值准备，要求它转回 1 亿美元贷款减值准备并重述 1994—1996 年的财务报告。作为证券市场监管机构，SEC 拒绝接受商业银行通过牺牲会计透明来换取银行稳健。银行系统的不稳健固然会损害金融系统的效率和银行的价值，但是会计不透明同样也会损害证券市场的效率与银行价值（丁友刚和岳小迪，2009）。作为美国银行业监管主体的美国联邦存款保险公司（FDIC）、美国联邦储备银行（FRB）、美国货币监理署（OCC）、储蓄机构监管署（OTS）四家机构与会计监管主体的 SEC、FASB 通过发表观点文章表达对 SunTrust 事件的不同立场，进而发生了监管行动上的冲突，这场冲突直至上升到美国国会层面才得以平复。

上述冲突反映出银行业监管机构与会计监管机构在贷款减值准备核算上存在根本性差异。银行业监管机构的态度是鼓励银行多计提贷款减值准备（尽管这样可能减少当期利润和红利分配），提升银行的风险抵补能力，便于银行更加稳健发展，以实现风险防范的目标。会计监管机构则要求适度计提贷款减值准备，以保持信息透明并保证投资者的利润分配，实现对投资者保护的目标。

（2）金融资产估值

银行业监管以资本监管为总抓手，通过对资本的最低要求来实施风险管控，这已成为当前国际主流做法。在最权威的国际性资本监管规则巴塞尔协议中，资本监管是三版巴塞尔协议始终如一的核心，从 Basel Ⅰ 到 Basel Ⅲ，无不彰显了资本监管在银行风险监管中的核心地位（巴曙松和金玲玲，2010）。银行业监管中的资本问题与会计监管中的公允价值问题存在紧密关联。由于商业银行资产以金融资产为主，金融资产以历史成本计量还是公允价值计量直接影响资产的金额，也影响银行业监管中的资本数量。

从会计监管角度来看，为了提升会计信息透明度，金融资产计量的会计准则经历了由历史成本向公允价值不断扩展的过程。以美国为例，历史成本在 20 世纪 70 年代以前为主要计量方式，但因其无法及时反映金融机构财务状况，在 20 世纪 80 年代的储贷危机中暴露出明显的缺陷，因此 SEC 决定加大使用公允价值会计，FASB 于 1998 年 6 月发布 SFAS133，规定所有衍生工具按公允价值计量并将其价值变动计入损益，于 2006 年 9 月发布 SFAS157，基本形成了统一的公允价值计量指南和披露框架。IASB 也不断加大公允价值计量运用。会计监管对金融工具准则主要改革方向是确立并加大公允价值会计运用，旨在提高会计信息的决策价值。

在会计监管加大公允价值计量，以期提升会计信息决策价值的同时，金融行业监管却基于风险防范的目标，通过“审慎过滤器”（Prudential Filters）制度设计来保持资本的“纯度”，要求银行计算资本时剔除不符合风险补偿实质的会计资本（如因公允价值计量导致增加的会计资本）。因 FASB 发布新金融工具准则存在公允价值计量应用扩大的可能，导致银行财务报告中出现更多未实现利得和损失，而这些未实现利得或损失计入资本将影响资本的质量（虚增监管资本数量）。为此，美国银行业监管机构在会计准则生效后及时调整监管资本核算制度，将它们认为财务报告中不符合监管资本定义的利得和损失“过滤”出去，以保证监管资本质量。

基于相同的背景，巴塞尔银行监管委员会（BCBS）也在全球范围推广“审慎过滤器”[①]，来应对国际会计准则对金融工具公允价值计量的拓展应用对监管资本产生的影响。

上述分析揭示了双重监管在资本确认与金融资产估值问题上的差异。金融行业监管坚持唯风险论，将风险作为首要考虑因素，认为只要能防范风险，无论是否属于银行的所有者权益都纳入资本，若无法防范风险，即便是企业资产仍不作为资本，使用“审慎过滤器”将公允价值计量但并未实现的收益剔除。会计监管则鼓励加大公允价值会计的运用，追求会计信息的决策有用性，未将风险作为首要考虑因素。

3.3 会计监管和资本监管双重监管关系

本部分从三个角度对双重监管关系进行理论分析：一是通过历史经验总结双重监管脱钩实践的弊端，分析双重监管协调的重要性；二是结合双重监管相互作用和干涉加剧的趋势，分析双重监管协调的必要性；三是结合我国的体制机制，分析双重监管协调的可行性。

3.3.1 双重监管脱钩实践经验

为提高会计信息质量，减少双重监管差异带来的问题，会计专家呼吁将会计监管和银行业监管脱钩。FASB 前主席 Herz（2010）认为美国通用会计准则（GAAP）与银行监管规范应更大程度地脱钩，这样两者履行各自使命的能力均会得到提升；会计监管机构可以保持独立性，不断推动上市公司提升市场透明度；银行业监管机构可以利用其权利采取任何必要措

---

① 2007 年，为应对《企业会计准则》拓展公允价值会计在金融工具领域应用所带来的资本监管挑战，我国发布了《中国银监会关于银行业金融机构执行〈企业会计准则〉后计算资本充足率有关问题的通知》，这可视为中国的“审慎过滤器”制度。目前，“审慎过滤器”制度已在世界范围内被不同程度地取消。

施以确保金融稳定，不要将金融监管意图嵌入会计准则中。我国财政部会计司前司长刘玉廷（2010）也认为，会计目标与金融行业监管目标之间存在的差异势必影响相关会计或者监管规定，为了满足不同的目标会计规定和监管规定需要分离。Pozen（2009）指出，（金融界）批评公允价值会计的核心原因是它腐蚀了银行的资本基础，……没有必要非要协调两个完全不同的目标，如果银行可以全面披露其公允价值会计信息而不必核销其资本金额，则这一目标的冲突问题就可以得到解决。

那么，双重监管脱钩是否有利于各自实施监管，以提升监管效率呢？从一些国家过往实践来看，脱钩并不能解决问题。例如，20 世纪 80 年代美国储贷危机期间按照当时的会计监管制度，储蓄贷款银行需在财务报表中确认因利率倒挂产生的损失，进而造成资本充足水平低于银行业监管要求，导致破产或兼并情况的发生。银行业监管机构随后规定，储蓄贷款银行出售前期贷款资产所发生的损失可以在贷款剩余年限内平均摊销而不是在当年全部确认，在出售贷款业务的处理过程中实践了会计监管与银行业监管的脱钩。20 世纪 90 年代的日本银行也有类似经历，房地产泡沫破裂致使房产价格迅速下跌，许多日本银行持有的房地产贷款价值随之快速下跌，若立即确认这些贷款损失会导致许多银行资本不再满足监管要求。为避免贷款资产按会计监管要求确认损失对银行资本的侵蚀，银行业监机构允许银行将先前按成本与市价孰低法计量的投资性债券改为按历史成本计量。

银行业监管指标的核定不基于财务报告数据，或者虽基于财务报告数据但可进行灵活筛选和调整，这就是双重监管脱钩的内涵，但实践证明这种脱钩存在明显弊端。脱钩虽然能够快速地解除银行业监管对商业银行的约束和干预，维系其运营，暂时性地避免政府救助，却容易形成一味地通过监管容忍回避问题而不是解决问题的氛围，错失了监管干预和问题处理的最佳时机，只能靠政府的反复注资来维持问题银行的经营，最终产生更大的风险和更高的救助成本（Linsmeier，2011）。双重监管脱钩导致的结果是，无论是银行会计信息透明度，还是银行业稳定性、风险防范都未得到保障，因此其被实践证明是一种失败的政策选择。

3.3.2 双重监管相互作用加剧的趋势

由于会计信息是银行业监管的基础和工具，银行会计行为、会计信息质量均会影响银行监管效率，因此银行业监管机构有动力干预会计监管制度，当下的双重监管制度架构下未实现较为有效的协调，使双方的相互作用呈现加剧的趋势。

会计准则通过影响银行会计行为来影响银行业监管效率，因为无论银行业监管制度如何发展和完善，会计信息始终是它的基础条件和重要工具，银行业监管依赖会计信息。司振强（2009）将两者的关系描述为：会计信息是银行监管的基础，高质量会计准则有助于发挥市场约束对银行业监管的重要补充作用，会计准则有助于提升银行业监管效率，是促进金融发展的重要工具，是防范金融风险的重要工具，是金融危机后恢复市场信心的重要工具。虽然可以从多种渠道获取银行信息，但会计信息具有使用成本低、可比性强、信用度好、标准化程度高、结构多元化的显著优势；从国内外银行业监管实际来看，各类银行监管指标中包含的大量财务指标均基于会计信息。

正因如此，银行业监管对会计监管的干预成为一种必然行为和现实选择。为提升会计信息对银行业监管的适用性和监管效率，银行业监管机构既有意愿也有能力干预会计监管。金融监管机构越来越重视会计准则，积极与会计准则制定机构保持密切交流与沟通，通过影响会计准则制定来减少会计准则变化对金融稳定性的影响（王守海等，2018）。例如，BCBS（2000）对会计准则制定和修订提出三个原则：一是应有助于（而不是妨碍）银行风险防控，应为银行编制高质量会计信息提供审慎和可靠的框架；二是应通过改进银行财务和业绩状况、风险敞口、风险管理等方面信息披露的透明度，推动市场约束作用的有效发挥；三是应有助于推动（而不是抑制）银行有效监管。主要会计准则制定机构也对此作出积极回应，把新修订的金融工具会计准则融入了许多银行监管的理念，如资产减值由“已发生损失”改为“预期损失”模型。预期损失模型实质上反映了对以金融监管为代表的外部压力的妥协，因此在理论上立足于金融监管逻辑框架而非会计观念基础（郑伟，2010）。在所有行业监管中，金融行业监管对会计准则的关注度最高，其原因就是会计信息对银行监管目标和监管效果产生实质性影响，因此双重监管之间的有效协调对银行业风险防控至关重要。

3.3.3 双重监管协调在我国的可行性

当前国际权威银行资本管理办法、金融工具会计准则等主要的监管制度是欧美不同监管主体之间博弈的结果，存在诸多方面的不协调性，体现在监管权力分散、主体竞争、相互推诿等方面。以美国为例，首先，美国文化崇尚自由、信奉分权与制衡的特征导致多重监管体制并存，造成监管权力较为分散，容易产生监管重叠或监管空白；其次，美国监管竞争的“监管竞次”倾向明显，各监管机构自身在争取监管权限和监管资源时也有特定的利益诉求，尽力维持自己的监管范围，同时积极侵入和削减其他监管机构的势力范围（罗培新，2009）；最后，不同监管主体之间也存在相互推脱责任的情况，如2008年金融危机后金融界与会计界针对危机根源问题进行了旷日持久的争论和推诿。

我国银行业监管规则和会计准则与国际趋同，但我国双重监管的制度、体制机制以及作为被监管对象的银行均具有鲜明特征，使双重监管具有充分协调的可行性。具体内容如下：

第一，我国监管制度的特征。我国监管制度虽与国际趋同，但并非完全照搬：许多制度是引进和借鉴的国际主要做法，在熟知国际监管制度制定过程中的博弈逻辑以及认识到这些制度的内在缺陷的基础上对其进行适当的“本土化”改良和补充。

第二，我国监管主体体制机制的特征。我国现行金融监管框架主体由“一行两会”（即中国人民银行和银保监会、证监会）及其分支机构组成。中国人民银行为国务院组成部门，银保监会和证监会同属于国务院事业单位，其中中国人民银行在地方设立中心支行，银保监会和证监会在地方设立监管局，这一机制具有明显分业和机构监管特征①。相比于欧美国家，我国监管体制的特殊性在于：一是监管权力相对集中，因为各监管主体向上对国务院负责，向下对分支机构实施垂直管理，既便于传导监管政策也要求各监管主体要切实履行最终责任；二是监管主体之间比较和谐，当监管发生分歧时可以通过国务院会议协调解决，监管机构之间基于“讲政治”的考虑很少发生激烈冲突；三是可以迅速调整监管策略，例如国务院金融稳定发展委员会的成立，就能解决监管空白、监管重叠问题，监管机构还比较容易通过“窗口指导”有效实施监管意图。

第三，我国商业银行（被监管主体）的特征。我国商业银行产权性质比较特殊；欧美等国单个股东绝对控股的商业银行极为少见（即使相对控股其控股股东持股比例也比较低），许多商业银行最大股东的持股比例不足 10%（李艳红，2008），而我国六大国有银行、城市商业银行、农村商业银行、农村信用合作联社的第一大股东多为国资委或国有企业，多数银行国有股份在 20%—40%，且高管人员多为地方政府任命，使我国商业银行履行监管目标的意愿更强，监管政策的实施效应更好。

综上所述，实践证明“脱钩”模式存在更大的弊端，在双重监管相互作用不断加剧的情况下，结合我国监管的特征，以“协调”模式为核心，探讨更高层面和更充分的监管协调应成为双重监管关系发展和选择的主要方向。

3.4 双重监管协调的维度构建

我们认为，从目标、制度和机制三个维度对银行业监管和会计监管进行协调，将有助于优化监管效率。结合上述分析，导致双重监管差异甚至冲突的根源在于银行业监管和会计监管的目标差异，因此要调整双重监管

① 2023 年 3 月 10 日，党的二十届二中全会通过的《党和国家机关改革方案》中提到，组建国家金融监督管理总局，统一负责证券业之外的金融业监管，不再保留中国银行保险监督管理委员会。本书的基础是 2010—2019 年我国银行业数据和原监管制度框架，因此仍沿用原称谓。

的目标，达到目标的趋同；而目标差异又体现在巴塞尔协议、金融工具会计准则等制度规定中，需要将目标的协调纳入未来的监管制度修订中，以匹配目标的协调；除双重监管协调目标、调整各自的监管制度外，还要借助包括双重监管在内的多方力量调整监管机制，达到提升监管效果的目的。上述协调维度框架如图 3－1 所示。

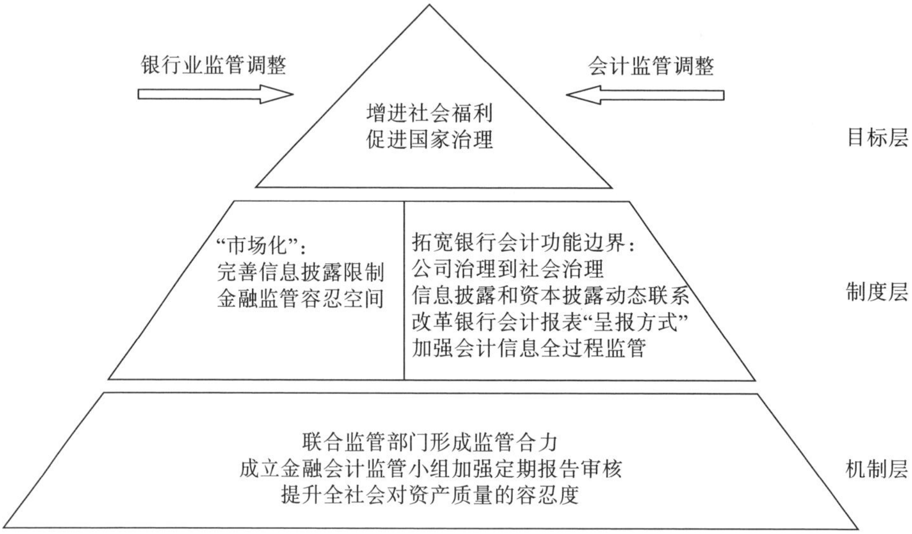

图 3－1　双重监管协调维度框架

3.4.1　监管目标的协调

双重监管目标差异是导致监管制度差异、监管行为冲突的根源。站在更加宏观的层面看，银行业监管与会计监管共同服务于经济持续稳定发展和保护相关主体利益，两者的终极目标可以一致。本书将双重监管目标上升到国家治理的高度，站在社会福利的角度协调双重监管所代表的利益相关者，以社会福利最大化为目标作为双重监管协调优化的未来方向。在银行业监管方面，从国外许多银行破产案例或者金融危机的情况来看，银行监管在监管过程中从自身监管立场出发，实施制度上或者行为上的“监管宽容”，贻误了处置时机，造成了更大的社会福利损失。在会计监管方面，需要以更宏观的视角调整目标，目前已有很多会计学者从国家治理、国家善治等角度提出会计监管的转变方向，需要作出较大的改变，如武辉和王竹泉（2019）认为，会计信息监管以理顺经济和社会秩序、协调利益关系为目标对会计监督体系进行探讨。因此，为提升监管协调效率，本书认为应以“增进社会福利、促进国家治理”作为双重监管的最终目标。

3.4.2 监管制度的协调

制度是目标的体现，目前的监管制度中会计监管制度聚焦于“保护投资者”，而银行业监管制度致力于“防范系统性风险”。基于目标协调的框架下双方均要调整自己的制度。

（1）银行业监管制度的改进

第一，要完善信息披露制度。银行业监管机构主要为审慎监管收集信息，但以分析预测微观金融机构的运营风险和宏观金融体系的系统风险为原则，更倾向于要求银行“报告信息”，而不关注其“披露信息”的情况，未来应督促被监管对象持续完善和加强信息披露力度、不断提升信息的透明度，使市场纪律的治理效应得到充分发挥。

第二，要限制监管容忍的空间。银行业监管是“严父慈母”的结合体，一方面它极其严格，对银行的查处频率高、查处力度大，近几年我国频繁见诸报端的商业银行高额罚单均由银行业监管机构出具；另一方面因为要对商业银行的负面结果承担完全兜底责任，所以它又会实施监管宽容①。郭峰和刘冲（2016）结合我国银监会向各省派出监管局特有的制度背景，利用我国城市商业银行的数据，发现银行在由银监局局长变更导致的“责任空档期”，会将之前通过会计自由裁量权隐藏的不良贷款释放出来。这一经验证据也说明我国银行业在一定程度上存在监管宽容问题。国

① 从国外相关历史经验来看，金融行业监管的监管宽容时有发生，例如，2008 年金融危机期间，在欧盟金融行业监管机构的游说下，IASB 于 2008 年 10 月 13 日发布对 IAS39 的修订公告，允许商业银行将先前归类为“交易性”证券的投资重分类为“持有至到期”证券，使其可以将市场价值大幅下跌并按公允价值计量的交易账户资产改为按摊余成本计量，从而避免确认大额减值损失，使商业银行度过危机。

外监管宽容案例较多，多数情况下贻误或失去监管干预和问题处理的最佳时机，导致银行存在的问题演变为更严重的系统性事件，增加了社会救助成本。我们应该更重视美国、日本的经验教训，避免因人为的“宽容”造成更大的不良后果。

（2）会计监管的改进

第一，要充分重视商业银行的特殊性。要充分认识银行会计问题既是会计问题也是金融问题，进一步增强金融工具会计制度的适应性；要拓宽商业银行会计的功能边界、理论基础。传统的会计功能是为了提供解决“公司治理”信息不对称问题的信息，因而会计准则试图从经济后果中超脱出来；但从金融危机的经验来看，会计监管无法“独善其身”，因此银行会计监管目标应调整为“为社会治理提供信息”。由“公司治理”到“社会治理”，既是现实需要也是增加会计信息价值、巩固会计信息地位的有效方式。

第二，要提高信息披露的透明度并将其与资本披露动态联系起来。例如，对于金融资产进行披露时，同时披露公允价值和摊余成本，以满足不同信息使用者的需求，既能通过信息判断管理层的投资管理和资产配置情况，也避免银行业监管的“审慎过滤”引起的扭曲行为。由会计监管和银行业监管联合构建一套具有相互勾稽关系的资本质量指标体系，有效揭示贷款损失准备、金融工具会计运用对资本的影响，让会计监管在资本监管指标中有效体现出来；要避免因使用估计判断数据导致的资产价值高估，高估金额流入核心一级资本之后只会增加其数量但不会增强其吸收损失的能力，因而降低了核心一级资本的质量；要充分考虑资本质量对流动性、稳定性等宏观经济的影响，重视会计信息的宏观影响。

第三，要改革银行现金流量表的呈报方式。很多审计机构、股票分析师、投资者在关注一家银行的财务报表时，通常忽略银行现金流量表，这说明银行现金流量表会计信息含量很低。它受到关注的程度远远低于普通工商企业的现金流量表，主要是因为银行经营对象是货币，即便其现金流为负，也并不能传递出特殊的经济含义，这说明银行目前现金流量表未有效体现商业银行经营情况。

3.4.3 监管机制的协调

对我国而言，难以在短期内调整监管目标和监管制度，因此，通过机制上的调整可以矫正制度的部分失灵；另外，即便双重监管制度进一步协调也无法对会计自由裁量权过度运用行为进行有效控制，因此双重监管机制和行为的协调仍然重要。

第一，充分用好我国的体制优势。在我国，以财政部和证监会为代表的会计监管主体和以银保监会和人民银行为代表的银行业监管主体均属于国务院下辖的行政事业单位，便于双重监管协调，容易形成监管合力，这是国外双重监管所不具备的优势，我国要充分利用。总体而言，银行业监管在商业银行行为和信息质量方面更具有权威性，更有条件通过要求商业银行提升信息透明度解决会计机会主义行为问题，但是有时候银行业监管基于自身的立场，更有可能实施监管宽容，无法起到提升信息透明度的效果。会计监管在可能受到银行业监管干预的现实条件下，更应该坚持独立性，减少监管便车行为。

第二，由人民银行、银保监会、证监会和财政部联合成立金融会计监管小组，加强对商业银行等金融机构的管理，探索建立差异化监管制度，加强过程监管，加大对商业银行定期报告的审核力度。比如，很多时候银行贷款减值准备计提并不单纯是计提多了或计提少了，而是在五级分类时就隐藏了风险。因此，银行业监管更应该利用其监管权威和监管信息优势，在全过程发挥作用，将会计信息质量的把控端口前移，由银行业监管从会计信息的角度关注商业银行贷款减值准备计提是否合理、依据是否充分，金融工具会计准则运用是否得当，资本质量是否真实等情况。金融会计监管小组在各项政策出台前，应加强沟通磋商，既要尊重会计准则的独立性，也要尊重金融企业的特殊性，银行业监管加大与会计监管共享监管信息的力度，会计监管应改变当前对银行业监管机构过度依赖和信任的现状，尤其是对双重监管忽视方面进行更全面的覆盖，要避免会计政策变更对金融行业产生较大波动，同时要尽可能通过会计政策及时反映出银行业出现的各类问题。

第三，提高投资者和存款人对银行贷款资产质量的认识。不良贷款率上升本来有利于更真实地反映资产质量，但是由于不良贷款的形成和处置都是一个循序渐进的过程，尤其是我国目前的市场环境下，对不良贷款率明显变动的容忍程度比较低，较高的不良率可能会影响公众信心、引起市场恐慌情绪，其导致的结果是商业银行采取多种会计自由裁量权，配合贷款对象“拆东墙补西墙”，人为调整五级分类标准、调整参数模型等，从而拖延资产质量问题的暴露。因此，银行业监管和会计监管应形成合力，通过监管引导，增加机构投资者、评级机构、分析师、媒体等各类市场主体对不良资产的容忍度，通过“善治”让银行能够更加真实地披露资产质量情况，让市场接受“坏消息”好于“没有消息”的理念。

第四，共同推动公司治理的完善。鉴于商业银行的特殊性，其公司治理更加重要。会计信息质量是一个结果体现，而影响这个结果的因素包括公司治理效能的发挥和治理质量的提升。目前来看，无论是银行业监管还是会计监管都积累了丰富经验和有效手段，但未充分共享。当前商业银行公司治理方面，既要防止大股东将商业银行当作“提款机”又要防止股东缺位导致的内部人控制问题，将会计监管和银行业监管在公司治理机制上的优秀经验汇集起来，进一步提升商业银行公司治理的效果。

第五，加强分类分层管理。结合当前金融风险防范的形势，顺应我国商业银行分化加剧的趋势和形势，双重监管主体应合作探索建立差异化监管制度，按会计裁量权运用程度将不同的商业银行业务区分出来，因行施策，提高监管的针对性和有效性。

第4章

会计方法虚增监管资本的机理和渠道

4.1 会计方法虚增监管资本的机理

本书研究我国商业银行会计方法虚增监管资本及其诱发风险隐患的问题，厘清会计方法虚增监管资本的机理是本书的核心研究内容之一。本书第3章关于双重监管制度及其影响的内容涉及一些会计方法虚增监管资本机理的讨论（如“双重监管差异”），但不聚焦、不系统，本章将全面系统地阐述这方面内容。

讨论“会计方法虚增监管资本的机理”就是要搞清楚为什么商业银行会运用会计方法虚增监管资本，其内在的作用机制是什么。基于相关文献和前期研究基础，本书认为“监管税”“双重监管差异”“监管之王”和“会计裁量权”等理论综合在一起可以全面阐释商业银行会计方法虚增监管资本的机理。

4.1.1 监管税理论

Jones（2000）关于“监管资本套利”（Regulatory Capital Arbitrage）的论文是研究商业银行虚增监管资本问题的经典文献之一。Jones（2000）指出，通常权益融资成本高于债务融资成本，因此在监管制度要求银行持有的权益资本金额高于它们基于市场判断应该持有的金额时，银行会将这一监管要求视为某种形式的“监管税”（Regulatory Taxation），因为这一要求使银行承担了额外的成本；与对其他税收的态度一样，银行会努力寻找既能服务客户又能避免或最小化这些税负的方法。其还指出，许多商业银行认为运用债务资本替代权益资本的方式进行监管资本套利能够提升股东价值，因为银行可以将这些“被解放的权益资本”（Freed up Equity）回馈给股东或进行再投资；而银行权益持有者机构化趋势（即银行股票的持有人多为互助基金和其他专业投资组合经理）促使银行更合理地调整权益资本持有数量进而不断提高股东价值，同时国外金融市场和国内金融市场竞争推动银行尽力压缩资本成本。

“监管税理论”从经营管理目标的角度揭示了银行虚增监管资本的机理。银行管理层必须不断地努力提升股东价值，而提升股东价值的方式之一是降低融资成本，但资本监管制度要求银行持有的权益资本数量超过银行自己认为合适的水平，这增加了银行成本、降低了股东价值，银行为实现经营目标会激发为规避这一“监管税”而进行虚增监管资本的内在动机。

4.1.2 双重监管差异理论

“监管税理论”从银行需要不断提高股东价值的角度解释了银行虚增监管资本的内在动机，本书前期研究成果从制度层面分析了商业银行会计方法虚增监管资本的原因，即于永生（2017）提出的“双重监管理论”，这一理论后来被进一步补充完善，形成“双重监管差异理论”（梁浩和于永生，2022），包含“双重监管”“监管差异”和“捆绑实施”等内容。

双重监管是指在现行监管制度框架内上市商业银行受会计监管与资本监管的双重约束；会计监管是指商业银行编制财务报告要依据公认会计原则；资本监管是指商业银行管理资本要遵循认可的资本管理办法，并要定期披露财务报告和资本报告；即商业银行要同时执行两种不同的监管制度并定期披露执行情况，接受市场和监管机构监督。

监管差异是指会计监管和资本监管的目标和立场存在显著差异；前者致力于资本市场透明，后者追求金融系统稳定。这一目标差异会进一步诱发两者立场差异：会计监管机构致力于解决信息不对称所引发的市场问题，它制定统一的财务信息披露规则，要求不同行业的所有上市公司统一实施，以实现投资者保护和市场资源配置效率提高的目的；在履行这一使命的过程中，会计监管机构制定规则、监督规则实施、惩治违规者，事实上它是证券市场上的“裁判员”，在立场上它不偏袒任何一家企业，是中立者；资本监管机构将自己看作经济正常运行的维护者或保护者（Spatt，2010），在银行系统出现问题时它出于维护经济正常运行的考虑会动用各种公共资源加以应对，例如为降低银行系统的传染性构建周密的金融安全网，包括最后贷款人机制、存款保险机制和政府救助等；金融安全网的制度安排使资本监管机构与银行系统之间结成了密切的利益关联体，实质上变成了商业银行的利益相关者；即对商业银行而言，会计监管机构（证监会）是中立者、资本监管机构（银保监会）是利益相关者。

捆绑实施是指资本监管指标（即资本充足率）核算基于财务报告数据，是全球范围内商业银行核算资本充足水平的基本制度，这一制度将银行财务报告数据与资本监管指标直接关联起来，本书将这一制度安排定义为“捆绑实施”，即会计监管和资本监管被捆绑在一起。

“双重监管差异理论”从监管制度约束机制的角度揭示了银行会计方法虚增监管资本的内因。商业银行的特殊之处在于，它们要按照两种不同监管制度编制两种不同报告并定期披露，这些披露的信息可揭示银行经营情况和资本状况，反映银行经营管理和资本管理水平，既是投资者和存款人作出投资决策的依据也是监管机构判断它们是否合规经营的依据，因此银行都重视这些信息披露并努力披露经营稳健和资本充足的积极信息。但是这两种监管制度的目标和立场却不同，会计监管要求银行披露客观真实的信息，无论是好消息还是坏消息、无论是在经济上行期还是经济下行期；而资本监管则希望银行在经济上行期多计提贷款减值准备，即使相关贷款并未出现减值迹象，在经济下行期少披露贷款减值信息，即使相关贷款已经违约。另外，监管制度又要求资本监管指标核算基于财务报告数据，将两者捆绑在一起；这样一来，目标存在差异但被捆绑在一起的两种监管制度同时在银行业实施，就可能产生“合成谬误”，滋生“监管套利”等负面效应，从而诱发会计方法虚增监管资本问题。

4.1.3 监管之王理论

“双重监管差异理论”揭示了银行监管制度组合中存在的负面效应问题，这些问题为银行会计方法虚增监管资本提供了激励和渠道，但是该理论仍无法解释，为什么会计方法虚增监管资本在经济下行期被银行广泛运用，以及为什么会计方法虚增监管资本具有合法性。为回答上述问题并补充“双重监管差异理论”的不足，本书引入“监管之王理论”和“会计裁量权理论”。

“监管之王理论”是指虽然同时受制于会计监管和资本监管，但商业银行普遍更重视资本监管，将其视为“监管之王”。首先，从权威性的角度观察，资本监管制度高于会计准则，因为历史经验表明银行系统具有脆弱性和特殊性，它极易受到冲击，而单一银行遭受冲击所引发的倒闭事件会迅速传染至其他银行，产生严重的系统风险问题，常常导致某一国家甚至全球经济衰退，其影响重大而深远。鉴于银行系统问题的重大影响，各国政府均对银行系统进行特别监管或额外监管，并在发生问题时予以特别对待，与银行系统相关的问题是政府优先考虑解决的问题，相关监管制度的权威性也高于其他监管制度，因此有学者将银行系统的监管制度形象地描述为“监管之王”（King regulator）（Spatt，2010），这种权威性促使银行将满足资本监管要求作为优先事项，使会计方法虚增监管资本成为选择工具。

其次，从行政权力角度观察，资本监管机构在资源配置权、牌照赋予权、危机处置能力方面具有优势地位：第一，资本监管的影响力更大、资源配置权更大；第二，资本监管机构具有牌照赋予权，最典型的就是经营牌照的发放，经营牌照往往是稀缺的、具有经济价值的，许多国家设立银行均需要经过严格的资格审批；第三，银行董事高管的任职资格，需要满足条件后由资本监管机构作出批复；第四，吊销经营牌照与发放牌照类似，在资本监管机构的权限之内；第五，银行危机处置或实施救助主要由资本监管机构负责，比如包商银行、锦州银行在爆雷后都需要资本监管机构实施救助并调动各种资源进行处置。

“监管之王理论”是对“双重监管差异理论”的补充，它揭示了以下事实：第一，虽然银行处于会计监管和资本监管的共同约束之下，但因后者更权威、权力更大，所以银行会更重视它，在经济下行期无法兼顾情况下银行会不惜违反会计监管规则来维系监管资本合规；第二，这进一步解释了为什么经济上行期会计方法虚增监管资本问题较少出现而经济下行期（包括经济危机或金融危机时期）却屡见不鲜。例如，2008 年金融危机后的研究证实欧美商业银行广泛采用会计方法虚增监管资本（Beatty 等，2014；Barth 等，2016）。另外，Linsmeier（2011）研究发现，在 2009 年倒闭的 140 家美国商业银行中，多达 120 家的资本监管报告显示其资本状况为“充足”（即一级资本充足率超过 4%）。这些例证都说明很多欧美银行在金融危机期间通过会计方法操纵财务数据以维持监管资本达标，即使在因无法偿付债务或资不抵债而倒闭前仍进行上述操作。因此，资本监管比会计监管更权威是金融危机期间银行更普遍地进行会计方法虚增监管资本的内因之一。本书研究在宏观经济下行和监管资本要求提高双重压力影响下，我国商业银行会计方法虚增监管资本及其诱发风险隐患的问题，是受到“监管之王理论”和上述研究成果的启发。

4.1.4 会计裁量权理论

如上文所述，欧美多位学者发现金融危机期间银行普遍运用会计方法虚增监管资本。本书案例研究发现[①]，锦州银行 2019 年 8 月 30 日披露的资产减值损失 236.84 亿元[②]（同比增长 587.6%），这可能是连续三年推迟确认这一损失的结果。我们认为商业银行普遍或长期持续运用会计方法虚增

① 参见本书第 7 章相关案例研究的内容。

② 参见锦州银行 2018 年年报。

监管资本与会计核算存在一定裁量权进而使其具有形式上的合法性有一定关系，因此“会计裁量权理论”是银行会计方法虚增监管资本的机理之一。

“会计裁量权”（Accounting Discretion）是指企业会计核算时在会计准则界定的边界之内实施判断或作出选择的权力。由于制度的不完备性，会计准则不可能作出完全、详尽的规定，在客观上赋予了企业某些会计裁量权。事实上，会计准则仅能定义会计裁量权的边界（Beck 等，2019），会计对利润的反映很难说像温度计那样客观、无争议，权责发生制本身就意味着判断和估计（刘峰等，2009），在会计系统中无法彻底消除会计裁量权，它被广泛视为一种形式上合法的权力。

在编制财务报告过程中，银行对许多会计项目的核算具有会计裁量权，主要包括：贷款减值准备、坏账核销、金融资产减值、金融资产分类、递延所得税核算等。会计裁量权的运用能够对这些项目的财务报告金额产生重大影响，进而对净利润和资本充足率等关键指标产生实质性影响。例如，2019 年 8 月 30 日锦州银行披露资产减值损失 236.84 亿元（同比增长 587.58%）、资本充足率 9.21%，降至监管红线 10.5% 以下；这揭示了该银行前期通过推迟确认资产减值损失以维持资本充足率达标的事实。再如，在 2008 年全球金融危机期间，欧洲商业银行监管资本面临很大压力，它们游说金融监管机构向 IASB 施压，允许对划归为“交易性”的金融资产进行重分类；Fiechter（2011）发现，在重分类限制放松后约有 1/3 的欧盟商业银行对原归类为“以公允价值计量且其变动计入损益”金融资产实施了重分类处理，重分类资产金额约占商业银行总资产的 3.9%，占权益账面价值的 131%。这些证据既说明会计裁量权会对收益和资本产生重大影响，也说明银行在经济下行期或金融危机期间会广泛运用会计裁量权操纵利润和资本指标。

4.1.5 小结

商业银行为什么能利用会计方法虚增监管资本？为什么它在经济下

行期被银行广泛运用？本书尝试从以下两个不同角度来剖析其中机理：①“监管税理论”从财务管理角度揭示了部分机理，认为资本监管导致成本增加，银行为实现股东价值最大化目标会运用一些虚增监管资本手段来缓解这一压力；②“双重监管差异理论”“监管之王理论”和“会计裁量权理论”从制度约束和制度之间关系角度揭示了另一部分机理，认为银行同时受制于目标不同但高度关联的制度组合，这种制度组合营造了一种存在差异性和不协调性的制度环境，这为会计方法虚增监管资本提供了土壤，因为监管套利的基础就是制度之间的差异性和不协调性。另外，会计裁量权内嵌于会计系统并被看作合法手段，以及银行系统普遍存在为维护金融稳定而放松信息透明要求、为化解银行问题而实施个体或集体的监管宽容现象，这为会计方法虚增监管资本提供了空间。在这样的制度和行业背景下，会计方法虚增监管资本在经济上行期间可能存在于少数银行，但在经济下行期间可能普遍存在，是一个需要重点关注的金融风险问题。

4.2 会计准则对监管资本的影响

本章讨论商业银行会计方法虚增监管资本的机理和渠道，4.1部分阐述了会计方法虚增监管资本的机理，本部分分析会计准则对监管资本的影响，为阐述会计方法虚增监管资本的渠道做铺垫。商业银行资产负债表所载的资产项目大多为金融资产。例如，统计发现，美国银行控股公司资产负债表中金融资产占总资产的平均比例为90.44%（Nissim，2007），我国上市商业银行资产负债表上金融资产占比也超过90%（成洁，2013）。因此，与金融资产相关的会计准则对监管资本影响最大。

2006年2月财政部发布了《企业会计准则（2006）》，其中的《金融工具确认与计量（CAS22）》《金融资产转移（CAS23）》《套期保值（CAS24）》《金融工具列报（CAS37）》和《公允价值计量（CAS39）》等具体会计准则影响着金融资产的会计核算，它们也是商业银行编制财务报告的依据，本书将这5项具体会计准则统称为“金融工具会计准则”。2017年3月以来，借鉴全球金融危机的经验教训和国际财务报告准则（IFRSs）的最新调整，财政部修订了除《公允价值计量（CAS39)》之外的其他4项金融工具准则。我国资本监管制度由银行监管机构发布，2004年3月原银监会发布《商业银行资本充足率管理办法》，后被2012年6月发布的《商业银行资本管理办法（试行)》替代。本书前期研究成果（于永生，2017）曾分析会计准则对监管资本的影响，但基于当时有效的制度，已经不适用于当下的制度环境。本部分关于会计准则对监管资本影响的讨论是基于现行金融工具准则和监管资本制度。

4.2.1 金融资产计量会计规范对监管资本的影响

自20世纪90年代以来公允价值计量在金融资产使用的范围不断拓展，分析会计计量规范对监管资本的影响实质上就是分析公允价值计量对监管资本的潜在影响。SEC（2008）统计结果表明，美国商业银行资产负债表上平均有45%的金融资产按公允价值计量；毕马威（KPMG，2009）对欧洲大型商业银行的统计结果发现，按公允价值计量的金融资产占所有金融资产的比率最高超过70%、最低约20%。本书前期成果（于永生等，2018）统计2014年我国16家A股上市商业银行数据发现，应用公允价值计量的金融资产与总资产的比例平均为7.11%。上述来自不同年份的数据大体上可以说明，欧美银行应用公允价值计量金融资产的比例远高于我国银行。表4-1整理了我国商业银行公允价值计量的金融资产和计量结果确认位置及其对监管资本的影响。

表4-1　我国商业银行公允价值计量的金融资产和计量结果确认位置及其对监管资本的影响

金融资产类别	相关会计科目	计量结果确认位置	对监管资本的影响
以公允价值计量且其变动计入其他综合收益的金融资产	其他债权投资	权益	直接影响

续表

金融资产类别	相关会计科目	计量结果确认位置	对监管资本的影响
以公允价值计量且其变动计入当期损益的金融资产	交易性金融资产（含“指定类”和“衍生类”）	损益	直接影响

资料来源：依据《金融工具确认与计量（CAS22）》（2017）整理。

观察表 4－1 可知，按照我国现行会计准则，在资产负债表日银行需要按公允价值计量的金融资产有两类：一是以公允价值计量且其变动计入其他综合收益的金融资产（FVTOCI），二是以公允价值计量且其变动计入当期损益的金融资产（FVTPL）。其中，后者包括指定为公允价值计量且其变动计入损益的金融资产和衍生金融资产；它们的相同之处是均按公允价值计量，不同之处是前者的计量结果计入其他综合收益、后者的计量结果计入当期损益类。

观察表 4－1 可知，按照我国现行资本监管制度，银行资产负债表中的“资本公积”应计入核心一级资本；FVTOCI 的公允价值计量结果计入其他综合收益后将转入资本公积，因此将直接影响监管资本。另外，银行资产负债表中的“留存收益”和“未分配利润”都应计入核心一级资本，而这两个项目均受到当期损益的直接影响，因此 FVTPL 的公允价值计量结果也直接影响监管资本；即 FVTOCI 和 FVTPL 的公允价值计量结果均直接影响监管资本。

Song（2011）参照美国十大商业银行各项资产和负债占比以及相关财务比率编制了一份简化的商业银行资产负债表。该表假设该银行本期收益为 1350000 元并直接向股东分配该收益，并且没有税收负担。这份资料符合本书研究需要，这里直接引用来说明金融资产公允价值计量对监管资本的影响程度（见表 4－2）。

表 4－2　　简化的某银行资产负债表　　（单位：百万元）

项目名称	期初数	升值 20%	贬值 20%
现金及现金等价物	15	15	15
贷款	34.5	34.5	34.5

续表

项目名称	期初数	升值 20%	贬值 20%
贷款减值准备	-0.5	-0.5	-0.5
公允价值计量且其变动计入损益金融资产	25	30	20
公允价值计量且其变动计入权益金融资产	14	14	14
商誉	3	3	3
其他资产	9	9	9
资产总额	100	105	95
流动负债	20	20	20
存款	37	37	37
公允价值计量且其变动计入损益金融负债	10	10	10
公允价值计量且其变动计入权益金融负债	1	1	1
长期债务	15	15	15
短期债务	5	5	5
其他负债	3	3	3
所有者权益			
普通股份	2.5	2.5	2.5
留存收益	6.5	11.5	1.5
负债和所有者权益总额	100	105	95

由表4-2可知，该银行FVTPL的金融资产为2500万元，在所有资产中占比为25%。出于简化分析和突出影响程度考虑，假设该银行其他资产和负债数据保持不变，仅对FVTPL金融资产设定升值20%和贬值20%两种情况，观察这两种情况下该类金融资产会计核算对监管资本的影响方式和程度。

首先，依据该银行资产、负债和收益的“期初数据”对其盈利能力和监管资本充足状况进行分析评价；其次，依据相同标准分析在该类金融资产升值和贬值情况下公允价值计量结果对监管资本的影响。美国商业银行最低资本充足要求包括“全部风险资本充足率”“核心资本/风险资本比率”和“核心资本/杠杆比率”三项指标，据此将商业银行资本充足状况划分为五档：资本十分充足、资本适当充足、资本不足、资本显著不足和资本严重不足。① 另外，计算上述三项指标还需要了解该银行风险加权资产数据，它是各项资产乘以各自风险权重后的总和，这里假设该数据为 7500 万元。这样就可以依据表 4－2 中数据计算 FVTPL 升值 20% 和贬值 20% 情况下该银行盈利能力和资本充足水平变化。

表 4－3　某银行 FVTPL 公允价值变化对监管资本的影响分析

项目名称	期初数	升值 20%	贬值 20%
净收益（百万元）	1. 35	6. 35	－3. 65
净资产收益率（%）	15	45. 36	－91. 25
核心资本（一级资本，所有者权益减商誉）（百万元）	6	11	1
附属资本（二级资本，贷款减值准备）（百万元）	0. 5	0. 5	0. 5
监管资本总和（百万元）	6. 5	11. 5	1. 5
全部风险资本充足率（%）	8. 6	15. 3	2. 0
核心资本/风险资本比率（%）	8	14. 7	1. 3
核心资本/杠杆比率（%）	6. 2	11. 3	1. 0
资本十分充足		√	
资本适当充足	√		
资本不足			
资本显著不足			
资本严重不足			√

由表 4－3 可知，FVTPL 的会计处理结果对该银行获利能力和监管资本的影响是十分显著的。从获利能力角度来看，按期初数和常规盈利水平，该银行的获利能力为 15%；在 FVTPL 公允价值升值 20% 时，这些变动计入损益后该银行获利能力为 45. 36%，上升幅度大于 200%；在 FVTPL 公允价值贬值 20% 时，这些变动计入损益后该银行获利能力为 －91. 25%，下降幅度大于 700%。从监管资本角度来看，按期初数和常规盈利水平，该银行“全部风险资本充足率”是 8. 6%、“核心资本/风险资本比率”是

① 参见 FDIC Law，Regulations，Related Acts，2000 – Rules and Regulations，Part 325 – Capital Maintenance，http：//www. fdic. gov/regulations/laws/rules/2000 – 4400. html。

8%、“核心资本/杠杆比率”是6.2%，属于“资本适当充足”；在FVTPL公允价值升值20%情况下，这些变动计入损益后该银行“全部风险资本充足率”是15.3%、“核心资本/风险资本比率”是14.7%、“核心资本/杠杆比率”是11.3%，属于“资本十分充足”；在FVTPL公允价值贬值20%情况下，这些变动计入损益后该银行“全部风险资本充足率”是2.0%、“核心资本/风险资本比率”是1.3%、“核心资本/杠杆比率”是1.0%，属于“资本严重不足”，该银行将被接管，面临破产清算或兼并的命运。SEC（2008）统计表明，25%资产按公允价值计量且其变动计入损益是美国商业银行普遍情况，欧盟大型商业银行2007年也有20%以上资产按公允价值计量且其变动计入损益①，因此表4-3确定的FVTPL金融资产规模接近欧美商业银行实际情况。

以上分析的金融资产计量规范对商业银行监管资本影响可总结为三点：一是使收益大幅波动；二是使资本充足水平大幅波动从而引发资本监管风险；三是负面影响远远大于正面影响，即在经济下行、金融资产公允价值下跌时盈利能力和资本充足水平下降的幅度，远远大于经济上行、金融资产公允价值上升时盈利能力和资本充足水平上升的幅度。这一结论解释了为什么银行家们一直对拓展公允价值应用强烈抵制，因为盈利水平大幅波动预示风险的存在，会增加资本成本，而由此引发的监管资本违规风险更难以应对，因此，欧洲中央银行（2004）将拓展公允价值应用所衍生的“收益波动性”问题列为公允价值六大罪状之首。这也可以解释为什么金融危机期间公允价值会计会备受关注，因为经济下行期间其负面影响远远高于经济上行期间的正面影响。

如前文所述，我国商业银行金融资产公允价值计量的平均比例低于10%，约为欧美银行的1/3，但是鉴于它对银行损益和资本的重大影响，尤其是在经济下行期该影响存在放大效应，我们仍需要重视金融资产公允价值计量对监管资本的影响并积极采取预防性应对措施。

---

① KPMG. Focus on Transparency, Trends in the Presentation of Financial Statements and Disclosure of Information by European Banks, 2009: 17.

4.2.2 金融资产分类会计规范对监管资本的影响

金融资产分类规范对资本监管的影响是通过影响金融资产计量属性选择实现的。CAS22（2017）将金融资产划分为三类：以摊余成本计量的金融资产、以公允价值计量且其变动计入其他综合收益的金融资产（FVTOCI）、以公允价值计量且其变动计入当期损益的金融资产（FVTPL）。如果商业银行划归为公允价值计量的金融资产（即后两类）金额大，则对资本监管影响大，反之则小，对此前文已经述及。从这个角度看，金融资产计量规范对资本监管的影响和金融资产分类规范对监管资本的影响是一个问题的两个方面。但金融资产分类规范对资本监管的影响具有独特性，这主要体现在两个方面：一是商业银行在金融资产初始分类时具有一定选择空间，二是商业银行在金融资产持有期间可行使重分类选择权。然而 CAS22（2017）对商业银行金融资产重分类选择权作出了严格的限制，规定只有银行改变其管理金融资产的业务模式时才能实施，这是一种极其少见的情形，因此商业银行通过金融资产分类影响监管资本的裁量权主要出现在金融资产初始分类时。

列举一个说明在金融资产分类时商业银行非常关注划分结果对监管资本影响的案例（Beatty，1995）。在 SFAS115 颁布之前，美国商业银行金融资产投资组合的未实现利得和损失是纳入监管资本核算的。① 据此，按照 SFAS115 要求划归为“交易性”和“可供出售”证券投资的未实现利得和损失都要计入监管资本。但在 SFAS115 生效 9 个月后，银行监管机构突然宣布调整监管资本核算制度，将划归为“可供出售”证券投资的未实现利得和损失排除在监管资本核算之外。之后在 1995 年 11 月，会计准则制定机构允许商业银行在 1995 年 12 月 31 日前将前期分类的金融资产投资进行一次性集中调整。这一事件充分说明了金融资产分类会计规范对监管资本核算具有重大影响。

---

① 这些未实现利得和损失包括：按公允价值计量交易性债务和权益性证券投资的未实现利得或损失，还有按历史成本和公允价值孰低计量的债务和权益证券投资的跌价损失。

在金融危机期间，欧洲商业银行强烈要求金融资产重分类的行为进一步佐证了金融资产分类对监管资本的重大影响。SFAS115 重分类规范比 IAS39 宽松，前者允许对所有类别金融资产进行重分类，后者禁止对划归为“交易性”金融资产进行重分类，致使交易性金融资产在危机期间的价值下跌直接计入损益，对监管资本的侵蚀性最强。在 2008 年全球金融危机期间，金融资产市值大幅下跌，欧洲商业银行监管资本面临很大压力，它们游说金融监管机构向 IASB 施加压力，要求欧盟商业银行也能像美国银行一样，可以通过金融资产重分类的方式将未实现损失排除在监管资本核算之外，从而降低监管干预风险。Fiechter（2011）研究发现，在重分类限制放松后约有 1/3 欧盟商业银行实施了对原归类为“以公允价值计量且其变动计入损益”金融资产重分类处理，重分类资产金额约占商业银行总资产的 3.9%、权益账面价值的 131%，说明金融资产重分类会计规范对监管资本核算的影响是非常显著的。

4.2.3 金融资产减值会计规范对监管资本的影响

金融资产减值会计规范要求商业银行将所确认的减值损失计入当期损益，因而对监管资本核算产生直接影响。CAS22（2017）要求银行以预期信用损失为基础对“以摊余成本计量的金融资产”和“以公允价值计量且其变动计入其他综合收益的金融资产（FVTOCI）”进行减值会计处理。在商业银行，“以摊余成本计量的金融资产”主要包括“贷款”“应收账款”和“债权投资”等项目，FVTOCI 主要是指“其他债权投资”项目。

贷款是商业银行主要资产，该类资产占银行总资产比例高，减值金额对监管资本充足水平影响大。当银行计提贷款减值准备时，在资产负债表上该准备冲减贷款资产总额，在损益表上该准备冲减税前利润，它既影响资产又影响收益。贷款减值准备对监管资本核算影响体现在两个方面：一是会削弱核心一级资本，是监管资本的扣减项；二是在满足一定条件时可计入二级资本，例如按照我国《资本办法》超额贷款损失准备可计入二级资本。但在这种情况下由于税收的存在，扣减项与增加项的金额并不相同。假定某一商业银行在一个会计年度中新计提贷款减值准备 100 元（适用所得税税率是 25%），其税后利润减少 75 元，即 100 ×（1 - 25%），致使所有者权益和一级资本均减少 75 元；但如果是超额贷款减值准备，则可全部计入二级资产，使二级资本增加 100 元。此次计提贷款减值准备，不仅没有侵蚀监管资本总额，反而使其增加 25 元。为避免银行利用这一制度漏洞虚增监管资本，监管机构要求计入二级资本的超额贷款减值准备金额不得超过信用风险加权资产的 1.25%。在这一限制条件下，超额贷款减值准备对监管资本影响会出现三种情形：①如果前期累计超额贷款减值准备远低于限制标准，新计提超额贷款减值准备可全额计入二级资本，则核心一级资本会受到负面影响，二级资本会受到正面影响，总资本会受到正面影响；②如果前期累计超额贷款减值准备接近限制标准，新计提贷款减值准备部分计入二级资本，则核心一级资本受到负面影响，二级资本受到正面影响，总资本受影响的方向取决于计入二级资本金额是否超过计入一级资本金额；③如果前期累计超额贷款减值准备已超过限制标准、新计提贷款减值准备无法计入二级资本，则核心一级资本受到负面影响，二级资本不受影响，总资本受到负面影响，程度与一级资本相同。这说明，超额贷款减值准备对监管资本影响不是开放式的，监管机构为鼓励商业银行多计提贷款减值准备而允许部分计入二级资本的政策使两者关系复杂化，但由于金融资产减值处理涉及估计和判断，商业银行利用这种关系操纵监管资本的可能性仍存在。这种监管资本操纵的基本规律是，在面临监管资本压力情况下，如果新计提的贷款减值准备可全额计入二级资本，则银行会利用超额计提贷款减值准备方式增强资本充足水平，因为这种会计处理对监管资本总额有增量贡献；如果新计提贷款减值准备无法计入二级资本，则银行会不提或少提贷款减值准备，即使预示贷款减值的事件已发生，以防这类会计处理进一步加剧监管资本压力。Ng（2014）对金融危机期间美国商业银行新计提贷款减值准备情况研究发现，前期累计贷款减值准备接近或超过监管限制标准的银行计提贷款减值准备动机远低于其他银行。这一发现说明，银行了解和重视贷款减值准备对监管资本的影响并将其作为应对监管风险问题的重要工具。

观察表 4－4 可知，贷款资产占商业银行总资产比重很高[①]，美国2008—2010 年三年均值是 55.06%，欧盟 2008—2010 年三年均值是 43.55%；美国商业银行计提的贷款减值准备三年均值为 1961.6 亿美元，占贷款总额的 2.96%；欧盟商业银行计提的贷款减值准备三年均值为 2137.4 亿欧元，占贷款总额的 1.5%。从这些数据可以看出，美国占贷款总额 2.96% 的贷款减值准备可能计入监管资本核算，对监管资本产生直接影响；欧盟占贷款总额 1.5% 的贷款减值准备可能计入监管资本核算，对监管资本产生直接影响。美国商业银行计提贷款减值准备对监管资本影响程度较大，约是欧盟商业银行计提贷款减值准备对监管资本影响的 2 倍。Sanders（2010）将金融危机较严重期间美国主要商业银行支付股利数据与计提贷款减值准备数据对监管资本影响进行比较研究，发现贷款减值准备对监管资本的负面影响是－15.36%，支付股利对监管资本的负面影响是－6.15%，贷款减值准备的负面影响超过支付股利影响的 2 倍。这进一步说明贷款减值准备会计规范对监管资本核算影响是非常大的。

表 4－4　　美国与欧盟商业银行合并报表贷款及其减值准备数据

地区	项目	2008 年	2009 年	2010 年
美国	贷款总额（千美元）	6841274223	6498874141	6597361518
	贷款占总资产比例（%）	55.57	54.96	54.67
	贷款减值准备总额（千美元）	156659219	213817010	217973473
	减值准备占贷款比例（%）	2.28	3.29	3.30
欧盟	贷款总额（十亿欧元）	14664.46	14031.1	14099.07
	贷款占总资产比例（%）	43.14	43.7	43.8
	贷款减值准备总额（十亿欧元）	201.53	220	219.7
	减值准备占贷款比例（%）	1.37	1.56	1.57

资料来源：美国商业银行合并报表数据源于 Federal Deposit Insurance Corporation；欧盟商业银行合并报表数据源于 European Central Bank。

① 美国商业银行贷款包括持有型和出售型两种，但后者所占比例小于 5%，因此本书忽略其影响。

除贷款之外，其他涉及减值问题的金融资产有：应收账款、债权投资、其他债权投资等。在这些金融资产中，其他债权投资按公允价值计量，其价值变动计入权益，不影响监管资本核算，但如果银行确认这些金融资产发生了减值，相关减值损失要从权益中转入损益，对监管资本核算产生负面影响。应收账款和债权投资按摊余成本计量、不确认价值变动，但如果确认减值则要将其计入损益，也对监管资本核算产生直接负面影响。与贷款减值不同的是，上述三类金融资产投资如果确认发生减值，均直接将该减值计入损益，只会对监管资本产生负面影响，而不会对其产生正面影响。与贷款减值相同的是，这些金融资产减值的会计处理也主要依据估计和判断，因此商业银行也可能利用相关减值操作影响监管资本充足水平。

4.3 会计方法虚增监管资本的渠道

本章前两部分分别回答了为什么银行业存在会计方法虚增监管资本现象和会计准则对监管资本的影响，前者从理论和制度环境的角度解释了会计方法虚增监管资本现象存在的机理，后者从监管制度相互关系角度揭示了会计准则对监管资本产生影响的主要方面。上述内容构成分析会计方法虚增监管资本渠道的基础。

4.3.1 核心一级资本组成和扣除项对应的会计科目

本书将“会计方法虚增监管资本”定义为，商业银行利用会计准则提供的会计估计裁量权进行以满足资本监管要求为目的，但未实质性改善资本充足水平的行为。如前文所述，“捆绑实施”这一制度安排使商业银行有机会通过调整财务报告数据来影响资本充足率，即“资本监管指标核算基于财务报告数据”的制度给会计方法虚增监管资本提供了渠道。本书以原银监会 2012 年 6 月颁布、2013 年 1 月实施且当前有效的《资本办法》

为基础梳理会计方法虚增监管资本的主要渠道，具体内容如表 4 –5 和表 4 –6 所示。

表 4 –5　　核心一级资本组成和核心一级资本扣除项

核心一级资本组成	核心一级资本全额扣除项	核心一级资本门槛扣除项
①实收资本或普通股；②资本公积；③盈余公积；④一般风险准备；⑤未分配利润；⑥少数股东资本可计入部分	①商誉；②其他无形资产（土地使用权除外）；③由经营亏损引起的净递延税资产；④贷款损失准备缺口；⑤资产证券化销售利得；⑥确定受益类的养老金资产净额；⑦直接或间接持有本银行的股票；⑧对未按公允价值计量的项目进行套期形成的现金流储备；⑨自身信用风险变化导致其负债公允价值变化带来的未实现损益；⑩商业银行之间通过协议相互持有的核心一级资本工具	①对未并表金融机构的小额少数资本投资中合计超出本银行核心一级资本净额 10% 的部分；②对未并表金融机构的大额少数资本投资中核心一级资本投资合计超出本行核心一级资本净额 10% 的部分；③对依赖于本银行未来盈利的净递延税资产超出本行核心一级资本净额 10% 的部分；④对未在商业银行核心一级资本中扣除的对金融机构的大额少数资本投资和相应的净递延税资产合计金额超过本行核心一级资本净额 15% 的部分

资料来源：依据《资本办法》整理。

表 4 –5 总结《资本办法》界定的核心一级资本组成及其扣除项，没有梳理其他一级资本和二级资本的组成及其扣除项，因其内容与财务报告的关联度较小。表 4 –6 筛选出核心一级资本组成和扣除项中能够与财务报告的会计科目对应的项目。①

由表 4 –5 和表 4 –6 可知，《资本办法》界定的核心一级资本组成有 6 个项目，它们与银行资产负债表所有者权益部分项目一一对应，其中除“少数股东资本”在财务报告中表述为“少数股东权益”外，其他 5 个项目的名称完全一致。一些银行因发行“优先股”和“永续债”开设了“其他权益工具”会计科目，但它未被列入核心一级资本。在这 6 个会计科目中，“实收资本”“盈余公积”“少数股东权益”和“一般风险准备”

① CAS22（2017）实施后，银行资产负债表的一些会计科目名称和内涵发生一些变化，本书采用该准则实施前的银行资产负债表会计科目名称和内涵。

的会计估计裁量权空间很小，因为它们是根据相关募资公告或法规或投资协议确定的；但另外 2 个会计科目则存在较多会计估计裁量权空间，如“资本公积”中的金融投资公允价值计量利得①，再如很多会计估计会影响当期损益进而影响“未分配利润”。

表 4－6　　　　核心一级资本组成及其扣除项对应的会计科目

核心一级资本组成	资本组成对应的会计科目	全额扣除项	全额扣除项对应的会计科目	门槛扣除项	门槛扣除项对应的会计科目
①实收资本或普通股	①实收资本或普通股	①商誉	①商誉	对依赖于本银行未来盈利的净递延税资产超出本行核心一级资本净额 10% 的部分	递延税资产
②资本公积	②资本公积	②其他无形资产（土地使用权除外）	②无形资产		
③盈余公积	③盈余公积	③由经营亏损引起的净递延税资产	③递延税资产		
④一般风险准备	④一般风险准备	④资产证券化销售利得	④当期损益		
⑤未分配利润	⑤未分配利润	⑤确定受益类的养老金资产净额	⑤其他资产		
⑥少数股东资本可计入部分	⑥少数股东权益	⑥直接或间接持有本银行的股票	⑥库藏股		
		⑦对未按公允价值计量的项目进行套期形成的现金流储备	⑦资本公积		
		⑧自身信用风险变化导致其负债公允价值变化带来的未实现损益	⑧资本公积		

资料来源：依据《资本办法》整理。

① 2014 年 1 月，财政部对《企业会计准则第 30 号——财务报表列报》进行修订，要求从 2014 年 7 月起将依据其他会计准则规定确认的、未计入当前损益的未实现利得和损失由“资本公积”转入“其他综合收益”。

由表4－5和表4－6可知，《资本办法》界定的核心一级资本全额扣除项有10个，其中7个能够与会计科目对应起来，包括资产类、权益类和收益类科目。在这些科目中，“库藏股”的会计估计裁量权空间很小，但其他科目则可能存在较多会计估计裁量权空间。《资本办法》界定的核心一级资本门槛扣除项有4个，但仅有一个能够与“递延税资产”会计科目对应起来，全额扣除项也包含一个对应“递延税资产”的项目，但它们针对的具体内容不同。依据《资本办法》，递延税资产可以细分为“由经营亏损引起的”和“其他”两类，前者的净额要全部从核心一级资本中扣除，后者的递延税资产可以计入核心一级资本，但不能超过核心一级资本净额的10%。

4.3.2 会计方法虚增监管资本的主要渠道

基于上述分析，按照既存在会计估计裁量权空间又直接影响资本充足率核算的原则，本书将当期损益和资本公积两个会计科目确定为重点关注对象，基于相关文献、案例和银行业经营特征，锁定贷款和金融投资为会计方法虚增监管资本的主要操作项目（见表4－7）。

表4－7　会计方法虚增监管资本的主要渠道

主要操作项目	具体操作办法	影响的会计科目	对监管资本的影响
贷款	推迟确认减值	虚增未分配利润	虚增核心一级资本
金融投资	分类	虚增未分配利润/资本公积	
	重分类	虚增未分配利润/资本公积	
	推迟确认减值	虚增未分配利润	
	将更多金融投资变更为第三层次	虚增未分配利润	
	确认更多第三层次估值利得	虚增未分配利润	

资料来源：依据相关资料整理。

（1）针对贷款的虚增监管资本操作

对大多数银行而言，贷款是最重要、金额最大的资产，与银行总资产之比一般在50%—60%，“贷款减值准备”也是最大的会计应计项目；贷款资产透明度普遍较低，减值核算的自由裁量空间较大，加之它占比高、金额大，致使会计裁量权应用的较小差异通常会对当期损益和核心一级资本产生金额较大且方向相反的重大影响。在其他因素不变情况下，更及时地确认贷款减值会直接侵蚀商业银行当期净利润进而直接拉低核心一级资本充足率（Ryan，2017）。因此，“推迟确认贷款减值准备”是商业银行虚增监管资本的最主要渠道。有证据表明，美国商业银行在 2008 年金融危机期间普遍运用会计裁量权来推迟确认贷款减值准备以确保其账面资本不受侵蚀（Huizinga 等，2012）；基于全球范围大型银行数据的研究也发现，银行倾向于推迟贷款减值准备直至金融危机进入恶化阶段（Laeven 等，2002）。

（2）针对金融投资的虚增监管资本操作

对大多数商业银行而言，金融投资的金额和占比仅次于贷款，与银行总资产之比一般在 20%—30%，主要包括政府债券、企业债券和权益工具，这些投资工具大多存在活跃交易市场，因此其管理模式比贷款更灵活。商业银行进行金融投资的目的是收益和流动性兼得，贷款投资的流动性较差，因此在流动性方面金融投资优于贷款投资。CAS22（2017）将金融资产划分为三类：以摊余成本计量的金融资产、以公允价值计量且其变动计入其他综合收益的金融资产（FVTOCI）、以公允价值计量且其变动计入当期损益的金融资产（FVTPL）。“以摊余成本计量的金融资产”包含贷款，需要单独进行分析，本书的“金融投资”概念仅包含后两个，即 FVTOCI 和 FVTPL。

金融投资对监管资本的影响渠道是：在持有期间的每个财务报告日将计量产生的未实现利得或损失与减值核算产生的损失计入当期损益进而拉低核心一级资本。按照 CAS22（2017），在每个财务报告日，FVTPL 按公允价值计量并将计量结果计入当期损益、FVTOCI 按公允价值计量并将计量结果计入资本公积；另外还要对 FVTOCI 进行减值测试，如发生减值则将这些损失从资本公积计入当期损益。按照 CAS39，依据使用的输入值，公允价值计量分为三个层次，第一层次和第二层次使用可观察市场报价，第三层次使用不可观察输入值（即银行自己估计和判断数据）；在使用市场报价进行公允价值计量会确认未实现损失或减值情况下，将第一层次和第二层次的金融投资变更为第三层次则可以避免确认这些损失或减值，从而虚增监管资本。

在会计准则要求对金融投资进行分类核算之后，银行监管机构认为上述会计核算产生的未实现利得或损失不符合监管资本定义，创设了“审慎过滤器”制度，将部分未实现利得和损失排除在监管资本之外。2008 年全球金融危机后“审慎过滤器”制度有所调整，新制度要求将金融投资的未实现利得和损失均计入监管资本中，我国从 2013 年也开始实施这一新制度（于永生等，2022）。商业银行利用金融投资分类和重分类虚增监管资本的证据在美国和欧盟均普遍存在。Hodder 等（2002）分析了 230 家美国商业银行相关数据发现，会计准则要求对金融投资分类核算后资本较弱银行将更多证券划分为“可供出售金融资产”（AFS）①，目的是增加监管资本；监管资本下降时，所有银行都调整了其关键证券投资组合，目的是避免侵蚀监管资本。在 2008 年全球金融危机期间，欧洲商业银行监管资本面临很大压力，它们游说金融监管机构向 IASB 施压，要求允许对划归为“交易性”的金融资产进行重分类。Fiechter（2011）发现，在重分类限制放松后约有 1/3 欧盟商业银行对原归类为 FVTPL 金融资产实施了重分类处理，重分类资产金额约占商业银行总资产的 3.9%，占权益账面价值的 131%。

商业银行通过推迟确认金融投资减值来虚增监管资本的证据也被发现。Vyas（2011）研究金融危机期间美国商业银行债券投资减值核算的及时性，把银行所持有债券的减值数据与相关债券的市场信用指数变动进行比较，发现银行普遍推迟确认其债券减值核算以避免监管资本受到侵蚀。Robinson 等（2018）发现了商业银行利用第三层次公允价值计量的裁量权空间进行虚增监管资本的证据，他们对美国 208 家商业银行数据进行研究，发现监管资本指标接近监管红线的银行倾向于确认较多第三层次公允价值计量的未实现利得以虚增监管资本。Yao 等（2016）分析 22 个国家 210 家商业银行 2009—2013 年数据发现，一级资本充足率较低银行更倾向于使用第三层次公允价值计量并将更多金融投资由第一和第二层次转化为第三层次。

---

① 原会计准则将金融资产划分为 4 类：公允价值计量且其变动计入当期损益的金融资产（FVTPL）、可供出售金融资产（AFS）、持有至到期投资（HTM）、贷款和应收账款。

第5章

会计方法虚增监管资本的大样本和案例分析

本书研究在资本监管要求提高和宏观经济下行的双重压力影响下，我国商业银行会计方法虚增监管资本及其诱发风险隐患的问题。在第 2 章至第 4 章，通过论述商业银行经营情况和资本监管制度变化、会计监管与资本监管双重监管制度背景、会计方法虚增监管资本的机理和渠道等内容，本书揭示了商业银行会计方法虚增监管资本的背景和机理。在本章我们将利用行业分析、案例分析和实证分析等方法厘清我国商业银行会计方法虚增监管资本的实际情况，为此我们将首先对商业银行会计方法虚增监管资本的情况进行行业分析和案例分析，其次对商业银行会计方法虚增监管资本的情况进行实证分析，最后综合行业分析、案例分析和实证分析结果，总结我国商业银行会计方法虚增监管资本的基本情况。

5.1 行业分析

在行业分析中，我们以截至 2021 年 4 月 30 日的上市商业银行年报数据为分析对象，共有 54 家商业银行，其中包括 6 家大型商业银行、10 家股份制商业银行、28 家城市商业银行和 10 家农村商业银行，具体名单如表 5 - 1 所示。所选上市商业银行的总资产和净利润分别占我国全部商业银行总额的 82% 和 91%①，因此能够反映我国商业银行业基本情况。上述年

① 数据来源于安永中国上市银行年度分析报告（2020）。

报数据源自 Wind 数据库，部分个性化数据从年报中手工摘取。

表 5－1　　　　行业分析选择的样本商业银行名单

类型	序号	商业银行全称	上市地点	类型	序号	商业银行全称	上市地点
大型商业银行	1	中国工商银行	A＋H	城市商业银行	13	锦州银行	H
	2	中国建设银行	A＋H		14	成都银行	A
	3	中国农业银行	A＋H		15	中原银行	H
	4	中国银行	A＋H		16	重庆银行	A＋H
	5	交通银行	A＋H		17	甘肃银行	H
	6	中国邮政储蓄银行	A＋H		18	青岛银行	A＋H
股份制商业银行	1	招商银行	A＋H		19	长沙银行	A
	2	兴业银行	A		20	江西银行	H
	3	上海浦东发展银行	A		21	九江银行	H
	4	中国民生银行	A＋H		22	西安银行	A
	5	中信银行	A＋H		23	泸州银行	H
	6	中国光大银行	A＋H		24	晋商银行	H
	7	平安银行	A		25	苏州银行	A
	8	华夏银行	A		26	贵州银行	H
	9	渤海银行	H		27	威海银行	H
	10	浙商银行	A＋H		28	厦门银行	A
城市商业银行	1	北京银行	A	农村商业银行	1	重庆农村商业银行	A＋H
	2	上海银行	A		2	广州农村商业银行	H
	3	江苏银行	A		3	紫金农村商业银行	A
	4	宁波银行	A		4	常熟农村商业银行	A
	5	南京银行	A		5	无锡农村商业银行	A
	6	徽商银行	H		6	江阴农村商业银行	A
	7	盛京银行	H		7	张家港农村商业银行	A
	8	哈尔滨银行	H		8	苏州农村商业银行	A
	9	杭州银行	A		9	九台农村商业银行	H
	10	贵阳银行	A		10	青岛农村商业银行	A
	11	郑州银行	A＋H				
	12	天津银行	H				

5.1.1 银行业监管资本压力变化情况

《资本办法》于 2013 年开始实施并设置了缓冲期，要求所有商业银行在 2018 年底前达标，本书将这一期间称为“政策缓冲期”。本书收集 2010—2018 年我国上市商业银行整体的核心一级资本缓冲[①]数据，因为资本缓冲是反映商业银行监管资本压力的公认指标，上述期间包括了《资本办法》实施之前的 3 年和 6 年的政策缓冲期。我们将政策缓冲期内我国商业银行核心一级资本缓冲变动情况与《资本办法》实施前的情况进行对比（见图 5 -1），对监管资本指标随时间推移而发生的主要变动进行描述和分析。

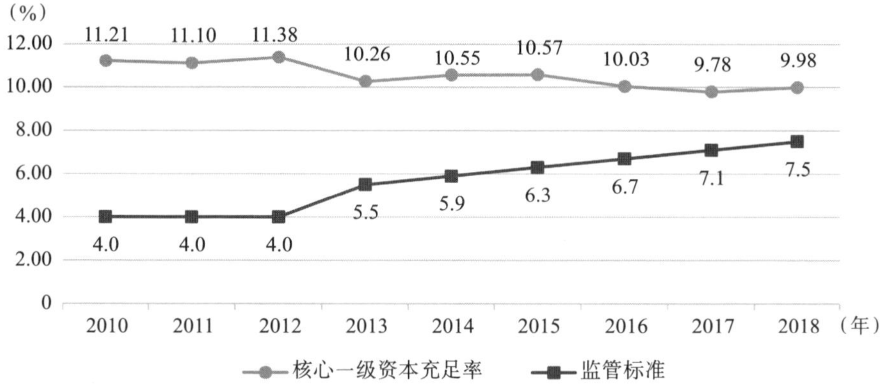

图 5 -1　2010—2018 年样本商业银行资本缓冲压力变化情况

《资本办法》大幅提高了监管资本标准，从而挤压了银行原来设置的资本缓冲空间，导致其资本监管压力普遍增加。由于核心一级资本是银行监管资本的主要构成部分，其质量最高、损失吸纳能力最强，因此本书重点分析核心一级资本的变动情况。从图 5 -1 可以看出，2010—2012 年我国商业银行的核心一级资本充足率远超过当时的资本监管要求，平均资本

① 资本缓冲等于商业银行实际资本充足率减去监管要求的资本充足率，核心一级资本缓冲等于实际核心一级资本充足率减去监管要求的核心一级资本充足率；另外，《资本办法》实施之前，核心一级资本被称为一级资本。

缓冲（实际核心一级资本充足率减监管要求）达到了7.23%。2013年后，我国商业银行的核心一级资本充足率开始下降，2013—2018年我国上市商业银行的平均核心一级资本充足率仅为10.20%，较2010—2012年下降约1.03个百分点[①]；同时，受到资本监管要求分阶段提高的影响，我国商业银行的资本缓冲逐年降低，2013—2018年的平均核心一级资本缓冲仅3.70%，较2010—2012年的7.23%下降幅度接近50%。这说明如果以《资本办法》实施之前银行业整体的监管资本管理目标为标准，我国银行业整体的监管资本压力在《资本办法》实施后实际增加了约50%。

本书对各类上市商业银行核心一级资本充足率的变化情况进行分类统计（见图5-2）发现：2013—2018年大型商业银行核心一级资本充足率呈现较明显的增长趋势（由9.62%提升至11.78%）、股份制商业银行核心一级资本充足率呈现缓慢的增长趋势，但城市商业银行和农村商业银行的核心一级资本充足率则出现较明显的下降。这说明，虽然我国商业银行的核心一级资本充足率指标均高于资本监管标准的要求，并未触及监管红线，但除大型商业银行外，其他类型的商业银行难以维持资本充足率的持续增长趋势。在资本监管要求不断提高的背景下，资本缓冲值比2012年末的数据显著降低，普遍处于监管资本压力增大的境况。这也说明，《资本办法》

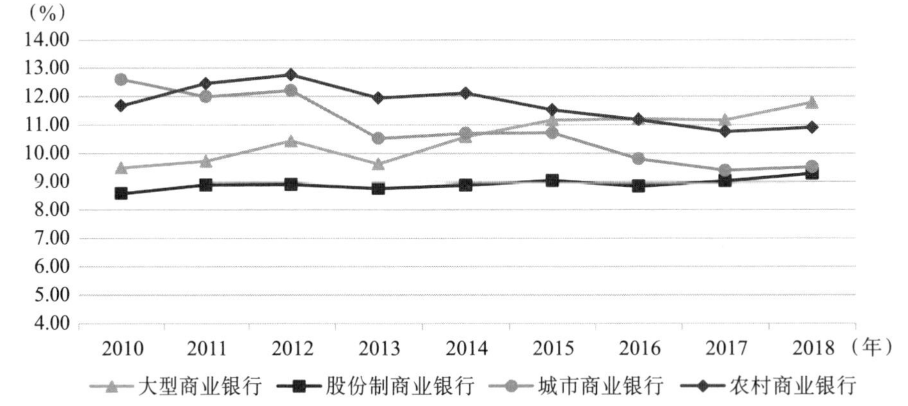

图5-2　2010—2018年样本商业银行商业银行的核心一级资本充足率变化

① 根据商业银行的平均核心一级资本充足率根据上述54家商业银行的监管资本指标计算得出。

彻底改变了原有监管制度下商业银行监管资本“十分充足”的状况，这种状况会促使商业银行运用各种方法和手段努力提高资本充足率，以恢复原有的资本缓冲空间或扭转监管资本指标下降的趋势。

5.1.2 资本充足率构成的变化情况及影响

（1）资本充足率构成的变化趋势分析

本部分的分析发现，《资本办法》实施一年后的 2013 年末银行业整体的核心一级资本充足率均显著下降（见图 5 –1 和图 4 –2），使商业银行承受较大资本监管压力，加之 2018 年之前每年还有 0.4% 的持续性提升要求，使相关监管压力进一步增加。为应对上述持续加强的监管压力，商业银行会运用一切可能的方法和手段提高资本充足率。但从政策缓冲期（2013—2018 年）核心一级资本充足率变动情况来看，除大型商业银行之外，其他类型商业银行的核心一级资本提升效果并不明显，尤其是城市商业银行和农村商业银行的核心一级资本提升效果更差。那么我国商业银行是否会和欧美商业银行一样，在资本监管压力较大情况下（即政策缓冲期内）运用会计方法虚增监管资本呢？为回答这一问题，我们需要分析商业银行提高监管资本所运用的方法和策略，研究其中是否存在会计方法虚增监管资本的问题。

为揭示商业银行监管资本提升过程中所运用的方法和策略，基于核心一级资本的计算公式：核心一级资本/风险加权资产，我们对商业银行核心一级资本充足率的构成要素（即核心一级资本和风险加权资产）的变动情况进行拆解分析，结果如图 5 –3 所示，该图呈现了我国上市商业银行 2010—2018 年核心一级资本和风险加权资产增长率的变动趋势。在 2013 年以前，商业银行核心一级资本增长速度均高于风险加权资产的增长速度，从而推动核心一级资本充足率逐年增加，并在 2012 年末达到峰值。但在 2013 年这一趋势发生逆转，在这一年风险加权资产的增长显著超过了核心一级资本的增长，导致该年的核心一级资本充足率大幅下降。此后，核心一级资本的增长速度有时超过风险加权资产的增长速度，有时低于风险加权资产的增长速度，导致核心一级资本充足率呈现小幅波动趋势。

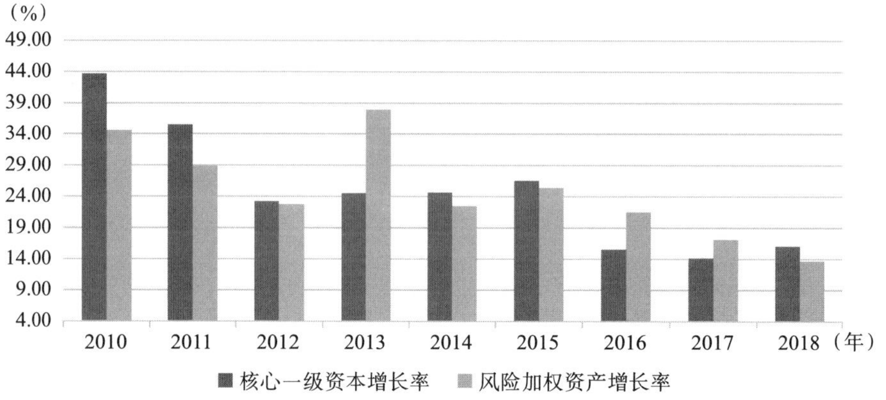

图 5－3　2010—2018 年样本商业银行资本充足率构成变化情况

观察图 5－3 还可以发现，2016—2018 年我国商业银行整体的核心一级资本和风险加权资产增长率均低于 2013 年《资本办法》实施之前。这一现象和前文所述的另一现象（即 2013 年首次出现风险加权资产增长率大幅超越核心一级资本增长率）叠加在一起揭示了如下事实：一是《资本办法》提高了核心一级资本的合格标准之后，商业银行的合格核心一级资本减少或者核心一级资本的扣减项增加，致使其增长率下降；二是《资本办法》增加了风险加权资产核算范围之后，商业银行的风险加权资产显著增加，致使其增长率上升；三是我国经济增长速度放缓进一步制约了商业银行核心一级资本的增长速度，尤其是 2016 年我国 GDP 增长率降至 7%①以下之后该影响更加显著。上述事实进一步佐证了本书第 1 章阐述的核心观点，即 2013 年以来我国商业银行面临宏观经济下行和监管资本要求提高的双重压力，致使资本监管压力陡然增加，运用机会主义手段增加资本的动机可能也会增加，因此银行业的会计方法虚增监管资本问题值得关注和研究。

前文分析发现，我国商业银行核心一级资本承压大体上是因为风险加权资产增长率高于核心一级资本增长率所致。那么风险加权资产增长的原

① 2016 年我国 GDP 增长率是 6.8%。

因是什么呢？为回答这一问题，我们将商业银行风险加权资产与贷款资产和总资产置于同一框架中，分析它们的变动趋势（见图5－4）。观察该图可知，在《资本办法》实施之后的2013—2018年，商业银行风险加权资产增长率和总资产增长率大致呈现下降趋势，但贷款增长率基本保持不变。这说明，风险加权资产的波动主要是由贷款等风险资产所蕴含的风险敞口变动引起的。贷款资产占银行总资产的比例最高，为50%—60%，并且其中汇聚了银行的大部分风险；因此在总资产增长率逐年下降的情况下，贷款资产增长率保持不变是风险加权资产保持增长的主要原因。

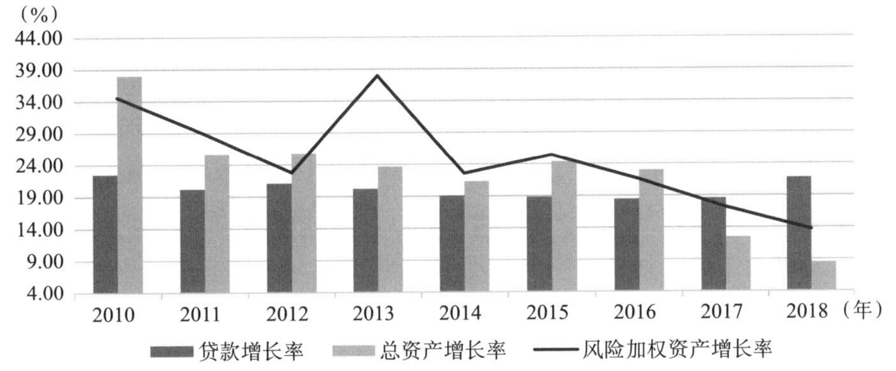

图5－4　2010—2018年样本商业银行资产构成变化

（2）资本充足率构成的变动程度分析

前文的分析表明，核心一级资本充足率变动可以归因于核心一级资本变动、总资产变动和风险加权资产变动。我们参考Cohen等（2016）的资本充足率分解模型，将以上三种因素纳入同一指标体系中（见式（5.1）），借以量化分析核心一级资本充足率各构成要素的变化对核心一级资本充足率的影响。

$$\frac{K_1/RWA_1}{K_0/RWA_0}=\frac{K_1/K_0}{\left(\frac{RWA_1/TA_1}{RWA_0/TA_0}\right)\left(\frac{TA_1}{TA_0}\right)} \tag{5.1}$$

在式（5.1）中，K代表核心一级资本数额，RWA代表风险加权资产数额，TA代表总资产数额，RWA/TA代表风险加权资产权重。

首先，我们根据式（5.1）分别对上述三个因素在2013—2018年[①]的总体变动情况进行了统计，相关数据汇总于表5-2。

表5-2　　样本商业银行核心一级资本充足率及分项指标变化情况

类型	数量（家）	2018年核心一级资本充足率（%）	核心一级资本变动率（%）	风险加权资产变动率（%）	风险加权资产权重变动率（%）	总资产变动率（%）
大型商业银行	6	12.21	77.43	45.19	(5.30)	53.32
股份制商业银行	10	9.47	102.79	88.17	5.82	77.81
城市商业银行	23	9.00	145.75	166.12	12.72	136.09
农村商业银行	6	10.90	95.53	112.59	8.79	95.41
上市商业银行均值	45	11.07	87.98	64.68	(0.37)	65.28

资料来源：Wind数据库。

观察表5-2可知，整体上看2013—2018年我国上市商业银行的核心一级资本与总资产都呈现较大幅度的变动；在上市商业银行中，核心一级资本变动率大于风险加权资产的变动率，使2018年的核心一级资本充足率比2013年提高了137bp（9.7%—11.07%）。分类别统计数据显示：第一，大型商业银行和股份制商业银行的变动趋势大致相似，前者的核心一级资本变动率为77.43%、风险加权资产变动率为45.19%，后者的核心一级资本变动率为102.79%、风险加权资产变动率为88.17%，两者均呈现风险加权资产变动率略低于核心一级资本变动率的特点；但这两类银行的风险资产权重变化情况截然不同，前者的风险资产权重约下降5.3%，后者的风险资产权重约上升5.82%。第二，城市商业银行与农村商业银行的变动趋势大致相似，前者的核心一级资本变动率为145.75%、风险加权资产变动率为166.12%，后者的核心一级资本变动率为95.53%、风险加权资产变动率为112.59%，呈现风险加权资产变动率超过核心一级资本变动率的特征，此外两者的资产风险敞口均呈现扩张趋势，风险加权资产权重变动

① 2013年以前上市的银行数量较少，财务数据缺失较为严重。受到样本量的影响，仅分析政策变更后，即2013—2018年的变化情况。

率分别增加 12.72% 和 8.79%。

其次，我们根据式（5.2）统计了各个要素变动对核心一级资本充足率的影响程度，相关数据汇总于表 5-3。

$$\frac{K_1}{RWA_1}-\frac{K_0}{RWA_0}=F\ln\left(\frac{K_1}{K_0}\right)-F\left(\ln\left(\frac{RWA_1}{TA_1}\right)-\ln\left(\frac{RWA_0}{TA_0}\right)\right)-F\ln\left(\frac{TA_1}{TA_0}\right) \quad (5.2)$$

其中，$F=\left(\frac{K_1}{RWA_1}-\frac{K_0}{RWA_0}\right)\Big/\left(\ln\left(\frac{K_1}{RWA_1}\right)-\ln\left(\frac{K_0}{RWA_0}\right)\right)$

表 5-3　　样本商业银行核心一级资本充足率分项指标影响程度分析

类型	核心一级资本充足率变化（%）（a）	资本变化（%）（b）	风险资产权重变化（%）（c）	资产变化（%）（d）
大型商业银行	2.22	6.34	(0.60)	4.73
股份制商业银行	0.68	6.45	0.52	5.25
城市商业银行	-0.75	8.42	1.12	8.05
农村商业银行	-0.95	7.62	0.96	7.62
上市商业银行均值	1.37	6.54	(0.04)	5.21

资料来源：Wind 数据库。

注：指标间关系：a = b - c - d。

观察表 5-3 可知，整体上看我国上市商业银行的核心一级资本增加为核心一级资本充足率带来约 654bp 的增量，总资产的增加导致其下降约 521bp，风险资产权重变化仅导致核心一级资本充足率增加约 4bp。但分类别统计的结果显示，上述三种因素在不同类型银行间的作用存在较大的组间差异。虽然整体上看核心一级资本增加带来的增量均大于总资产增加导致的下降程度，但在不同类别的银行，两者间的差值呈现较大差异：大型商业银行、股份制商业银行、城市商业银行和农村商业银行的差值分别为 161bp、120bp、37bp 和 0。这说明，前两类商业银行核心一级资本增量为核心一级资本充足率增加带来的正面影响更加显著，后两类商业银行核心一级资本增量对核心一级资本充足率影响很小甚至没有影响。

值得注意的是，城市商业银行和农村商业银行的风险资产权重变动对核心一级资本充足率产生了较大的负面侵蚀作用，分别为 -112bp 和 -96bp。这表明这两类商业银行在实现资产规模扩张的同时，也出现了风险敞口增大的问题，以至于核心一级资本增加带来的损失吸纳能力难以覆盖资产规模扩张所放大的风险敞口，导致监管资本对预期损失的保障作用下降。相反，大型商业银行风险资产权重的变动对核心一级资本充足率产生了正向的支持作用，约为 60bp。这表明大型商业银行在对外发放贷款，实现资产规模扩张时，能够合理利用资产组合控制总体风险敞口，削弱风险加权资产对核心一级资本的侵蚀作用，从而提高资本的损失吸收能力。

5.1.3 监管资本构成的变化情况及影响

前文分析表明，核心一级资本的增长对核心一级资本充足率的影响程度较大。为进一步挖掘影响核心一级资本增长的具体原因，本书将进一步分析引发核心一级资本变动的主要项目的变化趋势，它们分别是："增加留存收益""对外募资" 和 "其他调整"。其中，"其他调整" 既包括所有者权益中除了留存收益和对外募集权益资本之外的其他项目变动，也包括资本监管制度规定的不符合核心一级资本定义的资本扣除项目。另外，由于银行还能够通过限制股利发放的方式提高留存收益，进而增加核心一级资本，因此我们进一步将 "增加留存收益" 拆分为 "增加净利润" 和 "限制股利发放"。

（1）监管资本构成的变化趋势分析

首先，我们对 2010—2018 年商业银行的盈利情况进行分析，以便于评价商业银行提高留存收益的能力在《资本办法》生效前后是否存在较大变化。2012 年，我国宏观经济增速开始放缓，GDP 增长率增幅降至 7.86%（见表 5-4）。受到宏观经济下行的影响，我国商业银行的盈利能力也开始显现下降趋势。据统计（见表 5-5），2013—2018 年，商业银行整体的盈利能力持续下降：2013—2018 年商业银行的净息差、资产净利率（ROA）、权益净利率（ROE）均持续下降，均值分别为 2.56%、0.99%、15.18%，显著低于 2010—2012 年的均值（2.87%、1.19%、20.18%）。

表 5－4　　2010—2018 年我国 GDP 增速

年份	2010	2011	2012	2013	2014	2015	2016	2017	2018
GDP 同比增速（%）	10.64	9.55	7.86	7.77	7.43	7.04	6.85	6.95	6.75

资料来源：国家统计局。

表 5－5　　2010—2018 年我国商业银行盈利能力

项目＼年份	2010	2011	2012	2013	2014	2015	2016	2017	2018
净息差	2.61	2.94	3.05	2.89	2.92	2.78	2.41	2.21	2.17
ROA	1.11	1.22	1.24	1.20	1.14	1.02	0.92	0.87	0.79
ROE	19.50	20.54	20.51	19.25	17.74	15.57	14.04	13.14	11.33

资料来源：Wind 数据库。

其次，我们将我国商业银行 2010—2018 年的分红情况及该期间内商业银行核心一级资本充足率的变动情况进行对比（见图 5－5）。总体来看，2013 年以前商业银行的分红比例逐年提高，2013 年以后商业银行的分红比例呈现先下降后上升的趋势，2016 年分红比例达到历史最低值 22.78%。但是，2010—2012 年银行的平均分红比例[①]为 25.27%，2013—2018 年的平均分红比例为 25.22%，并无较大变化。换言之，即使是在资本监管压

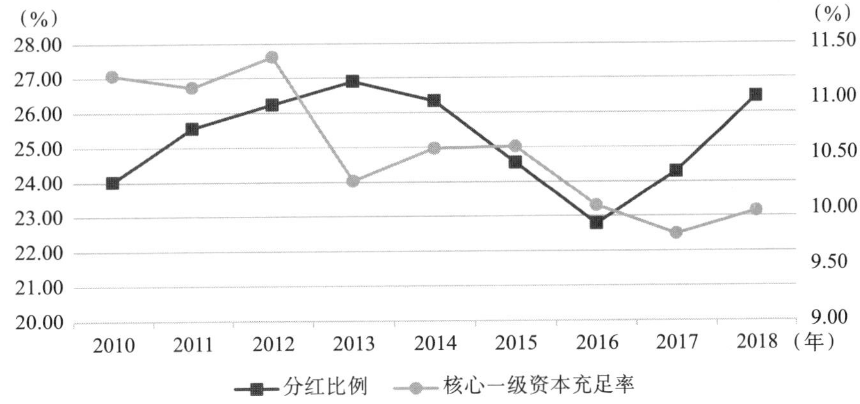

图 5－5　2010—2018 年样本商业银行分红比例

① 商业银行平均分红比例取值是 54 家商业银行的分红比例的平均值。

力较大的年份，商业银行也并未降低分红比例。这表明商业银行很少通过限制股利发放的方式来提高核心一级资本充足率，以缓解资本监管要求持续提高的压力。

最后，我们整理了2010—2018年商业银行对外募集权益资本的方式及募资金额（见表5-6），结果显示，我国商业银行主要通过首次公开募股（IPO）或增发的方式募集合格的权益资本。2010—2012年，仅有2家银行通过IPO的方式补充权益资本902.29亿元；2013—2018年，通过IPO成功上市的银行数量多达24家，其中包括17家城市商业银行和7家农村商业银行。受到银行规模等因素的限制，在此期间样本商业银行虽然数量较多但募资金额有限，仅1278.02亿元。这说明中小银行难以在资本市场上募集大量权益资本用于补充监管资本。2010—2018年，使用增发方式募资的多为大型商业银行和股份制商业银行以及极小部分规模较大的城市商业银行。另外，我们还发现，在2013—2018年对外增发的银行多为在2010—2012年获得批文的银行，它们原本就是具备较强资本市场融资实力的大型商业银行，因此，即使增发能够为银行带来大量的权益资本，该方式也难以成为多数商业银行补充监管资本的主要方式。

表5-6　2010—2018年样本商业银行募资情况

募资方式	2010—2012年		2013—2018年	
	募资银行数量（家）	募资金额（亿元）	募资银行数量（家）	募资金额（亿元）
IPO	2	902.29	24	1278.02
增发	6	1416.40	8	2492.88
配股	0	0	1	274.43
合计	8	2318.69	33	4045.33

资料来源：Wind数据库。

（2）监管资本构成的变动程度分析

上文分析了监管资本构成的变化趋势，接下来我们对“增加净利润”“限制股利发放”“对外募资”和“其他调整”四类核心一级资本增长来源的变化情况及其对核心一级资本充足率的影响程度进行量化分析。

首先，我们对净利润、股利分配、对外募资情况和其他调整项目的变动程度进行统计。根据式（5.3），我们以上述四种方式带来的核心一级资本增量占基期（2013 年）核心一级资本金额的比重来说明这四种方式的变动情况。

$$\frac{K_1 - K_0}{K_0} = \frac{inc_1 - div_1 + cap_1 + oth_1}{K_0} \tag{5.3}$$

其中，*inc* 代表增加的净利润；*div* 代表股利分配的金额；*cap* 代表对外募集资本金额；*oth* 代表其他调整。表 5－7 显示，与上文关于募资情况统计的结果一致，在所有类别的商业银行中，对外募资对核心一级资本增加的贡献不大，变动率均值约为 7.81%。另外，在大型商业银行和股份制商业银行中，股利分配都对核心一级资本带来了较大的负面影响；在城市商业银行和农村商业银行中，股利分配的变动情况占比较低。上述发现与前文对股份发放情况的统计结果保持一致。

表 5－7　　样本商业银行核心一级资本及分项指标变化情况

类型	数量（家）	核心一级资本充足率（2013 年）（%）	核心一级资本充足率（2018 年）（%）	资本变动率（%）	净利润增加（%）	分配股利（%）	对外募资（%）	其他（%）
大型商业银行	6	9.99	12.21	77.43	108.23	(31.25)	2.80	(2.35)
股份制商业银行	10	8.79	9.47	102.79	118.60	(24.39)	16.23	(7.65)
城市商业银行	23	9.74	9.00	145.75	128.11	(16.87)	30.32	4.18
农村商业银行	6	11.85	10.90	95.53	100.03	(2.34)	13.93	(16.10)
上市商业银行均值	45	9.70	11.07	87.98	111.80	(28.37)	7.81	(3.26)

资料来源：Wind 数据库。

其次，我们将式（5.3）代入式（5.2），得到了式（5.4），并利用式（5.4）分析核心一级资本构成的变动对核心一级资本充足率的影响程度，相关结果汇总于表 5－8。统计结果显示，在总样本中，净利润的增加使核心一级资本提高 831bp，股利发放使其降低 211bp，对外募集权益资本的作用十分有限，仅带来约 58bp 的增量。换言之，即使扣除股利分配对核心一级资本充足率产生的负面影响后，增加留存收益仍然是我国商业银行提升核心一级资本充足率的最主要途径。

$$F\ln\left(\frac{K_1}{K_0}\right)=G\frac{inc_1}{K_0}-G\frac{div_1}{K_0}+G\frac{cap_1}{K_0}+G\frac{oth_1}{K_0} \tag{5.4}$$

表 5-8　样本商业银行核心一级资本来源分项指标影响程度分析

类型	核心一级资本变化（%）(a)	净利润增加（%）(b)	分配股利（%）(c)	对外募资（%）(d)	其他（%）(e)
大型商业银行	6.34	8.86	2.56	0.23	(0.19)
股份制商业银行	6.45	7.44	1.53	1.02	(0.48)
城市商业银行	8.42	7.40	0.97	1.75	0.24
农村商业银行	7.62	7.98	0.19	1.11	(1.28)
上市商业银行均值	6.54	8.31	2.11	0.58	(0.24)

资料来源：Wind 数据库。

注：指标间关系：a = b - c + d + e。

在分类别统计的数据中，我们发现大型商业银行的情况基本与行业整体情况基本一致，而股份制商业银行、城市商业银行和农村商业银行虽然净利润变化（分别为 744bp、740bp、198bp）对监管资本提高的影响程度均低于行业均值，但股利分配带来的负面侵蚀作用（分别为 153bp、97bp、19bp）也降低了。因此，提高留存收益的方式对各类银行的影响程度都是最大的；银行留存收益增加依赖于其净利润的增长，因此净利润的持续性增长是我国商业银行提升核心一级资本充足率的主要渠道。由于净利润是根据会计方法计算而来的，所以商业银行核心一级资本充足率的提高可能存在会计方法虚增监管资本问题。因此，我们将对商业银行是否运用会计方法虚增当期损益进而提升留存收益的情况展开进一步研究。

5.1.4　会计方法虚增监管资本方式

本书第 4 章将贷款和金融投资确定为商业银行会计方法虚增监管资本的主要操作项目（见表 4-7），并进一步总结了具体操作方法：针对贷款的操作方法是推迟确认贷款减值准备；针对金融投资的操作方法有分类、推迟确认减值、将更多投资变更为第三层次和确认更多第三层次估值利得等。受到行业数据选取期间和数据收集便利性的限制，这里仅从商业银行是否通过推迟确认贷款减值准备和调整公允价值计量的金融投资规模两个方面来考察虚增监管资本问题。

（1）推迟确认贷款减值准备

我们参考 Beatty 和 Liao（2011）的研究，采用“贷款减值准备质量指标”（LLP Quality，用贷款减值准备除以期末不良贷款余额表示）来衡量贷款减值准备计提的及时性，该指标值越高表明贷款减值准备余额对期末不良贷款的覆盖程度越高，贷款减值准备计提的及时性越高；该指标越低表明贷款减值准备余额对期末不良贷款的覆盖程度越低，存在会计方法虚增监管资本的可能性越高。相关统计数据显示（见表 5－9），在 2010—2012 年，我国上市商业银行整体的 LLP Quality 指标均值为 387.12%，其中大型商业银行和农村商业银行的这一指标值低于行业均值；2013—2018 年，我国上市商业银行整体的 LLP Quality 指标均值为 260.38%，比 2010—2012 年的下降约 127 个百分点，除城市商业银行外，其余类型银行的这一指标值均低于行业均值。此外，从各类型商业银行统计数据还可以看出，股份制商业银行的这一指标值下降幅度最为显著，而大型商业银行的这一指标值变动幅度较小。

表 5－9　2010—2018 年样本商业银行贷款减值准备计提及时性　（单位：%）

类型	2010—2012 年	2013—2018 年	差额
大型商业银行	255.42	217.34	－38.08
股份制商业银行	454.68	216.80	－237.88
城市商业银行	409.82	291.38	－118.44
农村商业银行	299.26	241.99	－52.27
上市商业银行均值	387.12	260.38	－126.74

资料来源：Wind 数据库。

由于贷款是商业银行资产的主要构成部分，金额较大，贷款减值准备计提的数量对当期的留存收益产生较大影响，进而显著影响当期核心一级资本充足率的数值。我国商业银行贷款减值准备质量指标在 2010—2012 年与2013—2018年呈现较大差异，以及不同类型商业银行间变动幅度显著不同，均表明部分商业银行可能利用推迟确认贷款减值准备的会计方法虚增监管资本，股份制商业银行的LLP Quality指标下降幅度最大可能说明这类银行会计方法虚增监管资本的可能性最大、虚增的程度也可能最高。

（2）调整公允价值计量的金融投资规模

金融投资市值波动大而且在经济下行期间下跌概率大，如果这些资产需要按照公允价值计量则所产生的损失要计入当年损益，进而侵蚀监管资本。因此，经济下行且监管资本要求提高情况下银行可能会压缩金融投资规模，尤其是压缩按照公允价值计量的金融资产投资规模，以减少因确认公允价值损失而拉低资本充足率的程度。根据2018年以前有效的金融工具会计准则，商业银行对交易性金融资产、可供出售金融资产、衍生金融资产采用公允价值计量；对应收款项类投资和持有至到期投资采用摊余成本计量。本书以银行财务报告的上述科目余额为基础计算公允价值计量在商业银行金融资产会计核算中的使用情况（见表5－10）。

表5－10　2010—2017年样本商业银行公允价值计量使用情况　（单位:%）

类型	2010—2012年	2013—2017年	差额
大型商业银行	26.72	32.04	5.32
股份制商业银行	40.72	23.37	－17.35
城市商业银行	33.07	28.34	－4.73
农村商业银行	23.26	43.58	20.32
上市商业银行均值	32.22	30.67	－1.55

资料来源：Wind数据库。

表5－10的数据显示，虽然整体上看2010—2012年与2013—2017[①]年公允价值计量在上市商业银行金融资产会计核算中的使用情况无明显变化，分别为32.22%和30.67%，但是不同类型银行的公允价值使用情况的变化存在较大差异，尤其是股份制商业银行和农村商业银行的变化情况截然相反。股份制商业银行显著地压缩了公允价值计量的金融投资规模，而

① 2018年开始我国部分商业银行开始执行新金融工具会计准则，为保持数据的可比性，剔除了2018年相关数据。

农村商业银行显著地增加了公允价值计量的金融投资规模。考虑到农村商业银行的资本充足率往往远高于股份制商业银行，上述变化很可能表明在资本监管压力较大时，预期未来资产价值将下跌的商业银行可能压缩公允价值计量的使用范围，以避免对监管资本产生负面影响，降低核心一级资本充足率的波动风险。但压缩公允价值计量的金融资产投资规模，不会实质性地提高商业银行的损失吸收能力，因此该行为和推迟确认贷款减值准备一样属于会计方法虚增监管资本的行为。据此我们判断，股份制商业银行在 2013—2017 年很可能存在运用会计方法虚增监管资本问题。

5.2 案例分析

5.2.1 A 银行简介

A 银行成立于 1987 年，是一家股份制商业银行，也是中国改革开放后最早成立的新兴商业银行之一，2007 年 4 月在上海证券交易所和香港联合交易所 A + H 股同步上市。A 银行的业务范围涵盖公司银行业务、国际业务、金融市场业务、机构业务、投资银行业务、交易银行业务、托管业务等综合金融解决方案，也提供零售银行、信用卡、消费金融、财富管理、私人银行、出国金融、电子银行等多元化金融产品及服务。截至 2021 年底，A 银行在国内 153 个大中城市设有营业网点，资产规模达到了 80428.84 亿元，员工人数近 6 万名，是一家有强大综合实力和品牌竞争力的金融集团，2021 年在英国《银行家》杂志“全球银行品牌 500 强排行榜”中排名第 16 位。

5.2.2 A 银行会计方法虚增监管资本的原因分析

（1）资本监管要求提高致使资本压力增大

如本书第 1 章所述，与原资本监管制度的要求比较，《资本办法》大幅提升了对核心一级资本充足率的要求。表 5 - 11 列示了 A 银行的核心一级资本充足率及其他相关指标的数据。《资本办法》实施前，A 银行的核心资本充足率远超过原监管制度规定的 4%，资本缓冲空间较大。但在 2018 年 A 银行的核心一级资本缓冲受到大幅挤压，降至 1. 12%，与 2013 年《资本办法》实施时的情况比较降幅超过 65%。可见《资本办法》实施导致 A 银行的资本监管压力大幅提高。

表 5 - 11　　A 银行 2013—2018 年核心一级资本充足率变动

项目	2013 年	2014 年	2015 年	2016 年	2017 年	2018 年
核心一级资本充足率（%）	8. 78	8. 93	9. 12	8. 64	8. 49	8. 62
监管标准（%）	5. 5	5. 9	6. 3	6. 7	7. 1	7. 5
核心一级资本缓冲（%）	3. 28	3. 03	2. 82	1. 94	1. 39	1. 12
风险加权资产数额（亿元）	26004. 94	29416. 27	34681. 35	39644. 48	43175. 02	46777. 13
核心一级资本净额（亿元）	2283. 11	2627. 86	3161. 59	3425. 63	3665. 67	4033. 54

资料来源：Wind 数据库。

我们对各项数据的变化情况进行分析后发现，2013—2018 年 A 银行的核心一级资本充足率由 8. 78% 降至 8. 62%，从数字上看降幅较小，但基于监管制度要求逐年提高的背景，事实上核心一级资本充足率的最低要求已调整为 7. 5%。在监管要求提高的情况下 A 银行的核心一级资本充足率却在下降，这反映了 A 银行补充资本能力与监管要求不匹配的事实，导致核心一级资本缓冲不断下降，监管资本压力较大。

我们分析 A 银行核心一级资本构成的变化情况发现，在 2013—2018 年 A 银行的核心一级资本净额由 2283. 11 亿元增长至 4033. 54 亿元，增幅为 176. 67%；风险加权资产数额由 26004. 94 亿元增长为 46777. 13 亿元，增幅为 179. 88%；风险加权资产增幅大于核心一级资本增幅。上述数据说明，A 银行核心一级资本缓冲下降是该银行扩充资产规模和监管要求逐年提高共同作用的结果。

因为 A 银行是一家股份制商业银行，我们将 A 银行 2013—2018 年的核心一级资本充足率与股份制商业银行的均值进行对比（见图 5 - 6），以了解它的监管资本压力在同类银行中的水平。在观察期内前三年 A 银行的核心一级资本充足率略高于股份制商业银行均值，而后三年却明显低于股份制商业银行均值。具体情况是，在 2016 年 A 银行核心一级资本充足率开始下降并首次出现低于股份制商业银行均值的情况，2017 年 A 银行核心一级资本充足率继续下降，与股份制商业银行均值之间的差异进一步拉大；2018 年 A 银行核心一级资本充足率开始扭转下降趋势，但因增幅较小，它与股份制商业银行均值之间的差距被进一步扩大。上述变化趋势从另一个角度证实了在 2016—2018 年 A 银行承受了较大监管资本压力的判断。

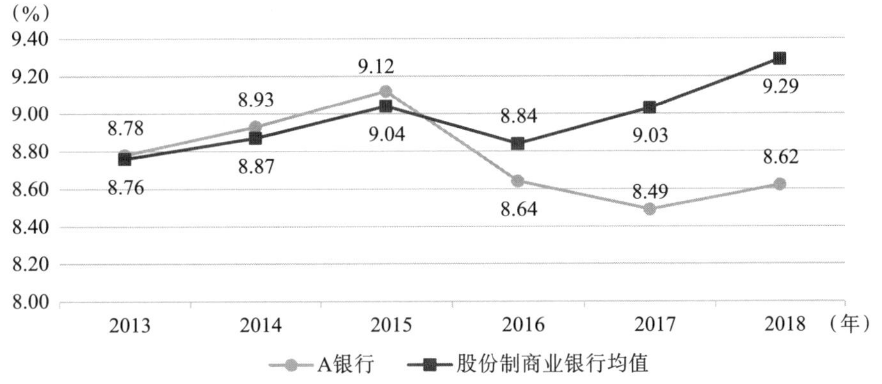

图 5－6　核心一级资本充足率对比

（2）盈利能力下降致使内源融资不足

第一，A 银行利润增长缓慢。本章 5.1 部分的行业分析发现，我国商业银行主要依靠留存收益增长的支持来提升监管资本。留存收益增长的唯一源泉是净利润，因而我们从净利润变动情况入手（见表 5－12），分析 A 银行监管资本压力大于股份制商业银行均值的原因，进而揭示其会计方法虚增监管资本的原因。A 银行利润总额在 2013—2018 年由 525.49 亿元增长至 543.26 亿元，增幅很小，在 2014 年、2015 年、2016 年利润总额几乎没有增加，甚至在 2017 年出现大幅下降。A 银行净利润在 2013—2018 年由 397.17 亿元增长至 453.76 亿元，增幅也很小，在 2014 年、2015 年、2016 年 A 银行的净利润同样没有增长。综上所述，从利润相关指标来看 A 银行的内源融资能力不强，仅能够维持当前的资本充足率，难以满足逐年提高的监管指标和不断扩充的风险资产规模对核心一级资本的需要，监管资本压力较大。

表 5－12　　　　　　A 银行利润指标

年份	利润总额（亿元）	净利润（亿元）
2013	525.49	397.17
2014	545.74	414.54
2015	549.86	417.40
2016	546.08	417.86
2017	522.76	428.78
2018	543.26	453.76
趋势	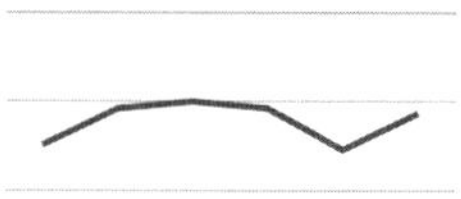	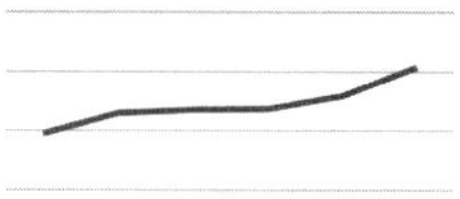

资料来源：Wind 数据库。

第二，A 银行盈利能力下降。A 银行的盈利能力指标数据同样可以揭示其内源性融资能力不足的事实。权益净利率（ROE）是企业净利润占净资产的比重，资产净利率（ROA）是企业净利润占总资产之比，表 5－13 汇总的相关数据显示，在 2013—2018 年 A 银行的 ROE、ROA 指标均呈现逐年下降的趋势，说明 A 银行这些年的盈利能力不佳。

表 5－13　　　　　　A 银行盈利能力指标

年份	权益净利率（ROE）（%）	总资产净利率（ROA）（%）
2013	18.48	1.2033
2014	16.77	1.0657
2015	14.26	0.9014
2016	11.95	0.7561
2017	10.93	0.7387
2018	10.65	0.7727
趋势	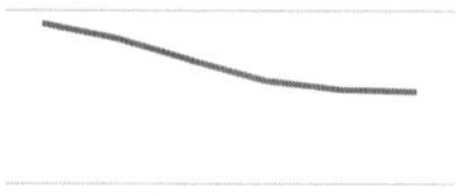	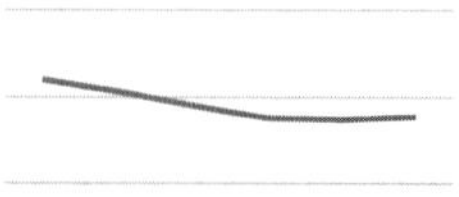

资料来源：Wind 数据库。

第三，A 银行净息差和净利差减少。净息差是银行净利息收入和银行生息资产的比值；净利差是生息资产收益率与平均计息负债成本率之差。表 5－14 列示了 A 银行 2013—2018 年的净息差和净利差的变化情况，它们基本上呈现逐年下降的趋势。我们将 A 银行的净息差与行业平均值进行对比发现，一方面两者均呈现逐年下降的趋势，这可能是受到经济形势下行和同业竞争加剧的影响；另一方面 A 银行的净息差一直低于行业均值，而且两者的差距逐渐加大，这说明，与其他同类银行相比 A 银行的竞争优势并不明显，这可能是导致 A 银行盈利能力逐年下降的原因之一。此外，净利差的逐年下降也可能是导致 A 银行盈利能力下降的主要原因。

表 5－14　A 银行净息差和净利差指标　（单位：%）

年份	净息差		净利差
	A 银行	行业平均	A 银行
2013	2. 6000	2. 68	2. 4000
2014	2. 6158	2. 70	2. 3700
2015	2. 3100	2. 54	2. 1300
2016	2. 0000	2. 22	1. 8900
2017	2. 0300	2. 10	1. 8700
2018	1. 9400	2. 18	1. 8500

资料来源：Wind 数据库。

（3）尝试通过取消股利分配缓解资本压力

本章 5. 1 部分的行业分析表明，商业银行取消或压缩股利分配比例能够直接增加监管资本，因而我们进一步分析在面临资本监管压力时，A 银行是否尝试通过取消或压缩股利分配的方式来缓解压力。表 5－15 列示了 A 银行 2013—2018 年的股利分配数据。我们观察上述数据发现，2014 年 A 银行未对外发放股利，而是选择将所有利润留存于公司内部，在当年为 A 银行增加留存收益 124. 362 亿元（假设 2014 年维持 2013 年现金分红比例 30%），核心一级资本充足率也因此增加了 41. 94bp。A 银行在年报中表示，综合考虑到资本监管标准、业务发展、经营挑战、重大资本支出等因素，A 银行需要进一步提高资本充足水平，故 2014 年度未进行现金分红①。这说明，A 银行在资本监管压力较大情况下实施了取消股利分配来缓解压力的策略。

表 5－15　　A 银行 2013—2018 年股利分配情况

年份	每股（税前）股利（元）	现金分红比例/分红比例（%）	年度分红总额（亿元）
2013	0. 2520	30. 0968	117. 9041
2014	0	0	0
2015	0. 2120	25. 2057	103. 7418
2016	0. 2150	25. 2732	105. 2098
2017	0. 2610	30. 0051	127. 7198
2018	0. 2300	25. 2848	112. 5500

资料来源：Wind 数据库。

但 A 银行取消股利分配缓解监管资本压力的行为却引发监管机构多次问询。在 2015 年非公开发行新股的申请文件反馈意见中，监管机构要求 A 银行和保荐机构对 2014 年取消股利分配行为是否表明该银行尚未建立健全分红机制以及该举动是否侵害了新老股东的合法权益这两个问题进行答复。在 2017 年 A 银行申请公开发行可转债的过程中，监管机构同样要求对该行为的合理性进行充分说明。可见，与金融监管机构关注银行资本是否充足不同，证券监管机构十分关注上市公司股利政策的稳健性；商业银行若计划通过限制分红的方式来累积核心一级资本，可能会招致证券监管机构问询，诱发负面市场反应；这一实例佐证了本书第 2 章论述的双重监管差异问题的客观存在，也揭示了该问题给商业银行经营管理带来的实际挑战。

根据《证券法》的相关规定，上市公司在公开发行新股、可转债、附认股权证债券的过程中，均需要满足“最近三年累计以现金方式发放分红的比例不少于最近三年年均可分配利润的 30%”要求。这意味着，A 银行若计划在未来期间对外公开募资，必须保持每年约 30% 的股利分配比例，可见减少或暂停股利分配将影响后续对外融资。因此，2014 年以后该银行

① 来源于 A 银行 2014 年年报。

不得不放弃通过少分红或不分红来补充资本的计划，如表 5－15 所示，A 银行在 2015 年就恢复了以往的股利分配比例并延续至今。A 银行取消分红后立即恢复的实例说明，该银行在 2013 年《资本办法》实施后确实遭遇了前所未有的资本监管压力。该银行尝试通过取消分红的方式来缓解压力但仅实施一年就恢复。在这种情况下 A 银行是否会运用会计方法来虚增监管资本呢？本书将对此进行深入研究。

（4）合格资本工具门槛提高致使融资渠道减少

本章 5.1 部分的行业分析表明，商业银行可以通过增发新股、发行可转债、发行优先股等方式对外募集权益资本，提高资本充足率。但《资本办法》规定，可转债在实现转股后才能作为合格的核心一级资本工具，而优先股只能作为二级资本，上述要求均为新增内容，说明监管机构提高了合格资本工具的门槛。因此，对于商业银行来说，通过对外募集权益资本以补充核心一级资本的途径比以前减少了，对外募集权益资本的难度也增大了。

在 2013—2018 年，A 银行试图通过定向增发普通股、发行优先股、发行可转债的方式对外募集权益资本，提高资本充足率，但仅有定向增发所募集的 118.88 亿元可以用于补充核心一级资本，金额有限。本书整理 A 银行上述期间对外募集权益资本的具体情况，分析这些举措对该银行提升核心一级资本所发挥作用。

第一，增发新股。如图 5－7 所示，2014 年 A 银行董事会、股东大会初步审议通过了非公开发行新股的议案。2015 年 A 银行成功向 B 公司定向增发股本 21.48 亿股，实际募集资金 118.88 亿元，并将其用于补充监管资本。虽然定向增发所募集的资金属于核心一级资本，能够提高商业银行资本的损失吸纳能力，但定向增发需要找到合适的战略投资者或财务投资者，难度较大，募资数额也有限，补充资本的力度也较小，该举措仅使 A 银行 2015 年核心一级资本充足率增加了 34.27bp。

第二，发行可转债。截至 2022 年 3 月 31 日我国相关市场上存续的银行可转债仅有 15 只。其中，2018 年及以前发行的仅 4 只，最早对外发行的一只是光大银行在 2017 年 3 月 17 日对外发行的可转债，这说明通过发行可转债募资难度较大。这是因为对外公开发行可转债的条件严苛，需要

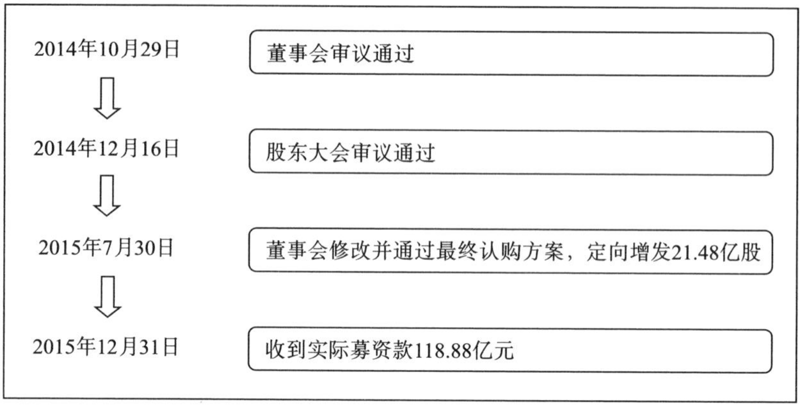

图 5 -7　A 银行 2014—2015 年增发新股过程

经过银保监会和证监会的双重审核，所需时间较长。2016 年 A 银行计划对外发行可转债，但是直到 2019 年才成功对外发行 400 亿元可转债，耗时约三年半（见图 5 -8）。此外，根据《资本办法》规定，可转债在转股后才可以用于补充核心一级资本，而可转债的转股期限最早可在发行后 6 个月。可见，受到监管机构审核时长和可转债转股期限的限制，发行可转债的方式难以快速地补充商业银行核心一级资本，因此该方式难以作为商业银行补充核心一级资本充足率的主要途径。

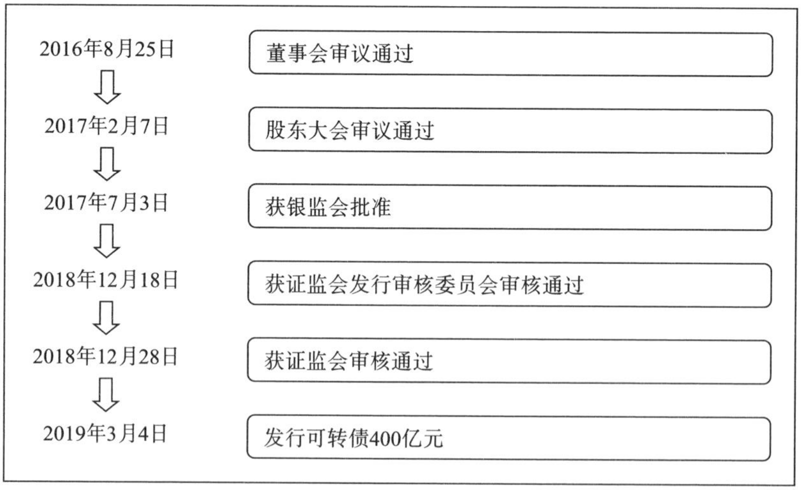

图 5 -8　A 银行 2016—2019 年发行可转债过程

5.2.3 A 银行会计方法虚增监管资本方式分析

本书第 3 章论述了商业银行会计方法虚增监管资本的机理和渠道，确定针对“贷款”和“金融投资”相关的会计处理裁量权是商业银行会计方法虚增监管资本的主要渠道。结合所收集的 A 银行数据，我们把针对该银行会计方法虚增监管资本问题的分析聚焦到“推迟确认金融资产减值”和“调整公允价值计量金融资产的规模”两个方面，前者包括贷款也包括其他类别金融投资，后者仅针对公允价值计量的金融投资。

（1）推迟确认金融资产减值准备

贷款及垫款、应收款项融资、可供出售金融资产和持有至到期金融资产是商业银行金融资产的主要构成部分，在商业银行资产总额中的占比较大。按照相关会计准则规定，这些金融资产在资产负债表日需进行减值测试，如果确认减值损失则会侵蚀当期损益或权益，进而降低资本充足率，因此在资本监管压力较大情况下，商业银行可能会通过推迟确认上述资产的减值准备来虚增监管资本。我们对上述四类资产减值准备的计提情况进行分析，以探究 A 银行金融资产减值准备计提的充分性和及时性，揭示其中是否存在虚增监管资本的问题。

①贷款减值准备。

在 2013—2018 年，A 银行的业务规模迅速扩张，贷款发放规模大幅上升，贷款的期末余额由 19411.75 亿元增加至 36084.12 亿元，增长幅度达到 185.89%。表 5－16 列示了在不考虑不良贷款情况下 A 银行贷款减值准备的计提比例。表 5－16 列示的数据显示，A 银行的贷款减值准备计提比例逐年增加，且自 2016 年起显著增加，贷款减值准备计提的及时性及其对未来损失的吸纳能力有所提高。但随着经营环境日趋复杂，银行开展业务所需承担的风险日益增加，不良贷款率也逐年上升，商业银行计提贷款减值准备的充分程度需要在考虑不良贷款率的情况下进行评价，否则将难以衡量贷款减值准备对银行不良贷款增长所带来的风险敞口的补偿能力。

表 5-16　　A 银行贷款发放及贷款减值准备计提情况

年份	贷款总额（亿元）	贷款减值准备金（亿元）	计提比例（%）
2013	19411.75	412.54	2.13
2014	21879.08	515.76	2.36
2015	25287.80	604.97	2.39
2016	28779.27	755.43	2.62
2017	31968.87	909.03	2.84
2018	36084.12	1011.54	2.80

资料来源：A 银行历年年报。

与行业分析中使用的方法相同，本书参考 Beatty 和 Liao（2011）的方法，采用“贷款减值准备质量指标”（LLP Quality，即贷款减值准备与期末不良贷款余额的比值，以下简称“LQ 指标”）来衡量贷款损失计提的及时性，LQ 指标数值越高，表明贷款减值准备余额对期末不良贷款率的覆盖程度越高，说明贷款减值计提的及时性越高。图 5-9 列示了 A 银行的核心一级资本充足率与 LQ 指标数值的变化情况。观察该图可知，A 银行的贷款减值准备计提及时性与其核心一级资本充足率呈现负相关关系，核心一级资本充足率的上升往往伴随着贷款减值准备计提及时性的下降，贷款减值准备计提及时性的上升往往伴随着核心一级资本充足率的下降。上述趋势说明 A 银行可能存在利用推迟确认贷款减值准备的方式虚增监管资本充足率问题；其中 2016 年和 2018 年 LQ 指标数值在历年中较低，仅

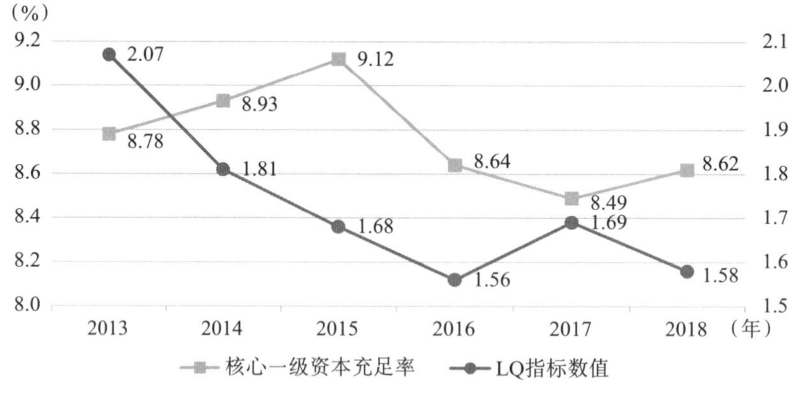

图 5-9　A 银行核心一级资本充足率和 LQ 指标数值变动趋势

为 1.56 和 1.58，这可能说明 A 银行在 2016 年和 2018 年较大程度地使用推迟确认贷款减值准备的会计方法来虚增监管资本。

在 2016 年 A 银行的贷款减值准备计提及时性与核心一级资本充足率均下降，与总体趋势不相符，这一年贷款减值准备余额对期末不良贷款的覆盖率仅为 1.56，降至历史最低值。我们判断该异常趋势可能是由以下两方面因素导致的：第一，2016 年末 A 银行的拨备覆盖率为 155.50%，已非常接近监管红线（150%），如果进一步减少贷款减值准备计提程度，虽然能够提高核心一级资本充足率，但是将导致贷款拨备对不良贷款的覆盖率不足，违反相关金融监管规定，从而导致监管介入或被处罚，因而可能是上述监管要求限制了该银行推迟确认贷款减值准备程度。第二，2016 年该银行的资本压力较大，难以仅利用虚增监管资本的方式扭转核心一级资本充足率的下降趋势，因为数据显示（见表 5－17），在 2016 年 A 银行的营业收入增长率仅为 5.96%，营业利润的增长率为 －0.01%，盈利能力较 2015 年显著下降，且该年度 A 银行并未通过其他外部渠道募集资本金；资本增量的减少使该年度核心一级资本充足率大幅下降。

表 5－17　　A 银行成长能力指标　　（单位：%）

年份	营业收入增长率	营业利润增长率
2013	16.91	25.98
2014	19.28	4.05
2015	16.38	0.43
2016	5.96	－0.01
2017	1.86	－4.25
2018	5.20	4.12
趋势	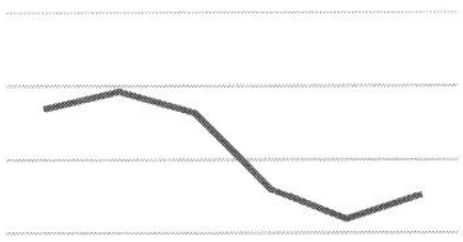	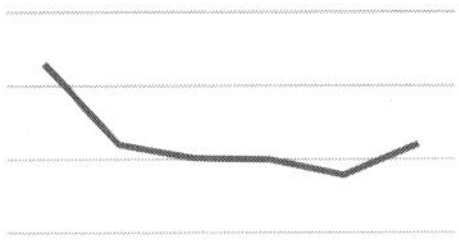

资料来源：Wind 数据库。

②应收款项投资减值准备。

表5－18列示了A银行2013—2017年[①]应收款项投资及其减值准备的变动情况。由于A银行自2018年开始适用新金融工具准则，由原有的四分类改为新准则下的三分类法，不再使用“应收款项类投资”科目，故将数据涵盖期间调整为2013—2017年（下同）。在此期间，应收款项投资总体呈现逐年上升的趋势，但2017年出现大幅下降。与此同时，应收款项投资减值准备的计提比例呈现逐年增加的趋势，2017年增幅显著提高。与其他年份相比，2017年A银行在当期应收款项投资几乎减半的情况下，当期所计提的应收款项投资减值准备不仅没有下降反而保持上升趋势，这是一个明显的异常情况，我们将对其进行进一步分析。

表5－18　A银行应收款项投资及减值准备变动情况

年份	应收款项投资（亿元）	应收款项投资准备（亿元）	计提比例（%）
2013	3001.58	0	0
2014	6532.56	1.56	0.0239
2015	11122.07	8.85	0.0796
2016	10357.28	17.56	0.1695
2017	5311.18	29.43	0.5541

资料来源：A银行历年年报。

首先，从应收款项类投资的构成来看（见表5－19），2017年A银行的应收款项投资较上年末减少了5034.23亿元，其中同业及他行理财类资产减少3271.2亿元，票据类资产减少1693.28亿元，而信贷类资产的金额仅发生了较小幅度的变化。从信用风险角度分析，相较于信贷类和票据类资产，同业及他行理财类资产信用风险较低，基础资产金额上的降幅可能对银行当期减值准备的计提数存在较小的影响。但由于票据类资产也存在较大幅度缩减，若原计提比例合理，那么当期期末的应收款项投资减值准备也将出现较大幅度的下降，这与2017年A银行的实际情况相背离。这说明2017年以前A银行的应收款项投资减值准备计提比例存在不当，A银行可能存在通过少计提减值准备操纵利润从而虚增监管资本的现象。

① 因新金融工具准则在2018年开始实施，为保持数据可比性，剔除了2018年的相关数据。

表5-19　　A银行应收款项投资构成情况

项目	2017年12月31日		2016年12月31日	
	余额（亿元）	占比（%）	余额（亿元）	占比（%）
同业及他行理财类资产	1535.10	28.7	4806.30	46.3
信贷类资产	3033.86	56.8	3103.61	29.9
票据类资产	771.65	14.5	2464.93	23.8
应收款项类投资总额	5340.61	100.0	10374.84	100.0

资料来源：A银行历年年报。

其次，从应收款项投资流动性风险角度来看（见表5-20），A银行应收款项投资中的流动资产（即1年以内）数额变动较大，由2016年的7954.70亿元降低至2017年的2885.9亿元，降低了5068.8亿元，降幅为63.72%；而非流动资产（即1年以上）的变动幅度较小，由2016年的2402.58亿元增加至2425.28亿元，增加了22.7亿元，增幅为0.9448%。但上述应收款项投资的期限结构变化难以说明当期减值准备变动的合理性，因为若A银行针对流动性不同的资产制定不同的计提比例，那么列报为流动性资产的计提比例可能明显低于非流动资产，由于2018年非流动资产呈现小幅增长，那么当年的减值准备也应当小幅提升，但这与A银行的实际计提情况不一致，这也说明该银行在2013—2016年可能没有及时确认应收款项投资的减值准备。

表5-20　　A银行应收款项投资的期限情况　　（单位：亿元）

项目	2017年12月31日	2016年12月31日
即期偿还	5.04	0
3个月内	1961.42	3529.38
3个月至1年	919.44	4425.32
1年至5年	1746.45	1973.12
5年以上	678.83	429.46
合计	5311.18	10357.28

资料来源：A银行历年年报。

最后，我们将A银行应收款项投资的减值准备计提比例与股份制商业银行均值①进行对比，结果如图 5 – 10 所示。该图显示，2013—2017 年股份制商业银行的减值准备计提比例总体呈现逐年增加的趋势。在此期间，A 银行也逐年增大了计提比例，但是其增幅始终小于股份制商业银行的均值，尤其在 2014—2016 年两者的差距逐渐增大，2017 年 A 银行的计提比例出现大幅提升，虽然仍小于行业均值但两者间的差距被大幅缩小。另外，在 2013—2017 年 A 银行的应收款项投资减值准备计提比例的平均值（0.1654）仅等于股份制商业银行的最小值。以上两个方面的数据说明相较于其他股份制商业银行，A 银行的应收款项投资减值准备的计提比例在多数年份明显偏低。由于较低的计提比例能够推迟确认应收款项投资预期损失对利润带来的负面影响，增加 A 银行利润，达到增加监管资本的效果，因而我们判断 2017 年以前 A 银行可能通过这种方式虚增了监管资本。

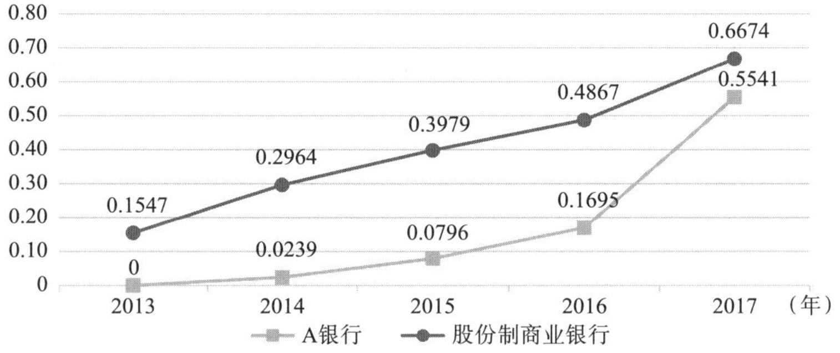

图 5 – 10　应收款项投资减值准备计提比例变动情况

综上所述，我们通过对 A 银行应收款项投资构成变动、期限变动和应收款项投资减值计提比例与股份制商业银行均值的对比分析，揭示了该银行 2017 年的应收款项投资减值准备计提比例呈现的异常状态很可能与其以前年度推迟确认该投资的减值准备进而虚增监管资本的操作相关。

③可供出售金融资产减值准备。

在 2013—2017 年，随着 A 银行的金融资产投资规模不断扩大，该银行持有的可供出售金融资产数额也不断增加，由 2013 年的 1778.29 亿元增加至 2017 年的 6316.90 亿元，增幅为 255.22%。但 A 银行计提的可供出

① 由各个股份制商业银行的年报中手工收集的数据计算而来。

售金融资产减值准备的金额增幅并不明显，甚至在 2014 年和 2017 年出现了大幅下降。由于可供出售金融资产减值准备的计提金额将直接影响当期损益，进而影响监管资本的数量，可供出售金融资产减值准备计提的裁量权可能会成为银行操纵会计数据、虚增监管资本的手段。因此，我们将对可供出售金融资产减值准备计提比例进行分析。

我们从各银行财务报表中手工收集了可供出售金融资产减值准备的相关数据，并将 2013—2017 年 A 银行可供出售金融资产减值准备的计提情况与股份制商业银行计提比例的均值①进行对比，图 5 – 11 列示了上述数据及变动趋势。观察该图可知，A 银行的计提比例呈现逐年下降的趋势，说明 A 银行所计提的减值准备对该行持有的可供出售金融资产的覆盖比例逐年下降。而股份制商业银行的均值除 2015 年出现了大幅增长外，其余年份变化幅度较小，基本保持稳定。A 银行不仅在计提比例的数额上远低于股份制商业银行的均值，而且呈现不同的变动趋势。具体来看，2013 年和 2017 年计提比例明显偏离均值，结合 A 银行的资本充足率变动情况考虑，在 2013 年资本监管要求较低，A 银行的资本缓冲数额较大，此时有可能通过多计提减值准备的方式将部分利润留存起来，避免对后续年份利润变动的冲击；2017 年 A 银行的核心一级资本充足率已接近监管红线，资本缓冲空间不足，此时该银行可能通过推迟计提减值准备的方式增加当期利润，提高核心一级资本充足率。我们判断 2017 年 A 银行针对可供出售金融资

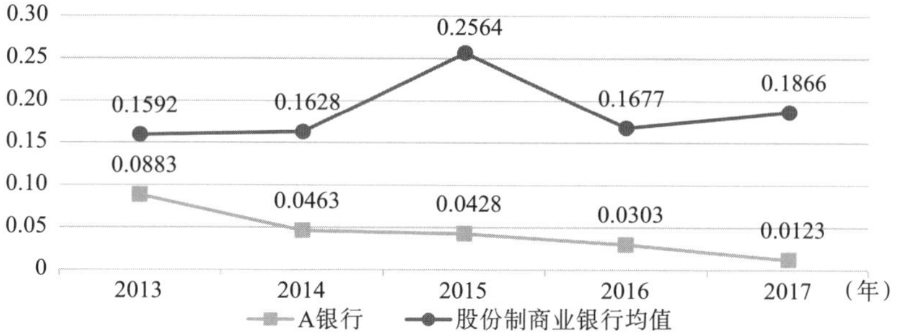

图 5 – 11　可供出售金融资产减值准备计提比例

① 由各个股份制商业银行的年报中手工收集的数据计算而来。由于某一银行的计提比例远高于其他股份制商业银行，故在计算均值时删去该样本。

产减值准备的操作属于会计方法虚增监管资本行为。

④持有至到期投资减值准备。

由于分类为持有至到期投资的金融资产属于非交易性的金融工具，其未来现金流量特征为收取固定的合同现金流量，当发行方出现信用风险将影响未来合同现金流量支付时，才需要对持有至到期投资计提减值准备。本书采用手工收集方式，从商业银行的年度财务报告中收集了持有至到期投资减值准备数据并分析发现，A 银行的持有至到期金融投资的金额由 2013 年的 1548.49 亿元缓慢增长至 2017 年的 2165.86 亿元，增幅为 39.87%，但持有至到期投资减值准备的金额却由 48 亿元降低至 0。持有至到期投资减值计入资产减值损失影响当期损益，分析持有至到期减值计提的合理性有助于判断 A 银行是否利用该会计方法虚增监管资本。

图 5－12 的数据表明，股份制商业银行的平均计提比例①在 2014 年大幅下降后仍保持小幅波动。而 A 银行的持有至到期投资减值准备的计提比例在 2016 年出现大幅下降并在 2017 年降为 0。进一步观察发现，不同银行的持有至到期投资减值准备计提比例在不同年份间存在波动，但是出现如此大幅下降直至降为 0 的只有 A 银行，这表明 2016—2017 年 A 银行可能存在推迟确认资产减值准备以虚增监管资本的现象。

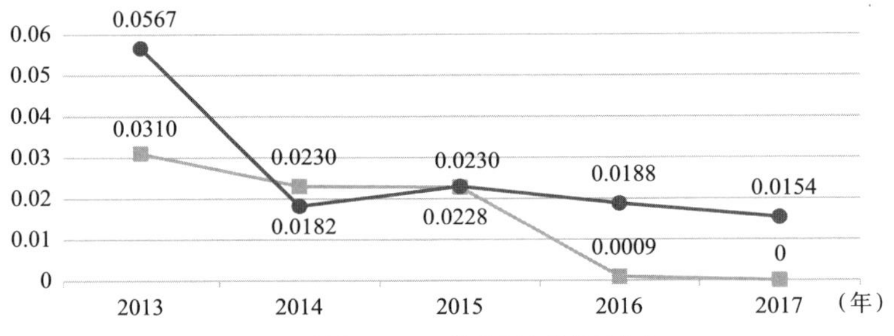

图 5－12　持有至到期投资减值准备计提比例

（2）调整公允价值计量金融资产的规模

2013 年实施的《资本办法》取消了“审慎过滤器”制度，允许将可

① 由各个股份制商业银行的年报中手工收集的数据计算而来。

供出售金融资产在持有期间所实现的并计入其他综合收益的利得纳入监管资本核算中。《资本办法》实施后采用公允价值计量的金融资产在持有期间所产生的未实现利得或损失都将计入监管资本，这增加了监管资本的波动性。因此，商业银行管理层有可能为降低监管资本的波动率而压缩公允价值计量金融投资的规模，也有可能在看好未来市场前景的情况下，为了提高资本充足率而扩大公允价值计量的金融资产规模。

A 银行对列报为交易性金融资产、可供出售金融资产和衍生金融资产采用公允价值计量，对于列报为持有至到期投资和应收款项类投资科目采用历史成本计量。本书将上述公允价值科目余额与上述公允价值、历史成本计量科目余额之和的比值作为衡量公允价值计量在金融资产中的使用情况的指标，使用金融资产占比指标进行衡量，具体计算公式为：（交易性金融资产 + 可供出售金融资产 + 衍生金融资产）/（持有至到期投资 + 应收款项类投资 + 交易性金融资产 + 可供出售金融资产 + 衍生金融资产）。我们将 2013—2017 年的 A 银行公允价值计量在金融资产中的使用情况与核心一级资本的变化情况进行对比，结果如图 5 - 13 所示。观察该图可知，2013—2017 年 A 银行的公允价值计量金融资产占总金融资产的比重与核心一级资本充足率总体呈现反向变动关系。在核心一级资本充足率较低的 2016 年和 2017 年，A 银行大幅扩大了公允价值计量在金融资产中的使用程度，这表明 A 银行在资本充足率较低的时候偏向于以公允价值对金融资产进行计量，以便于将金融工具在持有期内的全部利得纳入监管资本。

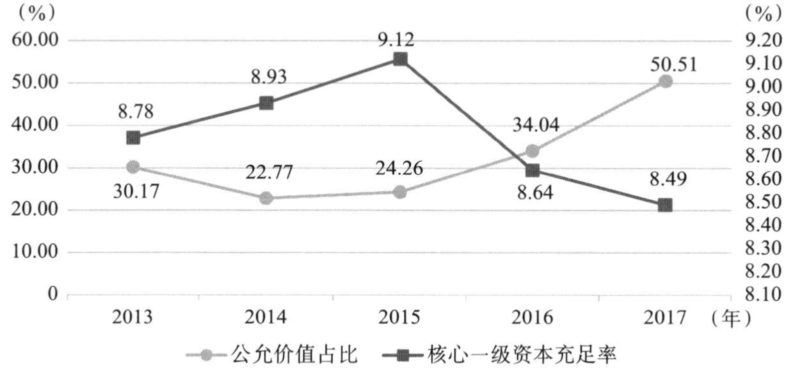

图 5 - 13　公允价值计量金融资产占比变动情况

为进一步分析A银行公允价值在金融资产中使用情况的合理性，判断其是否表现出管理层倾向，我们将其与股份制商业银行的均值进行对比，结果如图5－14所示。观察该图可知，在2013—2017年A银行的使用情况最初接近股份制商业银行均值但后来逐步偏离；2016—2017年A银行采用公允价值计量的金融资产的比例明显偏高，远超过股份制商业银行均值水平。上述对比情况进一步表明，A银行很可能在资本充足率较低的时候倾向于以公允价值对金融资产进行计量，其目的是将更多未实现利得计入监管资本，可能存在会计方法虚增监管资本情况。

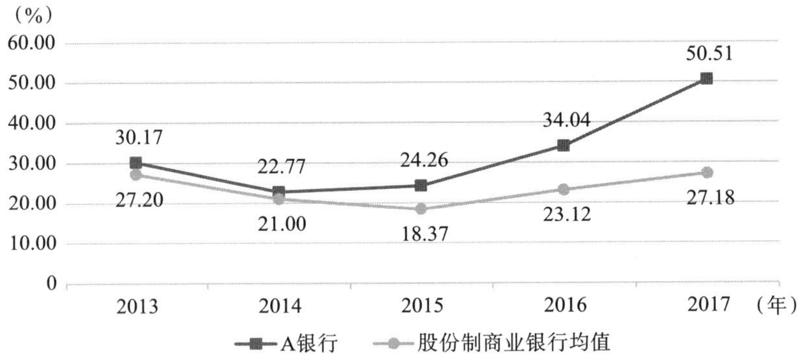

图5－14 公允价值计量金融资产占比变动对比

5.2.4 A银行会计方法虚增监管资本的程度分析

为了对A银行会计方法虚增监管资本对核心一级资本充足率的影响程度进行定量分析，我们运用模拟测试的方法，将平滑后的相关指标（如行业均值、过去3—5年的均值）作为剔除管理层操纵后的基准数据，利用平滑后的指标值取代A银行的实际数据，模拟相关财务指标和资本监管指标。然后通过对比A银行的模拟监管指标与实际监管指标，计算会计方法虚增监管资本对监管指标的影响程度。这里仅对各类金融资产减值计提比例异常变动的影响进行模拟测试，因为调整公允价值计量金融资产规模的方式，虽能反映出管理层在资本监管压力较大时对高收益波动率的偏好，但难以将该部分的影响金额从“公允价值变动损益”和“其他综合收益”

中分离出来，因此难以量化其潜在影响程度。

（1）贷款减值准备

我们继续将 LLP Quality 作为分析贷款减值准备计提金额对资本监管指标影响程度的关键替代指标，分析贷款减值准备计提及时性对核心一级资本充足率的影响，表 5－21 列示了 A 银行贷款减值准备模拟测试的结果。

表 5－21　　A 银行贷款减值准备模拟测试数据

项目	2013 年	2014 年	2015 年	2016 年	2017 年	2018 年
贷款余额（亿元）	19411.75	21879.08	25287.80	28779.27	31968.87	36084.12
贷款减值准备（亿元）	412.54	515.76	604.97	755.43	909.03	1011.54
不良贷款率（%）	1.03	1.30	1.43	1.69	1.68	1.77
LLP Quality（%）	206.62	181.26	167.81	155.50	169.44	157.98
核心一级资本（亿元）	2283.11	2627.86	3161.59	3425.63	3665.67	4033.54
风险加权资产（亿元）	26004.94	29416.27	34681.35	39644.48	43175.02	46777.13
核心一级资本充足率（%）	8.78	8.93	9.12	8.64	8.49	8.62
行业平均不良贷款率（%）	0.91	1.16	1.46	1.53	1.49	1.49
行业平均 LLP Quality（%）	377.19	269.51	238.23	223.18	223.39	230.81
模拟贷款减值准备（亿元）	565.62	574.92	646.11	814.11	899.83	1105.62
模拟资本调整①（亿元）	－153.08	－212.24	－253.38	－312.06	－302.86	－396.94
模拟核心一级资本充足率（%）	8.19	8.21	8.39	7.85	7.79	7.77

资料来源：Wind 数据库。

模拟贷款减值准备是将行业平均 LLP Quality 作为替代指标代入计算的 A 银行模拟贷款减值准备；模拟资本调整是假设 A 银行按照模拟贷款减值准备进行计提，据此确定它对核心一级资本产生的累计影响；模拟核心一级资本充足率是考虑模拟资本调整后计算出的核心一级资本充足率。观察表 5－21 可知，A 银行贷款减值准备计提数额偏离行业平均水平的情况出现在 2013—2018 年，为其带来了高达 1267.65 亿元的核心资本虚增额；以

① 假设企业所得税税率为 25%，不考虑递延所得税和利润分配的影响。

2018 年为例，推迟确认贷款减值准备虚增该银行核心一级资本 0.85%，约为其模拟核心一级资本充足率的 11%。在将 A 银行的实际情况向行业平均水平修正的过程中，A 银行的核心一级资本充足率不断下降，相关的资本缓冲也逐年降低，到 2018 年末 A 银行修正后的核心一级资本充足率仅为 7.77%，接近监管红线 7.5%，监管资本违规风险较大。

综上所述，模拟数据表明，A 银行通过推迟确认贷款减值准备虚增了约 11% 的核心一级资本。2013—2018 年，A 银行通过推迟确认贷款减值准备，有效缓解了核心一级资本充足率的下行趋势，避免了监管机构介入。这表明 A 银行对外报告的核心一级资本充足率水平可能无法真实反映 A 银行的核心一级资本的损失吸纳能力，监管资本的质量不佳。

（2）应收款项投资减值准备

由于城市商业银行和农村商业银行在不同年份间对应收款项投资减值准备计提的比例与其他两类银行存在较大差异，如 2017 年末上述两类银行应收款项投资减值准备的平均计提比例达到了 1.45%，远超过大型商业银行的均值（0.68%）和股份制商业银行的均值（0.67%）。因此，为了消除不同类别银行的组间差异对均值的影响，我们仅使用大型商业银行和股份制商业银行的应收款项投资减值准备平均计提比例作为替代指标，分析 A 银行的应收款项投资减值准备对其监管资本数额产生的影响，进而计算潜在的虚增监管资本数额。

表 5 -22 列示了应收款项投资减值准备模拟测试的结果。模拟利润调整是将应收款项投资减值准备计提比例由 A 银行的计提比例调整为行业平均计提比例时，需要对利润进行调整来计算累计金额。该金额显示利润调整额均为负数，且呈现先下降后上升的变化趋势，在 2015 年出现最低值。这一方面说明推迟确认应收款项投资减值准备带来的差异虽然是暂时性的，但能够延缓应收款项投资减值准备对净利润带来的影响；另一方面则表明 A 银行在 2015 年和 2016 年较多地使用了推迟计提减值准备虚增监管资本方式，从而对利润产生了较大影响。模拟数据表明，在 2013—2018 年 A 银行利用该减值科目累计虚增核心一级资本金额为 75.18 亿元，使核心资本充足率增加 18bp。

表 5－22　　应收款项投资减值准备模拟测试

项目	2013 年	2014 年	2015 年	2016 年	2017 年
应收款项投资（亿元）	3001.58	6532.56	11122.07	10357.28	5311.18
应收款项投资减值准备（亿元）	0	1.56	8.85	17.56	29.43
核心一级资本（亿元）	2283.11	2627.86	3161.59	3425.63	3665.67
核心一级资本充足率（%）	8.78	8.93	9.12	8.64	8.49
行业平均应收款项投资减值准备计提比例（%）	0.1355	0.3168	0.4175	0.4907	0.6706
模拟应收款项投资减值准备（亿元）	4.0671	20.6951	46.4346	50.8232	35.6168
模拟利润调整（亿元）	－3.05	－14.35	－28.19	－24.95	－4.64
模拟资本累计调整（亿元）	－3.05	－17.40	－45.59	－70.54	－75.18
模拟资本充足率（%）	8.77	8.87	8.98	8.46	8.31

资料来源：Wind 数据库、各银行历年年报。

（3）可供出售金融资产减值准备

我们同样采用手工收集的方式，从各银行年报中获取可供出售金融资产减值准备的计提金额。受到不同银行披露信息差异的影响，可供出售金融资产减值准备的数据存在较大缺失，多数银行直接以净额的形式对外列报，并未在附注与披露中对可供出售金融资产减值准备计提金额的变化情况单独列示。就已有数据来看，不同类型银行间存在较大差异，如表 5－23 所示。因不同银行之间的计提比例呈现较大不同，难以使用行业平均计提比例作为替代指标进行模拟测试。

表 5－23　　各类银行减值准备计提比例　　（单位:%）

类型	2013 年	2014 年	2015 年	2016 年	2017 年
大型商业银行	0.6423	0.5434	0.4024	0.2992	0.3134
股份制商业银行	0.1547	0.2964	0.3979	0.4867	0.6674

资料来源：Wind 数据库、各银行历年年报。

从总体情况来看，银行的可供出售金融资产减值准备计提比例在大多数年份保持稳定。因此，我们拟使用 2013—2017 年实际计提比例的均值作为替代指标进行模拟测试。表 5－24 列示了模拟测试的结果，对实际利润的影响分别为0.5905亿元、0.0362亿元、-0.0338亿元、-0.5495亿元和-1.5002亿元。总体来看，该指标对核心一级资本充足率的影响较小。

表5-24　　可供出售金融资产减值准备模拟测试

项目	2013年	2014年	2015年	2016年	2017年
可供出售金融资产（亿元）	1778.29	2094.04	3737.7	5345.33	6316.9
可供出售金融资产减值准备（亿元）	1.57	0.97	1.60	1.62	0.78
核心一级资本（亿元）	2283.11	2627.86	3161.59	3425.63	3665.67
核心一级资本充足率（%）	8.78	8.93	9.12	8.64	8.49
模拟可供出售金融资产减值准备计提比例（%）	0.0440	0.0440	0.0440	0.0440	0.0440
模拟可供出售金融资产减值准备（亿元）	0.78	0.92	1.65	2.35	2.78
模拟利润调整（亿元）	0.5905	0.0362	-0.0338	-0.5495	-1.5002
模拟资本累计调整（亿元）	0.5905	0.6267	0.5929	0.0434	-1.4569
模拟资本充足率（%）	8.7818	8.9355	9.1178	8.6410	8.4869

资料来源：Wind数据库、各银行历年年报。

（4）持有至到期投资减值准备

与可供出售金融资产减值准备计提金额类似，持有至到期投资减值准备的计提比例在不同银行间也存在较大差异，难以使用均值作为替代指标进行模拟测试。如前所述，A银行的持有至到期投资减值比例自2016年起出现大幅下降，2017年降低至0，这与行业内其他银行的普遍趋势并不相同。因此，下面将使用2013—2015年的平均计提比例作为替代基准，假设偏离年均情况所造成的差异是会计方法导致的，以此计算会计方法带来的潜在利润影响及其对监管指标影响。

表5-25列示了模拟测试的结果。观察该表可知，A银行2016年、2017年运用会计方法虚增利润额均为0.41亿元，增加的资本充足率指标约为0.1bp和0.16bp，该指标变动对核心一级资本充足率的影响程度较小。

表 5－25　　持有至到期投资减值准备模拟测试

项目	2013 年	2014 年	2015 年	2016 年	2017 年
持有至到期投资（亿元）	1548.49	1779.57	1799.3	2174.98	2165.86
持有至到期投资减值准备（亿元）	0.48	0.41	0.41	0.02	0
核心一级资本（亿元）	2283.11	2627.86	3161.59	3425.63	3665.67
核心一级资本充足率（%）	8.78	8.93	9.12	8.64	8.49
模拟持有至到期投资减值准备计提比例（%）	0.0320	0.0230	0.0228	0.0256	0.0256
模拟持有至到期投资减值准备（亿元）	0.41	0.41	0.41	0.56	0.55
模拟利润调整（亿元）	0	0	0	－0.4050	－0.4125
模拟资本累计调整（亿元）	0	0	0	－0.4050	－0.8175
模拟资本充足率（%）	8.78	8.93	9.12	8.6399	8.4884

资料来源：Wind 数据库、各银行历年年报。

5.3　实证分析 1：商业银行是否利用会计方法虚增监管资本

5.3.1　研究思路

本书第 4 章将贷款和金融投资确定为商业银行会计方法虚增监管资本的主要操作项目（见表 4－7），还进一步总结了具体操作方法：针对贷款的操作方法是推迟确认贷款减值准备；针对金融投资的操作方法有分类、推迟确认减值、将更多投资变更为第三层次和确认更多第三层次估值利得等。本章 5.1 部分和 5.2 部分分别检验了虚增监管资本操作方法在我国银行业和所选案例银行的运用情况。

受到数据和操作方法的局限，行业分析仅考察了我国银行业贷款减值准备计提的及时性和公允价值计量金融投资规模的变动情况。行业分析发现，在 2013 年我国实施《资本办法》后银行业整体的监管资本压力增加了近50%，与此同时，行业整体的贷款减值准备计提的及时性指标均值下降了约127%，说明商业银行普遍推迟确认了贷款减值准备计提的时间。另外，发现它们还普遍压缩了公允价值计量的金融投资规模，以降低这些投资的估值变动影响监管资本的程度。上述银行业分析结果说明，在资本监管要求提高和宏观经济下行的双重压力下，我国银行业存在会计方法虚增监管资本问题。

案例分析中对虚增监管资本操作的考察范围比行业分析大，因而也有更多发现。首先，我们发现案例银行通过推迟确认贷款减值准备虚增监管资本，以及推迟确认应收款项投资、可供出售金融资产和持有到期投资等金融资产减值准备虚增监管资本的证据；其次，我们发现案例银行在监管资本压力增加情况下大幅提高了对金融投资实施公允价值计量的比例，可能的原因是它所持有的金融投资有较多升值，上述调整可以将升值部分计入资本，对监管资本构成支持；最后，我们对案例银行推迟确认贷款、应收款项投资、可供出售金融资产和持有到期投资等金融资产减值准备虚增监管资本的程度进行测算，发现在2013—2017年上述操作合计虚增监管资本约381.36亿元，对该银行核心一级资本充足率的影响高达88.33bp。上述案例分析结果说明，我国个别商业银行会计方法虚增监管资本的问题比较严重，应该引起高度重视。

本章5.1部分和5.2部分对我国商业银行运用会计方法虚增监管资本的情况进行了行业分析和案例分析，发现了一些客观证据。本部分将对我国商业银行运用会计方法虚增监管资本情况进行大样本实证分析。如果实证分析也发现了确切证据，则与行业分析和案例分析发现的证据一起构成较系统的证据链条，能为本书进一步分析虚增监管资本所诱发的风险隐患问题打下良好基础。本书基于相关文献研究成果和前文的分析讨论，确定贷款减值核算、金融投资调整和公允价值第三层次计量的金融资产调整为大样本分析的会计方法虚增监管资本渠道，选择2010—2018年我国上市商业银行数据进行实证检验，发现了商业银行在资本监管要求提高时运用会计方法虚增监管资本的充分证据，丰富了会计信息披露与资本监管关系研究的相关文献，也为监管机构拓展系统重要性金融机构的风险防控范围、补齐银行业金融风险防控的短板提供了经验证据和全新视角，具有一定理论价值和现实意义。

5.3.2 文献综述

如前文所述，我们确定了贷款减值核算、金融投资和公允价值第三层次计量的金融资产调整为银行会计操纵虚增监管资本的主要渠道并据此设计研究假设，以下论述围绕三个方面展开。

（1）贷款减值核算

首先，银行运用贷款减值核算操纵资本的动机明确且能依据制度变更情况进行调整。Moyer（1990）和 Betty（1995）较早发现银行利用贷款减值核算操纵资本的证据。Ahmed 等（1999）和 Wall 等（2000）发现，银行在运用贷款减值准备核算操纵资本时有明确的动机和具体的计划。资本监管制度变更有时能为银行利用贷款减值进行资本管理创造新机会（Kim 和 Kross，1995），有时也能抑制这一行为。例如，Collins（1995）发现，1990 年以后因为制度规定只能将有限的贷款减值准备（不能超过风险权重资产的 1.25%）计入二级资本，银行利用贷款减值进行资本管理的动机减弱了。Acharya 等（2016）还发现了银行通过会计政策变更的方式掩饰其违反监管资本要求的证据。

其次，贷款减值核算操纵资本的现象在金融危机期间或监管资本压力较大银行中更普遍。Dushyantkumar（2011）根据 2007—2008 年金融危机时期数据，实证研究发现银行在经济下行时期对贷款减值准备会计处理的及时性较低，倾向于利用推迟确认贷款减值准备。Ng 等（2012）分析了美国商业银行 2001—2008 年数据发现，银行在 2007—2008 年金融危机期间为了减缓资产贬值的速度会少计提贷款减值准备。Balla 等（2012）通过实证研究发现，银行使用贷款减值准备来管理收益和规避税收的证据。Kilic（2013）发现了银行使用贷款损失准备来平滑收益增长的证据。Ozili（2015）发现银行会利用贷款减值准备进行资本管理、盈余管理和信号传递的证据。

最后，我国也发现了银行运用贷款减值核算操纵资本的证据。袁鲲等（2014）指出，我国商业银行有强烈资本管理动机，发现它们贷款损失准备计提存在显著的顺周期性特征。陈超等（2015）发现我国商业银行利用贷款减值核算作为利润平滑的工具。锦州银行爆雷后一次性确认资产减值损失 236.84 亿元（同比增长 587.58%），导致其资本充足率（9.21%）迅速降至监管要求（10.5%）之下，说明该银行前期为虚增监管资本推迟确认了大量贷款减值，暴露了会计操纵虚增监管资本的事实。

（2）金融投资与公允价值第三层次计量的金融资产调整

商业银行利用金融投资分类和重分类虚增监管资本的证据在美国和欧盟均普遍存在。Hodder 等（2002）分析了 230 家美国商业银行相关数据发现，会计准则要求对金融投资分类核算后资本较弱银行将更多证券划分至“可供出售”金融资产（AFS），目的是增大监管资本；监管资本下降时，所有银行都调整了其关键证券投资组合，目的是避免侵蚀监管资本。在 2008 年全球金融危机期间，欧洲商业银行监管资本面临很大压力，它们游说金融监管机构向国际会计准则理事会（IASB）施压，要求允许对划归为“交易性”的金融资产进行重分类。Fiechter（2011）发现，在重分类限制放松后约有 1/3 欧盟商业银行对原归类为“公允价值计量且其变动计入当期损益”金融资产（FVTPL）实施了重分类处理，重分类资产金额约占商业银行总资产的 3.9%，占权益账面价值的 131%。

Robinson 等（2018）发现了商业银行利用第三层次公允价值计量的裁量权空间进行虚增监管资本的证据，他对美国 208 家商业银行数据进行研究，发现监管资本指标接近监管红线的银行倾向于确认较多第三层次公允价值计量的未实现利得以虚增监管资本。Daifei 等（2018）分析 22 个国家 210 家商业银行 2009—2013 年数据发现，一级资本充足率较低银行更倾向于使用第三层次公允价值计量并将更多金融投资由第一层次和第二层次转化为第三层次。

（3）文献评述

已有文献获得了银行利用贷款减值核算操纵资本的充分证据，但对金融投资和第三层次金融资产调整的研究还不深入，且没有对上述三个渠道进行整合研究的文献。然而这些文献为本部分的理论推理和研究设计提供了有力支撑。2013年我国银行业开始实施《资本办法》，大幅提高了资本监管要求；2014年我国宏观经济增速开始放缓。在上述两个因素综合作用下，我国商业银行资本监管压力陡增。我们选定资本监管制度变更和宏观经济放缓同时出现的时间窗口，基于我国上市商业银行数据，将会计操纵虚增监管资本的三个主要渠道进行整合研究，厘清我国银行业运用会计操纵虚增监管资本的情况，为监管机构进行精准风险防控提供经验证据和政策建议。

5.3.3 理论分析和研究假设

（1）银行会计方法虚增监管资本的机理

从理论角度观察，于永生（2017）提出的“双重监管理论”有针对性地阐释了银行会计操纵虚增监管资本的机理。该理论认为，在现行监管制度框架内，商业银行受会计准则与资本监管双重约束，既要执行证券监管机构指定的会计信息披露监管规范，又要贯彻金融监管机构颁布的资本充足水平监管要求，即“双重监管”，但这两种监管制度的目标却不同：前者致力于促进资本市场透明，后者追求金融系统稳定。我们可以将双重监管制度及其目标差异的内容提炼为“双重监管差异”。会计准则与资本监管制度的目标差异使“双重监管”机制可能产生“合成谬误”，滋生“监管套利”等负面效应，从而诱发会计操纵虚增监管资本问题，这是“双重监管差异”成为会计操纵虚增监管资本机理的根本原因。

从权威性角度观察，资本监管制度的权威性高于会计准则，因为历史经验表明银行系统具有脆弱性和特殊性，它极易受到冲击，而单一银行遭受冲击所引发的倒闭事件会迅速传染至其他银行，诱发系统性金融风险，常常导致某一国家甚至全球经济衰退，其影响重大而深远。鉴于银行业问题的重大影响，各国政府均对其进行特别监管或额外监管并在发生问题时予以特别对待，与银行系统相关的问题通常是政府优先考虑的问题，相关监管制度的权威性也一般高于其他监管制度，因此有学者将银行业的监管制度形象地描述为“监管之王”（Spatt，2010），即银行监管制度在各类监管制度之中处于王者地位，这种权威性促使银行将满足资本监管要求作为优先事项，在发生冲突时通常会放松会计准则的执行标准，甚至利用会计处理的裁量空间进行以满足资本监管要求为目的的操作，使会计操纵虚增监管资本成为选择工具。

（2）银行会计方法虚增监管资本的渠道

本书将“会计方法虚增监管资本”定义为，商业银行利用会计准则提供的会计估计裁量权进行以满足资本监管要求为目的，但未实质性改善资本充足水平的行为。根据《资本办法》，资本充足率 =（总资本 - 对应资本扣除项）/风险加权资产 ×100%；总资本包括核心一级资本、其他一级资本和二级资本；核心一级资本包括实收资本或普通股、资本公积、盈余公积、一般风险准备、未分配利润和少数股东资本可计入部分。核心一级资本组成项目与银行资产负债表所有者权益部分项目一一对应，其中除“少数股东资本”在资产负债表中表述为“少数股东权益”外，其他 5 个项目的名称完全一致。一些银行因发行“优先股”和“永续债”开设了“其他权益工具”会计科目，但它未被列入核心一级资本之中。在这 6 个会计科目中，“实收资本”“盈余公积”“少数股东权益”和“一般风险准备”的会计估计裁量权空间很小，因为它们是根据相关募资公告或法规或投资协议确定的；但另外 2 个会计科目则存在较多会计处理裁量权空间，如“资本公积”中的金融投资公允价值计量利得①，再如很多会计估计会影响当期损益进而影响“未分配利润”。按照既存在会计处理裁量权空间又直接影响资本充足率核算的原则，本书将当期损益和资本公积两个会计科目确定为重点关注对象。基于相关文献、案例和银行业经营特征，本书选定贷款减值核算、金融投资调整和公允价值第三层次计量的金融资产调整为会计操纵虚增监管资本的主要项目，对这些项目实施以满足资本监管要求为目的，但未实质性改善资本充足水平的行为是会计方法虚增监管资

① 2014 年 1 月，财政部对《企业会计准则第 30 号——财务报表列报》进行修订，要求从 2014 年 7 月起将依据其他会计准则规定确认的、未计入当前损益的未实现利得和损失由“资本公积”转入“其他综合收益”。

本的主要渠道。

（3）研究假设

对大多数商业银行而言贷款是最重要、金额最大的资产项目，与银行总资产之比一般在 50%—60%，“贷款减值准备”也是最大的会计应计项目。贷款减值核算对监管资本的影响渠道是：当银行计提贷款减值准备时，在资产负债表上该准备冲减贷款资产总额，在损益表上该准备冲减税前利润，它既影响当期收益又影响监管资产，对银行损益与资本产生“双杀效应”。贷款资产透明度普遍较低，减值核算的自由裁量空间较大，加之它占比高、金额大，致使会计处理裁量权应用的较小差异通常会对当期损益和核心一级资本产生金额较大且方向相反的重大影响。我国宏观经济增速放缓影响贷款资产质量，银行贷款减值损失会增加，但银行面临提高资本充足水平压力，在收益下降或无法通过其他手段满足资本监管要求时，会推迟确认贷款减值准备，据此提出假设 H1：

H1：上市商业银行通过推迟确认贷款减值准备的方式提高资本充足率。

对大多数商业银行而言，金融投资①的金额和占比仅次于贷款，与银行总资产之比一般在 20%—30%，主要包括政府债券、企业债券和少量权益工具，这些投资工具大多存在活跃交易市场，因此其管理模式比贷款灵活。商业银行持有金融投资的目的是收益和流动性兼得，贷款投资则缺少流动性支撑这一特征。《企业会计准则第 22 号——金融工具确认和计量》（2006）（CAS22）将金融资产划分为 4 类：公允价值计量且其变动计入当期损益的金融资产（FVTPL）、可供出售金融资产（AFS）、持有至到期投资（HTM）、贷款和应收账款，本书的“金融投资”概念包含前三者。金融投资对监管资本的影响渠道是：在持有期间的每个财务报告日将公允价值计量产生的未实现利得或损失与减值核算产生的损失计入当期损益进而拉低核心一级资本。按照 CAS22，在每个财务报告日，FVTPL 按公允价值计量并将计量结果计入当期损益、AFS 按公允价值计量并将计量结果计入

---

① 金融投资属于金融资产，关于其分类标准，本书仍遵照 2006 年财政部发布的金融工具准则；2017 年财政部发布修订了新金融工具准则并要求上市商业银行从 2018 年开始实施。

资本公积、HTM 按摊余成本计量；另外还要对 AFS 和 HTM 进行减值测试，如发生减值则将这些损失计入当期损益。金融资产市值波动大且在经济下行期间下跌概率大，如使用公允价值计量，所产生的损失要计入当年损益，侵蚀资本，加之在这一期间监管机构提高了资本监管要求，在这样的背景下银行会压缩金融资产投资规模，尤其是压缩公允价值计量的金融资产投资规模，据此提出假设 H2：

H2：上市商业银行通过压缩金融资产投资规模，尤其是压缩公允价值计量的金融资产投资规模的方式提高资本充足率。

按照《企业会计准则第 39 号——公允价值计量》（CAS39），依据使用的输入值，公允价值计量分为三个层次，第一层次和第二层次使用可观察市场报价，第三层次使用不可观察输入值（即银行自己估计和判断数据）；在使用市场报价进行公允价值计量会确认未实现损失的情况下，如果银行将第一层次和第二层次的金融投资调整为第三层次则可以避免确认这些损失，从而虚增监管资本。在会计准则要求对金融投资进行分类核算之后，银行监管机构认为上述会计核算产生的未实现利得或损失不符合监管资本定义，创设了“审慎过滤器”制度，将部分未实现利得和损失排除在监管资本之外。这一制度的具体内容在不同国家不尽相同，国外一般将 AFS 未实现利得或损失都过滤出去，但我国将 FVTPL 和 AFS 未实现利得过滤出去，但将它们未实现损失计入监管资本，我国的制度比国外更谨慎。2008 年全球金融危机后“审慎过滤器”制度有所调整，新制度要求将 FVTPL 和 AFS 未实现利得和损失均计入监管资本中，我国从 2013 年也开始实施这一新制度。银行出于获利和流动性支持的考虑，必须配置一定规模的金融资产投资并运用公允价值计量，但在经济下行压力下这些金融资产市值下跌概率大，在资本监管要求提高时为减少公允价值计量损失对监管资本的侵蚀，银行会更多地将这些资产归类为公允价值第三层次计量金融资产，从而运用会计裁量权来降低这些损失，据此提出假设 H3：

H3：上市商业银行通过增加公允价值第三层次计量金融资产的方式提高资本充足率。

5.3.4 研究设计

（1）样本选择和数据来源

本部分选取 49 家中国上市商业银行 2010—2018 年半年度数据为样本，数据的收集和选取逻辑如下：①《资本办法》于 2013 年开始实施并设置六年过渡期，在 2013—2018 年逐步提高资本要求。本书选取 2010—2018 年的数据，使观测期既包括政策实施前三年又包括政策逐步加强的年份，能够更加充分反映政策变化的影响；②选取的银行样本涵盖 2010—2018 年我国所有上市商业银行，能够反映我国银行业基本情况；③为了控制极端值的影响，对连续变量 1% 以下和 99% 以上分位数进行了缩尾处理；④为控制新金融工具准则 2018 年开始实施的影响，在检验公允价值层次相关假设时剔除了 2018 年的样本。本部分数据主要来自 Wind 数据库，还从锐思数据库（RESSET）和国泰安数据库（CSMAR）收集了部分补充数据，与公允价值相关的信息是从银行年报、半年报中手工收集的。

（2）变量选择与模型构建

为探究商业银行资本缓冲与贷款减值准备计提比例之间的关系，本部分参考已有文献（宋洪吉，2013；梁浩和于永生，2020）构建以下模型进行验证：

$$
\begin{aligned}
LLP_{it} = {} & \beta_0 + \beta_1 CB_{it} + \beta_3 LQ_{it} + \beta_4 SIZE_{it} + \beta_5 LEV_{it} + \beta_6 ROE_{it} + \beta_7 GROWTH_{it} \\
& + \beta_8 LOANG_{it} + \beta_9 LDR_{it} + \beta_{10} TOP10_{it} + \beta_{11} IBOR_{it} + \beta_{12} ISS_{it} + \varepsilon_{it}
\end{aligned}
\tag{5.5}
$$

为探究商业银行资本缓冲与金融投资特别是公允价值计量的金融投资规模之间的关系，参考孙志红和豆春芳（2021）构建以下模型进行验证：

$$
\begin{aligned}
FI_{it} = {} & \beta_0 + \beta_1 CB_{it} + \beta_2 SIZE_{it} + \beta_3 ROE_{it} + \beta_4 LDR_{it} + \beta_5 ISS_{it} + \beta_6 LEV_{it} \\
& + \beta_7 GROWTH_{it} + \beta_8 IBOR_{it} + \beta_9 M2_{it} + \beta_{10} TOP10_{it} + \varepsilon_{it}
\end{aligned}
\tag{5.6}
$$

$$
\begin{aligned}
FV_{it} = {} & \beta_0 + \beta_1 CB_{it} + \beta_2 SIZE_{it} + \beta_3 ROE_{it} + \beta_4 LDR_{it} + \beta_5 ISS_{it} + \beta_6 LEV_{it} \\
& + \beta_7 GROWTH_{it} + \beta_8 IBOR_{it} + \beta_9 M2_{it} + \beta_{10} TOP10_{it} + \varepsilon_{it}
\end{aligned}
\tag{5.7}
$$

为探究商业银行资本缓冲与公允价值三级计量之间的关系，构建以下模型进行验证：

$$LEVEL3_{it}=\beta_0+\beta_1CB_{it}+\beta_2SIZE_{it}+\beta_3ROE_{it}+\beta_4LDR_{it}+\beta_5ISS_{it}+\beta_6LEV_{it}+\beta_7GROWTH_{it}+\beta_8IBOR_{it}+\beta_9M2_{it}+\beta_{10}TOP10_{it}+\varepsilon_{it} \quad (5.8)$$

本部分的主要变量及定义如表 5 – 26 所示，其中资本缓冲（CB_{it}）是模型（5.5）至模型（5.8）最主要的解释变量，它是由商业银行的实际核心一级资本充足率和监管要求的最低核心一级资本充足率之间的差额计算而来，体现了商业银行的资本监管压力，资本缓冲越小，意味着所受到监管压力越大。《资本办法》为实现资本监管指标的平稳过渡，在过渡期内逐年提高对核心一级资本充足率的监管要求。为更真实地反映商业银行实际受到的监管压力，按照过渡期内的分年度监管要求对资本缓冲大小进行计算。

表 5 – 26　　主要变量及其定义

类别	名称	符号	具体定义
被解释变量	贷款减值准备计提比例	LLP_{it}	贷款减值准备/期初贷款总额
	金融投资规模	FI_{it}	金融投资金额/总资产
	公允价值计量金融投资规模	FV_{it}	公允价值计量金融资产/总资产
	三级计量比例	$LEVEL3_{it}$	第三层次金融资产/（第一层次金融资产 + 第二层次金融资产 + 第三层次金融资产）
解释变量	资本缓冲	CB_{it}	核心一级资本充足率—监管要求
控制变量	贷款减值准备覆盖率	LQ_{it}	贷款减值准备/不良贷款余额
	公司规模	$SIZE_{it}$	总资产的自然对数
	财务杠杆	LEV_{it}	负债总额/资产总额
	盈利能力	ROE_{it}	净利润/所有者权益
	成长性	$GROWTH_{it}$	总资产增长率
		$LOANG_{it}$	贷款增长率
	流动性	LDR_{it}	贷款总额/存款总额
	股权融资情况	ISS_{it}	虚拟变量，若发行股票，则为 1；反之为 0
	股权集中度	$TOP10_{it}$	前十大股东股权占比
	市场状况	$IBOR_{it}$	同业拆借利率
		$M2_{it}$	广义货币供应量的自然对数

（3）描述性统计分析

各变量的描述性统计结果如表 5 – 27 所示，*CB* 的平均值为 4. 14，表明观测期内样本银行的平均资本缓冲为 4. 14%；*LLP* 的平均值为 3. 33，表明观测期内样本银行的平均贷款减值准备计提比例为 3. 33%；*FI* 的平均值为 18. 61、最大值为 46. 35，表明样本银行的平均金融投资占比为 18. 61%、最大值为 46. 35%，波动较大。*FV* 的平均值为 9. 17，说明样本银行的平均公允价值计量金融投资占比为 9. 17%；*LEVEL*3 的平均值为 7. 7、最大值为 89. 31、中值为 0. 07，说明样本银行的第三层次计量金融资产占比的平均值为 7. 7%、最大值为 89. 31%、中值为 0. 07%，大部分银行的第三层次计量的使用程度较小。此外，贷款减值准备覆盖率指标 *LQ* 的均值为 2. 73；公司规模指标 *SIZE* 的均值为 7. 62；财务杠杆指标 *LEV* 的均值为 93. 48；盈利能力指标 *ROE* 的均值为 13. 55；成长性指标 *GROWTH* 和 *LOANG* 的均值分别为 20. 04 和 19. 23；流动性指标 *LDR* 的均值为 65. 14；股权融资情况指标 *ISS* 的均值为 0. 44；股权集中度指标 *TOP*10 的均值为 63. 95；市场状况指标 *IBOR* 和 *M*2 的均值分别为 3. 32 和 12. 36。

表 5 – 27　　描述性统计

变量	样本量	均值	标准差	最小值	中值	最大值
CB	718	4. 14	2. 28	0. 73	3. 73	11. 53
*LLP*1	658	3. 33	0. 87	1. 67	3. 16	5. 69
FI	719	18. 61	8. 77	3. 84	17. 47	46. 35
FV	716	9. 17	6. 43	0. 5	7. 46	31. 68
*LEVEL*3	463	7. 7	17. 45	0	0. 07	89. 31
LQ	710	2. 73	1. 28	1. 36	2. 38	9. 21
SIZE	712	7. 62	2. 83	2. 71	8. 07	12. 34
LEV	657	93. 48	1. 2	90. 28	93. 62	96. 53
ROE	611	13. 55	5. 56	4. 88	12. 38	30. 38
GROWTH	597	20. 04	16. 65	– 16. 93	18. 64	79. 93
LOANG	672	19. 23	9. 84	4. 04	17. 39	67. 49
LDR	718	65. 14	11. 82	33. 11	66. 6	95. 38

续表

变量	样本量	均值	标准差	最小值	中值	最大值
ISS	882	0.44	0.5	0	0	1
*TOP*10	699	63.95	21.03	22.03	65.23	100
IBOR	882	3.32	0.66	1.88	3.41	4.36
*M*2	882	12.36	0.31	11.79	12.39	12.8

5.3.5 回归结果分析

（1）资本缓冲与贷款减值准备

表5－28揭示了资本缓冲和贷款减值准备计提比例之间的关系：列（1）是不添加控制变量时的回归结果，*CB* 的回归系数为－0.1339，且在1%的水平上显著，说明资本缓冲和贷款减值准备计提比例之间呈现负相关关系，即商业银行通过降低贷款减值准备计提比例的方式能实现资本缓冲额的提高，减轻其所面临的资本监管压力，初步支持假设H1。列（2）是控制了全部变量后的回归结果，*CB* 的回归系数为－0.1151，且在5%的水平上保持显著，说明资本缓冲每提高1个百分点，贷款减值准备的计提比例约下降0.12个百分点，进一步支持假设H1。

表5－28　　资本缓冲与贷款减值准备

变量	（1）	（2）
CB	－0.1339***	－0.1151**
	（－4.78）	（－2.10）
LQ		0.135
		（1.39）
SIZE		0.0202
		（0.65）
LEV		－0.1956***
		（－2.92）

续表

变量	(1)	(2)
ROE		−0.00210 (−0.27)
GROWTH		−0.00380 (−1.31)
LOANG		0.0273 *** (6.08)
LDR		−0.00140 (−0.18)
*TOP*10		0.0132 (1.43)
IBOR		−0.1382 ** (−2.33)
ISS		−0.00280 (−0.04)
cons	3.8844 *** (33.78)	20.8925 *** (3.05)
N	650	491
r^2a	0.200	0.400
F	22.85	11.72

注：*、**、*** 分别表示在10%、5%和1%的水平上显著，括号中的数字为双尾检验的 *t* 值，下同。

（2）资本缓冲与金融投资

表5－29是资本缓冲与金融投资规模的回归结果：表5－29中列（1）显示，在不添加任何控制变量的情况下，*CB* 系数显著为负，支持了假设H2；表5－29中列（2）列示了添加若干控制变量后的多元回归结果，*CB* 系数为－1.5624，且在1%的水平上保持显著，即商业银行的资本缓冲每增加1个百分点，金融投资占比将减少约1.56个百分点。上述回归结果说明银行通过压缩金融投资的方式提高资本缓冲，进而缓解监管资本压力，

进一步支持了假设 H2。

表 5-29　　资本缓冲与金融投资

变量	(1)	(2)
CB	-1.7736*** (-7.42)	-1.5624*** (-2.87)
SIZE		-1.6861*** (-7.26)
ROE		-0.2106*** (-3.22)
LDR		0.2039* (1.72)
ISS		2.2349*** (2.72)
LEV		-0.668 (-0.72)
GROWTH		-0.00160 (-0.06)
IBOR		0.00330 (0.01)
M2		16.1828*** (4.79)
TOP10		-0.0408 (-0.48)
cons	25.9570*** (26.50)	-110 (-0.92)
N	706	505
r^2a	0.221	0.510
F	54.99	20.97

表 5-30 揭示了资本缓冲和公允价值计量金融投资的关系。表 5-30 中列（1）是未添加相关控制变量时的回归结果，*CB* 系数为负，且在 1% 的水平上保持显著，初步支持了假设 H2。表 5-30 中列（2）是添加了相

关控制变量后的回归结果，*CB* 系数为 -0.9916，且在 5% 的水平上显著。这说明资本缓冲和公允价值计量金融投资之间呈现显著的负相关关系，资本缓冲每增加 1 个百分点，公允价值计量金融投资降低近 0.99 个百分点。换言之，压缩公允价值计量金融资产投资规模能提高资本缓冲水平，缓解银行面临的监管压力，该结论进一步支持假设 H2。

表 5-30　　资本缓冲和公允价值计量金融投资

变量	(1)	(2)
CB	-1.2011*** (-6.31)	-0.9916** (-2.62)
SIZE		-0.8234*** (-5.25)
ROE		-0.0852 (-1.66)
LDR		-0.108 (-1.55)
ISS		1.4886*** (2.78)
LEV		-0.441 (-0.79)
GROWTH		-0.00620 (-0.46)
IBOR		-0.6636** (-2.16)
M2		10.4067*** (4.72)
TOP10		-0.0289 (-0.50)
cons	14.1048*** (18.16)	-56.32 (-0.83)
N	703	504
r^2a	0.237	0.403
F	39.86	8.254

(3) 资本缓冲与公允价值第三层次计量金融资产

如表5-31所示，不论是否添加控制变量，资本缓冲和公允价值第三层次计量金融资产之间均呈现较为显著的负相关关系。表5-31中列(2)的添加控制变量后的多元回归结果显示，*CB*的系数为-2.2547，即资本缓冲每提高1个百分点，公允价值第三层次计量金融资产占比将下降约2.25个百分点，该结论并不支持假设H3。这说明通过增加公允价值第三层次计量金融资产占比的方式缓解监管资本压力的情况在我国银行业并不普遍。

表5-31　资本缓冲与公允价值三级计量

变量	(1)	(2)
CB	-2.4106*** (-3.59)	-2.2547** (-2.15)
SIZE		-0.816 (-1.05)
ROE		0.0469 (0.45)
LDR		-0.4957** (-2.18)
ISS		-0.591 (-0.34)
LEV		-2.055 (-1.36)
GROWTH		0.00530 (0.07)
IBOR		-1.044 (-1.04)
M2		7.612 (1.08)
TOP10		0.213 (1.25)
cons	17.5446*** (6.45)	143.1 (0.78)

续表

变量	(1)	(2)
N	458	357
r^2a	0.128	0.120
F	12.92	1.812

(4) 稳健性检验

①改变被解释变量。资本充足率是资本监管的核心指标，也能够反映商业银行面临的资本监管压力大小。资本充足率低意味着资本缓冲小，资本监管压力较大。故本书将资本充足率作为替代解释变量指标进行回归分析，回归结果不变。

②改变时间虚拟变量 post 的定义。无论将政策实施的年份定义为 2013 年上半年，还是将其定义为 2013 年下半年，回归结果保持不变。

5.3.6 进一步检验《资本办法》实施与虚增监管资本行为

为进一步探究过渡期内《资本办法》逐年提高资本充足率要求所形成的监管压力对商业银行资本决策行为的影响，揭示银行在面临短期内提高资本充足率的压力时其调整行为是否存在变化。本部分拟采用连续型 DID 模型，对政策实施前后的调整行为进行对比分析。本部分参考已有文献（李青原，2020）构建模型如下：

$$LLP_{it} = \beta_0 + \beta_1 Post_{it} + \beta_2 CB_{it} + \beta_3 Post_{it} \times CB_{it} + \beta_4 LQ_{it} + \beta_5 SIZE_{it} + \beta_6 LEV_{it} + \beta_7 ROE_{it} + \beta_8 GROWTH_{it} + \beta_9 LOANG_{it} + \beta_{10} LDR_{it} + \beta_{11} TOP10_{it} + \beta_{12} IBOR_{it} + \beta_{13} ISS_{it} + \varepsilon_{it} \tag{5.9}$$

$$FI_{it} = \beta_0 + \beta_1 Post_{it} + \beta_2 CB_{it} + \beta_3 Post_{it} \times CB_{it} + \beta_4 SIZE_{it} + \beta_5 ROE_{it} + \beta_6 LDR_{it} + \beta_7 ISS_{it} + \beta_8 LEV_{it} + \beta_9 GROWTH_{it} + \beta_{10} IBOR_{it} + \beta_{11} M2_{it} + \beta_{12} TOP10_{it} + \varepsilon_{it} \tag{5.10}$$

$$FV_{it} = \beta_0 + \beta_1 Post_{it} + \beta_2 CB_{it} + \beta_3 Post_{it} \times CB_{it} + \beta_4 SIZE_{it} + \beta_5 ROE_{it} + \beta_6 LDR_{it} + \beta_7 ISS_{it} + \beta_8 LEV_{it} + \beta_9 GROWTH_{it} + \beta_{10} IBOR_{it} + \beta_{11} M2_{it} + \beta_{12} TOP10_{it} + \varepsilon_{it} \tag{5.11}$$

其中，*Post* 为时间虚拟变量，按照《资本办法》的生效时间安排，令处于 2013 年及以后的观测值的 *Post* 取值为 1，其他为 0。

（1）《资本办法》、资本缓冲与贷款减值准备

如表 5－32 所示，列（1）、列（2）分别列示了在有无控制变量情况下实施《资本办法》对资本缓冲与贷款减值准备之间关系的影响结果。在回归模型（5.5）和模型（5.6）中交互项（$Post \times CB$）的系数均为负数，且在 1% 的水平上显著，表明实施《资本办法》进一步强化了资本缓冲与贷款减值准备之间的负相关关系，即《资本办法》实施后，商业银行在更大程度上通过推迟确认贷款减值准备的方式，提高资本缓冲，缓解其面临的资本监管压力。

表 5－32　　《资本办法》、资本缓冲与贷款减值准备

变量	（1）	（2）
CB	0.1770*** （6.75）	0.0907* （1.85）
Post	1.9344*** （10.55）	1.5733*** （4.51）
$Post \times CB$	－0.2324*** （－6.30）	－0.1790*** （－3.24）
LQ		0.2086*** （3.72）
SIZE		－0.0269 （－0.81）
LEV		－0.1309*** （－3.21）
ROE		0.00690 （0.88）
GROWTH		－0.0073*** （－2.99）
LOANG		0.0224*** （4.98）

续表

变量	(1)	(2)
LDR		-0.00650 (-1.55)
*TOP*10		-0.0052 ** (-2.48)
IBOR		-0.2386 *** (-3.70)
ISS		-0.0637 (-0.97)
cons	1.7509 *** (10.97)	15.3722 *** (3.88)
N	650	491
r^2a	0.158	0.330
F	61.85	20.30

(2)《资本办法》、资本缓冲与金融投资

如表 5-33 所示，列（1）呈现了《资本办法》对资本缓冲和金融投资之间关系的影响结果，交互项系数为 -0.9914，且在 5% 的水平上保持显著，说明《资本办法》的实施进一步强化了两者之间的负相关关系，即《资本办法》实施后，商业银行在更大程度上通过压缩金融投资的方式，提高资本缓冲，缓解其面临的资本监管压力。列（2）交互项系数为正，仅在 10% 的水平上保持显著，这在一定程度上说明了《资本办法》的实施，弱化了资本缓冲和公允价值计量金融投资之间的负相关关系。换言之，《资本办法》实施后商业银行通过压缩公允价值计量金融投资以提高资本充足率的会计行为的使用力度有所减弱。

表 5-33 《资本办法》、资本缓冲与金融投资

变量	(1)	(2)
	FI	*FV*
CB	-0.960 (-1.63)	-0.4077 * (-1.67)

续表

变量	(1)	(2)
	FI	*FV*
Post	8.433 (1.63)	−0.963 (−0.43)
Post × *CB*	−0.9914** (−2.38)	0.5309* (1.85)
SIZE	−2.1946*** (−3.49)	−0.9785*** (−4.56)
ROE	−0.2035*** (−3.16)	−0.1410*** (−2.73)
LDR	0.2029* (1.72)	−0.0869*** (−3.35)
ISS	2.1860** (2.64)	1.0376* (1.94)
LEV	−0.644 (−0.70)	−0.143 (−0.38)
GROWTH	0.00140 (0.05)	−0.0267 (−1.58)
IBOR	−0.125 (−0.26)	−0.7319* (−1.82)
*M*2	15.6955*** (4.40)	11.6938*** (6.74)
*TOP*10	−0.0587 (−0.69)	−0.00150 (−0.11)
cons	−110 (−0.90)	−1.0e+02** (−2.06)
N	505	504
r^2a	0.514	0.282
F	18.07	19.57

5.3.7 结论与建议

本部分通过分析《资本办法》实施前后商业银行会计方法虚增监管资本行为，得出如下结论：首先，《资本办法》实施增加了商业银行的资本监管压力，在这种情况下它们可能会推迟确认贷款减值准备来虚增监管资本以提高资本缓冲水平，缓解面临的资本监管压力；其次，《资本办法》实施加剧了金融投资与资本监管压力之间的负相关关系，促使银行通过减少金融投资尤其是公允价值计量的金融投资的方式来虚增监管资本，以提高资本缓冲水平；最后，《资本办法》实施后商业银行并未增加公允价值第三层次计量金融资产来虚增监管资本。

基于我国系统重要性金融机构风险防控需要，从补充银行业风险防控短板和漏洞角度提出如下政策建议：

第一，将“双重监管差异”可能诱发的风险隐患拓展为银行业风险防控的新领域。近年来，国际权威监管机构在总结金融危机经验教训后对相关监管制度作出修订，如修订金融工具会计准则和资本监管制度等，但未考虑“双重监管差异”诱发的“合成谬误”问题。事实上，巴塞尔银行监管委员会的工作论文（2015，2017）和多位权威专家（Herz，2010；Bushman，2016；Barth，2017）均从不同角度论证了“双重监管差异”的负面效应，本书的发现说明这一问题在我国也存在。该问题不可能完全依赖制度修订来解决，因为它源于两种制度的目标差异，在无法统一目标的情况下监管机构需要设计针对性监管工具，如对资本较弱和资本充足率波动较大银行的专项检查等。

第二，将贷款减值准备核算确定为银行业风险防控核心内容。国外相关文献得出的一致结论是，商业银行普遍运用贷款减值核算会计裁量权操纵资本和收益，这可能是银行业的潜规则。贷款资产透明度极低，基于当前会计准则的信息披露无法动态揭示借款人的经营和财务状况，因此贷款减值核算的会计裁量空间可能最大。例如，对于将要违约或刚刚违约的贷款，银行可以通过展期或以新换旧等方式隐匿风险，而财务报告和资本报告均无法反映。"锦州银行爆雷"事件是我国银行通过推迟确认贷款减值准备虚增利润和资本的典型案例，袁鲲等（2014）、陈超等（2015）发现了更广泛经验证据，说明该问题在我国也普遍存在。我们建议将贷款减值准备核算确定为银行业风险防控核心内容。

第三，将深入系统的信息披露要求确定为约束银行对重要资产和负债项目实施会计操纵的关键工具。依据会计方法虚增监管资本主要渠道设计的假设中，关于公允价值第三层次计量金融资产的假设未获得数据支持，说明我国银行业运用该渠道虚增监管资本的情况较少。参阅 CAS39 的公允价值披露规定发现，对于第三层次的公允价值计量，银行需要披露的信息非常具体和全面，比如估值技术、输入值和估值流程，再如期初余额和期末余额的调节信息、计入当期损益的已实现和未实现利得或损失总额、层级之间转化的金额和原因等。我们判断上述详尽的信息披露要求约束了银行利用该渠道虚增监管资本行为，这说明充分的信息披露要求能够约束银行通过会计方法虚增监管资本的行为。

5.4 实证分析 2：商业银行是否利用预期信用损失法提高虚增监管资本的程度

5.4.1 研究思路

2006 年 2 月我国财政部发布的《企业会计准则第 22 号——金融工具确认和计量》（以下简称"CAS22"）将已发生损失法作为贷款减值核算的方法，即只有在客观证据表明贷款已经发生损失时才对贷款计提减值准备。但已发生损失法可能诱发顺周期问题，因此 2017 年我国财政部修订了 CAS22，采用预期信用损失法作为贷款减值核算的新方法，取代了原有的已发生损失法。预期信用损失法要求银行在定期报告中对贷款的预期信用风险进行前瞻性的评估，考虑贷款未来预期信用损失情况。预期信用损失法的实施有助于在贷款减值核算中纳入更多关于未来预期损失的信息，并缓解顺周期性，但也使得商业银行在贷款减值核算时拥有了更大的会计裁量权。

本书第 4 章将“推迟确认贷款减值准备”确定为商业银行虚增监管资本的主要渠道之一。在本章实证分析 1 中，我们提出的假设 H1 就针对这一渠道，即上市商业银行通过推迟确认贷款减值准备的方式提高资本充足率；实证回归结果表明，我国商业银行的监管资本压力与其贷款减值准备计提比例呈负相关关系，从而获得了我国商业银行通过推迟确认贷款减值准备虚增监管资本的证据。在实证分析 2 中，我们计划寻找商业银行通过推迟确认贷款减值准备虚增监管资本的新证据。实证分析 2 的研究基于贷款减值核算会计由已发生损失法变更为预期信用损失法的背景。预期信用损失法给予了商业银行更大的会计裁量权，使它们有机会进一步提高利用这一渠道虚增监管资本的程度，且自 2018 年这一新方法实施以来，我国经济经历了中美贸易摩擦和新冠疫情等新挑战，宏观经济下行压力增大，这可能迫使银行运用新制度所带来的增量会计裁量权提高虚增监管资本的程度。如果实证分析 2 进一步获得了我国商业银行推迟确认贷款减值准备以增加虚增监管资本程度的证据，则商业银行通过推迟确认贷款减值准备虚增监管资本的情况就得到了进一步确认，从而形成银行运用贷款减值准备虚增监管资本的证据链。

本部分共选取 53 家上市银行为样本，包括 33 家于 2018 年 1 月 1 日开始实施预期信用损失法的商业银行和 20 家银行于 2019 年 1 月 1 日开始实施预期信用损失法的商业银行。数据来源于国泰安金融数据库（CSMAR）及各家银行年报。因为 2016 年以前银行年报数据缺失较为严重，2022 年数据尚未完全披露，本章选取的研究周期为 2016—2021 年，共合计 318 个银行年度数据。

5.4.2 文献综述

（1）银行是否运用贷款减值核算虚增监管资本

一些研究发现，贷款减值准备金与监管资本之间呈负相关关系

(Ahmed 等，1999；Beatty 等，1995)。当监管资本较低时，银行可能会增加贷款减值准备金的计提（Bouvatier 等，2008；Ei Sood，2012；Kozili，2015)。Kim 和 Kross（1998）研究发现，资本监管法规的变化会导致管理层利用贷款减值准备来进行资本管理。Collins（1995）发现 1990 年之后，银行只能将有限的贷款减值准备（不能超过风险权重资产的 1.25%）作为二级资本金，对核心资本充足率的影响有限，因此银行利用贷款减值准备进行资本管理的动机得到了抑制。Kim 和 Kross（1998）进行实证研究发现，资本比率较低的银行依旧会利用贷款减值会计处理的裁量权对二级资本进行虚增操纵，从而影响监管资本。Ahmed、Takeda 和 Thomas 等(1999）结合 1990 年资本充足率制度的变化，重新审视了资本管理和银行贷款减值准备金之间的关系，他们发现，贷款减值准备反映了银行贷款组合预期质量的重大变化，同时银行的资本管理动机会影响贷款减值准备的计提。Wall 和 Koch（2000）指出，银行有动机操纵贷款减值准备，以管理报告的资本和收益；即使实际的经济损失不受贷款减值准备计提的影响，但是会计报告中的贷款减值准备计提数据很可能会在不完善的市场中发挥重要的作用，因为市场参与者要分析并且获得真实信息的成本很高，他们倾向于利用报表所提供的信息来降低成本，提高监管资本。Balla 等(2012）通过实证研究发现，银行使用贷款减值准备金来管理收益，他们也发现了在 20 世纪 80 年代和 90 年代银行使用贷款减值准备金来管理资本的证据。Ozili（2015）实证检验了尼日利亚银行在自愿采用国际财务报告准则期间的数据，发现银行财务报表报告的收益及其相关数据并不能真实反映尼日利亚银行的潜在经济现实，这一结果表明银行会利用贷款减值准备进行资本管理。Deloitte（2017）通过实证研究发现，贷款减值会计裁量权空间大，由于贷款减值会计处理涉及较多估计和判断，商业银行有可能会利用这些估计和判断提供的裁量权空间虚增监管资本。

许友传（2011）基于我国国有商业银行、股份制商业银行以及城市商业银行 2000—2008 年数据，对我国商业银行在监管资本约束下的资本管理行为进行了实证研究，结果表明，当受到较大的监管压力时银行通常会加大计提贷款减值准备的金额，以此来调增附属资本；当附属资本调增的部分大于利润扣除部分时就会导致资本充足率上升，以此来满足资本监管要求；但是当银行对资本监管的关注程度降低时，银行的资本调整行为就不会受到监管压力的影响。

（2）预期信用损失法是否增加了会计裁量权

目前关于预期信用损失法是否增加会计裁量权的研究不多，但大多数相关文献发现预期信用损失法给予银行更多会计裁量权。Gebhardt（2016）认为，预期信用损失法可以使银行更早、更全面地确认预期信用损失，但在会计核算时较多地依赖管理层估计，使会计裁量权增加。Justin 等（2016）认为，银行经理在所有事情上都倾向于使用会计裁量权，从已发生损失法过渡到预期信用损失法时，银行可以使用会计裁量权作为建立未来信用损失缓冲的手段。Paul 等（2019）指出，预期信用损失法的实施可能会改变这些估计所依据的会计裁量权水平。Malik 等（2022）研究结果表明，预期信用损失法增加了会计裁量权，这对减轻商业银行的财务困境具有积极且显著的作用。但有学者研究发现，相对于已发生损失法，预期信用损失法并没有对银行贷款减值产生显著影响，例如 Orbán 和 Tamimi（2020）指出，贷款减值准备的新方法对欧洲最大银行的预期信用损失总额没有重大影响，同一国家的银行之间在预期信用损失法的计算上没有差异。

（3）文献评述

从以上综述的文献可知，中外文献找到了银行运用贷款减值准备核算虚增监管资本的一系列证据，说明在全球范围内这一操作在银行业具有普遍性。另外，有几个国外文献发现，预期信用损失法增加了会计裁量权空间，为银行运用这一操作方法进一步提高虚增监管资本的程度提供了条件，国内学者尚未关注这一问题。本书通过实证分析获得了我国商业银行在 2013—2017 年通过推迟确认贷款减值准备虚增监管资本的证据。受到国外文献关于预期信用损失法研究发现的启示，基于我国银行业 2018 年开始实施新制度且我国宏观经济增速放缓的背景，我们在本部分将对我国商业银行是否运用这一新制度提高虚增监管资本的程度进行实证检验，为本书的主要研究假设寻找新证据。

5.4.3 理论分析和研究假设

商业银行在贷款减值准备核算中拥有一定会计裁量权。Jones（1991）建立了一个回归模型，将贷款减值准备核算中银行管理层可自由取舍的部分分离出来。此后国内外学者以这一模型为基础，开始研究将贷款减值准备核算中的自由裁量部分与非自由裁量部分进行分离的方法，目前已经形成一套普遍认可的分离方法，即两阶段法：在第一阶段建立一个模型，其中包含解释贷款减值准备核算中非自由裁量部分的变量；在该模型中，估计的残差代表了在第二阶段中作为因变量的自由裁量部分，它代表了银行管理层的会计裁量权。

基于上述理论和思路，Shawtari 等（2015）将贷款减值准备分为非自由裁量部分和自由裁量部分。贷款减值准备非自由裁量部分是指市场可识别的，银行管理层没有裁量权空间的部分；贷款减值准备自由裁量部分是指不透明的，银行管理层有裁量权空间的部分。因为会计估计本身就有裁量权空间，银行计提贷款减值准备时的裁量权就是会计估计中的灵活空间，因此我们将会计裁量作为自由裁量的替代指标，将贷款减值准备分为非会计裁量部分和会计裁量部分。把贷款减值准备会计裁量部分（DLLP）作为衡量银行会计裁量权运用程度的指标，DLLP 指标值越大，表明银行会计裁量权运用得越多。我们假设预期信用损失法的实施会影响 DLLP，并且基于 DLLP 视角，重新检验 DLLP 对商业银行监管资本的影响。

（1）预期信用损失法与贷款减值准备会计裁量部分

我国于 2018 年开始实施预期信用损失法，取代已发生损失法。两种减值方法在确定贷款减值准备上有所不同：已发生损失法规定只有在有客观证据表明资产在初始确认后发生一个或多个事件导致减值时，才确认减值损失。这意味着，银行不得根据贷款减值的可能性计提减值准备，而只能根据客观证据计提减值准备。已发生损失法的优点是可以限制银行通过会计裁量权来操纵会计数字；缺点是已发生损失法规定银行在引发损失事件的时间点确认贷款损失，导致在经济衰退期间减值准备增加，这可能会加剧银行系统的顺周期性问题（Adzis 等，2016）。

与已发生损失法不同，预期信用损失法使用前瞻性方法来确定贷款减值准备，要求对自贷款发放以来的所有风险敞口计提贷款减值准备。因此，预期信用损失法能更全面地确认预期信用损失，并根据管理层判断是否增加贷款减值准备（Gebhardt，2016）。Novotny – farkas（2016）认为预期信用损失法将增加可被会计裁量权支配的贷款减值准备。Huian（2012）和 Gornjak（2017）也认为，根据预期信用损失法确定贷款减值准备需要更专业的判断，这将为管理层提供更多运用会计裁量权的机会。因此预计商业银行在实施预期信用损失法后，DLLP 值会增大。据此我们提出如下假设：

H4：预期信用损失法实施后，商业银行运用会计裁量权的程度增加。

（2）贷款减值准备会计裁量部分与资本充足率

2014 年 12 月中央经济工作会议提出，我国的经济发展进入新常态，认为我国经济发展正从高速增长阶段转向中高速增长阶段；2013 年我国开始实施《资本办法》，规定商业银行资本充足率不得低于 10.5%。考虑到商业银行面临着宏观经济下行和资本监管要求提高的双重压力，银行管理层使用会计裁量权操纵资本充足率的动机可能会更加强烈。Niswander 等（2000）利用 11000 个银行样本检验了贷款减值准备和资本充足率的关系，发现当银行资本充足率不满足最低要求时，银行管理层有强烈的动机运用会计裁量权维持资本充足率水平。Othman 等（2014）研究发现，伊斯兰银行的资本充足率和 DLLP 之间存在显著的正相关关系。陈旭东等（2014）选取中国银行为样本并区分上市银行和非上市银行进行研究，发现在资本管理方面上市银行有更强烈的资本管理动机。周晔等（2015）研究发现，资本充足率对贷款减值准备有正向影响。Cummings 等（2016）基于澳大利亚银行样本分析巴塞尔协议实施后资本充足率和贷款减值准备之间关系，发现银行管理层使用会计裁量权以保持资本充足率处于一个相对稳定的水平，降低资本市场波动对信贷的影响。据此我们认为，由于商业银行面临着宏观经济下行和资本监管要求提高的双重压力，银行管理层有强烈的意愿更多地运用会计裁量权，提高资本充足率水平，因此提出如下假设：

H5：会计裁量权运用程度和资本充足率呈正相关关系。

5.4.4 模型设计

由于贷款减值准备会计裁量部分无法直接进行计量，因此我们借鉴两阶段法的研究思路（Medeiros，2012；Shawtari，2015）建立模型，即第一阶段建立贷款减值准备非会计裁量模型，该模型的拟合值与贷款减值准备实际值之差为 *DLLP*；第二阶段以第一阶段分离出的 *DLLP* 为因变量，建立 *DLLP* 模型。

为了分离 *DLLP*，我们参照 Shawtari（2015）和张瑞稳等（2016）的方法，引入年初贷款减值准备计提率、不良贷款变动率、贷款增长率等客观财务指标及宏观经济变量进行预测，得到的贷款减值准备非会计裁量模型（5.12）如下：

$$LLP_{it} = \beta_0 + \beta_1 CGDP_t + \beta_2 CCPI_{it} + \beta_3 CCUE_{it} + \beta_4 LLA_{it} + \beta_5 CNPL_{it} + \beta_6 CLoan_{it} + \varepsilon_{it} \tag{5.12}$$

根据模型（5.12）的拟合值 $FV_{i,t}$，可以建立的 *DLLP* 模型（5.13）如下：

$$DLLP_{it} = LLP_{it} - FV_{it} \tag{5.13}$$

模型（5.12）和模型（5.13）中，it 代表了第 i 家银行在第 t 年的变量。LLP_{it}为模型中的因变量，以第 i 家银行在第 t 年计提的贷款减值准备金额与总资产之比来表示。*CGDP*、*CCPI*、*CCUE* 这三个变量为模型中引入的宏观经济变量，以此来衡量宏观经济变动对商业银行计提贷款减值准备的影响。*CGDP* 表示我国商业银行在第 t 年面临的国内生产总值变动率，*CCPI* 表示我国商业银行在第 t 年面临的消费价格指数变动率，*CCUE* 表示的是在第 t 年的失业率变动率。LLA_{it}表示的是第 i 家银行在第 t 年的贷款减值准备年初余额与当年总资产的比重，该指标反映贷款减值准备的期初存量，一般而言，前期计提得越多，则在本期可能计提得越少。但是这种影响并不绝对，受商业银行自身内部管理的影响，如实施宽松信贷政策时，前期计提越多，本期也可能补提越多。$CNPL_{it}$表示第i家银行在第t年的不良贷款变动率，不良贷款增加，商业银行应该多计提贷款减值准备。$CLOAN_{it}$表示i银行在第t年的贷款增长率。贷款增长，坏账可能会增加。

在第二阶段，我们使用模型（5.12）和模型（5.13）得到的结果构建$DLLP$模型。本阶段以Ruey－DangChang（2008）、Shawtari（2015）和张瑞稳等（2016）的模型为基础，构建的模型（5.14）如下：

$$DLLP_{it} = \beta_0 + \beta_1 EBTP_{it} + \beta_2 CAR_{it} + \beta_3 EA_{it} + \beta_4 CD_{it} + \beta_5 IFRS9_{it} + \varepsilon_{it} \tag{5.14}$$

模型（5.14）中，$DLLP_{it}$为模型（5.14）的因变量，也是被解释变量，表示第i家银行在第t年贷款减值准备会计裁量部分，该指标用来衡量商业银行会计裁量权运用的程度。$EBTP_{it}$表示第i家银行在第t年的扣除贷款减值准备前的利润占其总资产的比值。CAR_{it}表示第i家银行在第t年的资本充足率，根据假设H5，预测β_3为正。EA_{it}表示第i家银行在第t年的股东权益比率，我们用该变量衡量财务风险，该比率越大，财务风险越小。CD_{it}表示第i家银行在第t年的存款变动率，存款变动率越大，流动性风险越大，说明商业银行存在使用贷款减值准备来进行流动性风险的管理。$IFRS9$是虚拟变量，表示是否实施预期信用损失法，已实施预期信用损失法的为1，尚未实施预期信用损失法的为0，根据假设H4，预测β_6为正。

5.4.5 结果分析

上文已经对模型的构建和变量的定义进行了详细阐述，在此基础上我们采用Stata 15对样本进行回归分析，以验证所提出的假设。以下是数据处理的过程，包含描述性统计分析、回归结果分析、稳健性检验三个部分。

（1）描述性统计

我们使用Stata 15对全样本变量进行描述性统计，表5－34列示了模型（5.12）和模型（5.14）中各变量的描述性统计值。共有有效样本数318个，包含53家银行在2016—2021年6年中所有的观测值。本书所用变量的值为比率，所以均值都是小数。我们利用 Stata 软件求得模型（5. 12）的拟合值，由模型（5. 13）求得 *DLLP*。从表 5 – 34 可以看出，*DLLP* 的均值为 0. 0158、标准差为 0. 0915，表明各上市银行 *DLLP* 计提情况的差异较小；资本充足率（*CAR*）的均值为 0. 1330，超过我国银行资本充足率的监管要求（ > 10. 5%），标准差为 0. 0196；*EBTP* 的均值为 0. 1560，标准差为 1. 4540，最小值为 0. 0055，最大值为 19. 62，最大值与最小值相差较大，说明样本间 *EBTP* 差异较大。

表 5 – 34　　　　模型主要变量的描述性统计

变量	（1）	（2）	（3）	（4）	（5）
	样本量	均值	标准差	最小值	最大值
YEAR	318	2019	1. 711	2016	2021
LLP	318	0. 0362	0. 384	– 0. 0008	5. 753
LLA	318	0. 1110	1. 1920	0	15. 60
CLoan	318	0. 0018	0. 0011	– 0. 0065	0. 0072
CNPL	318	0. 0154	0. 0057	0. 00350	0. 0770
CGDP	318	0. 0632	0. 0524	– 0. 0299	0. 1270
CCPI	318	0. 0035	0. 0782	– 0. 0660	0. 1710
CCUE	318	0. 0020	0. 0093	– 0. 0156	0. 0130
DLLP	318	0. 0158	0. 0915	3. 97*e* – 05	1. 199
EBTP	318	0. 1560	1. 4540	0. 0055	19. 62
CAR	318	0. 1330	0. 0196	0	0. 180
EA	318	4. 0500	6. 5740	0. 0420	9. 733
CD	318	0. 0014	0. 0010	– 0. 0061	0. 005
IFRS9	318	0. 6040	0. 4900	0	1
name	318	27	15. 32	1	53

注：*DLLP* 表示商业银行会计裁量权运用的程度；*CAR* 表示资本充足率；*IFRS9* 是虚拟变量，表示是否实施预期信用损失法，已实施预期信用损失法的为 1，尚未实施预期信用损失法的为 0。

（2）回归结果分析

利用 2016—2021 年的面板数据技术，计算出第一阶段回归的系数参数。表 5 – 35 列示了模型（5. 12）的系数回归结果。模型（5. 12）调整后

的 R^2 为 94.2%，说明该模型中的自变量很好地解释了贷款减值准备非会计裁量部分；从回归结果可以看出，*LLA* 在 1% 水平上通过了显著性检验，回归系数为 0.313，说明商业银行贷款减值准备与其信贷发放呈正相关关系，信贷发放较多的银行，年初贷款减值准备累积金额较多，本期也会计提较多的贷款减值准备。

表 5-35　　　　模型（5.12）的系数回归结果

变量	(1)	(2)	(3)
	LLP	*LLP*	*LLP*
LLA	0.313*** (70.85)	0.313*** (70.54)	0.313*** (70.62)
Cloan		0.558 (0.12)	-0.483 (-0.10)
CNPL		0.076 (0.08)	0.046 (0.05)
CGDP			0.048* (0.29)
CCPI			-0.105** (-1.16)
CCUE			0.628 (0.78)
Constant	0.001 (0.28)	-0.001 (-0.04)	-0.002 (-0.12)
Observations	318	318	318
R^2	0.941	0.941	0.942

我们对模型（5.14）进行回归处理，回归结果显示调整 R^2 为 97.2%，说明模型（5.14）包含了对 *DLLP* 的主要影响因素。表 5-36 给出了模型（5.14）的回归系数表，列（1）为没有加入控制变量前的结果，列（2）为加入相关控制变量后的结果，列（3）为加入虚拟变量（*IFRS*9）后的结果。回归结果显示预期信用损失法的实施对商业银行 *DLLP* 产生显著影响。虚拟变量 *IFRS*9 在 1% 的显著性水平上通过检验，回归系数为 0.008，说明

实施预期信用损失法后，商业银行 *DLLP* 值变大，与假设 H4 相符。资本充足率（*CAR*）在5%的显著性水平上显著，回归系数为正，这表明 *DLLP* 和资本充足率呈正相关，商业银行管理层会更多地运用会计裁量权去提高资本充足率，存在运用会计裁量权管理资本充足率的现象，故本章假设 H5 成立。

表 5-36　　　　模型（5.14）的系数回归结果

变量	(1)	(2)	(3)	(4)
	DLLP	*DLLP*	*DLLP*	*DLLP*
EBTP	0.062***	0.062***	0.062***	
	(101.75)	(101.43)	(103.46)	
CAR	0.102**	0.103**	0.077*	0.038***
	(2.25)	(2.26)	(1.71)	(9.60)
EA		-0.000	-0.000	
		(-0.21)	(-0.61)	
CD		0.155	1.000	
		(0.18)	(1.14)	
IFRS9			0.008***	0.015***
			(4.11)	(7.12)
interact				0.060***
				(6.04)
Constant	-0.007	-0.008	-0.010	-0.002
	(-1.23)	(-1.22)	(-1.56)	(-1.28)
Observations	318	318	318	318
R^2	0.970	0.970	0.972	0.975

为了检验上述假设，我们构建 *CAR* 与 *IFRS9* 的交乘项（*interact*）加入模型进行回归，结果如表 5-36 列（4）所示。结果显示交乘项均显著为正，表明预期信用损失法的实施增加了商业银行通过会计裁量权影响资本充足率的空间，进一步验证了假设 H4 和 H5。之所以有这样的结果，原因在于预期信用损失法实施后商业银行 *DLLP* 值增大，银行会更多运用会计裁量权去调整资本充足率，进而影响监管资本。

（3）稳健性检验

我们采用调整样本期的方式进行稳健性检验。我国 2018 年开始实施预期信用损失法，根据国家有关规定，共有 33 家银行于 2018 年 1 月 1 日开始实施预期信用损失法，20 家银行于 2019 年 1 月 1 日开始实施预期信用损失法，因此为了排除其他因素影响，我们选取预期信用损失法刚开始实施的几个年份，将样本期间调整为 2017—2019 年，并重新进行回归。回归结果显示（见表 5－37），*CAR*、*IFRS*9 的显著性以及回归系数正负号均和上文基本一致。

表 5－37　　2017—2019 年的系数回归结果

变量	*DLLP*
EBTP	0.070*** (102.06)
CAR	0.105* (1.68)
EA	−0.000* (−1.82)
CD	3.110*** (2.83)
*IFRS*9	0.005*** (2.72)
Constant	−0.015* (−1.80)
Observations	159
R^2	0.986

5.4.6 结论与建议

本书分析我国商业银行会计方法虚增监管资本行为及其可能诱发的风险隐患。本部分实证检验在预期信用损失法实施之后，我国商业银行是否运用该方法所提供的增量会计裁量权提高虚增监管资本的程度。通过实证研究我们发现，在预期信用损失法实施之后，我国商业银行普遍运用这一新制度中的增量会计裁量权提高了虚增监管资本的程度，并且虚增监管资本程度与其资本充足率变动呈正相关关系，说明它们提高虚增监管资本程度的目的是提高资本充足率。本书基于2013—2017年数据研究发现，我国商业银行通过推迟确认贷款减值准备来虚增监管资本，并且进一步基于2018—2022年数据研究发现，它们提高了运用推迟确认贷款减值准备虚增监管资本的程度。这两项实证研究均聚焦商业银行针对其贷款减值准备会计核算行为，但基于不同的制度变更背景和不同的时间窗口，因此所获得证据形成了反映商业银行针对贷款减值准备会计核算行为特征的证据链，增强了该证据的可靠性和可信度。

本部分综述了1995—2022年近30年的主要相关文献，这些文献均发现了商业银行通过推迟确认贷款减值准备虚增监管资本的证据；本书在第5章基于我国商业银行贷款减值准备核算数据设计了两项实证研究：一项是检验在2013年实施《资本办法》后，商业银行是否通过推迟确认贷款减值准备虚增监管资本；另一项是检验在2018年实施预期信用损失法后，商业银行是否利用增加的会计裁量权提高虚增监管资本的程度。上述两项实证研究均通过检验并形成了证据链。中外文献和本部分的实证研究结果均说明，商业银行普遍利用贷款减值准备会计核算虚增监管资本。基于我国系统性金融机构风险防控需要，本部分从补充银行业风险防控短板和漏洞角度提出如下政策建议：一是监管机构应对商业银行贷款减值准备核算的合规性进行定期检查，对于资本较弱银行和资本充足率波动较大银行更要增加相关检查的频率和力度；二是监管机构应制定统一的商业银行贷款减值准备会计核算内控制度，要求所有银行建立相关内控机制，以确保银行贷款减值准备会计核算的基础工作合法合规。

5.5 实证分析3：商业银行是否利用监管资本调整虚增监管资本

5.5.1 研究思路

本书研究在资本监管要求提高和宏观经济下行的双重压力下，我国商业银行会计方法虚增监管资本及其诱发风险隐患的问题。本章主要对我国商业银行会计方法虚增监管资本情况进行大样本分析和案例分析，寻找银行运用会计方法虚增监管资本的经验证据，厘清它们会计方法虚增监管资本的具体方式。本章 5.1、5.2、5.3 和 5.4 部分分别对我国商业银行会计方法虚增监管资本情况进行了行业分析、案例分析和实证分析，上述分析都发现了银行会计方法虚增监管资本的经验证据，也厘清了它们会计方法虚增监管资本的主要方式，即推迟确认金融资产（主要是贷款）减值准备和调整公允价值计量金融投资的规模。上述不同研究方法所获得的经验证据形成了比较系统的证据链，为本书进一步研究会计方法虚增监管资本诱发的风险隐患问题奠定了良好基础。

为进一步挖掘我国银行业会计方法虚增监管资本问题的证据，本部分从监管资本调整的视角再次进行实证检验。监管资本调整是指商业银行根据《资本办法》调整财务报表的账面权益金额以计算资本充足水平的过程。监管资本调整的起点是财务报表账面权益的合计金额，扣除或加回的项目也大多属于财务报表项目，但它不符合本书第 4 章定义的会计方法虚增监管资本概念。利用监管资本调整虚增监管资本不是通过改变某一财务报表项目金额来影响监管资本的，而是通过筛选相关扣除项目或加回项目来影响监管资本的。利用监管资本调整虚增监管资本与前文讨论的会计方法虚增监管资本在形式上不同，其属于非会计方法虚增监管资本的范畴，但两者性质上相同，都是以虚增监管资本为目的。我们认为，基于监管资本调整视角的实证检验能够进一步佐证 5.3 和 5.4 所获得证据的可靠性。

2013 年我国开始实施《资本办法》，提高了监管资本数量和质量要求。现有文献大多关注提高资本数量的迫切性，但忽略了提高资本质量的意义，事实上资本质量与数量同等重要，它是确保风险发生时具备充足损失吸收能力至关重要的一环。商业银行的资本质量与其财务报告的资本结构有直接关系，但监管资本并非完全依据财务报告数据确定，而是按照《资本办法》对其进行必要调整后确定的，那么商业银行资本结构的差异是否会影响其监管资本调整行为？本部分实证研究发现，不同资本结构的商业银行会作出不同的监管资本调整：杠杆高的银行向上监管资本调整的概率相对较高，它们通过监管资本调整来提高一级资本充足率，具体做法是避免扣除操作并利用会计方法虚增一级资本；杠杆低的银行向下监管资本调整的概率相对较高。我们建议监管机构关注资本充足率较低银行的监管资本调整过程，及时纠正违规调整行为，确保监管资本质量；另外，要完善银行监管资本调整的信息披露制度，引导市场关注这些信息的信号价值，让市场约束发挥其应有的作用。

5.5.2 监管资本调整类型和监管资本调整制度

（1）监管资本调整类型

本部分的研究对象是商业银行针对一级资本的监管资本调整，即银行根据《资本办法》以账面资本中的普通股股东权益（股本、资本公积、盈余公积、一般准备、未分配利润和外币报表折算差额）为起点进行调整以计算一级资本的过程，该调整可细分为三种类型：①向上监管资本调整，是指银行根据监管制度以普通股股东权益为起点增加监管资本的行为；②向下监管资本调整，是指银行根据监管制度以普通股股东权益为起点减少监管资本的行为；③对称监管资本调整，是指银行根据监管制度以普通股股东权益为起点，根据情况的不同向上或向下对监管资本进行调整的行为。

（2）监管资本调整制度

2004 年原中国银监会发布《管理办法》，后其在 2006 年被修正，在 2012 年底被废止。依据《管理办法》，银行主要一级资本监管资本调整过程如表 5－38 所示。

表 5－38　《管理办法》针对一级资本的监管资本调整

类型	监管资本调整项目	监管资本调整计入说明
向上监管资本调整	少数股东权益	在合并报表中，核心资本的非全资子公司的少数股权，是指子公司净资产和净利润中不以任何直接或间接方式归属于母银行的部分

续表

类型	监管资本调整项目	监管资本调整计入说明
向下监管资本调整	商誉	扣除 100%
	未并表金融机构资本投资	扣除其 50%
	对非自用不动产、非银行金融机构和企业的资本投资	扣除其 50%
对称监管资本调整	留存收益、累计其他综合收益和公开储备	财务并表口径与监管口径下盈余公积、一般风险准备、未分配利润、资本公积、外币报表折算差额的金额差异，差异若为正则计入向上监管资本调整，若为负则计入向下监管资本调整

资料来源：依据《管理办法》整理。

依据《资本办法》，商业银行主要一级资本监管资本调整如表 5－39 所示。

表 5－39　　《资本办法》针对一级资本的监管资本调整

类型	监管资本调整项目	监管资本调整计入说明
向上监管资本调整	少数股东权益可计入核心一级资本部分	附属公司核心一级资本中少数股东资本用于满足核心一级资本最低要求和储备资本要求的部分，可计入并表核心一级资本。最低要求和储备资本要求为以下两项中较低者：①附属公司核心一级资本最低要求加储备资本要求；②母公司并表核心一级资本最低要求和储备资本要求归属于附属公司的部分
	少数股东权益可计入其他一级资本部分	附属公司一级资本中少数股东资本用于满足一级资本最低要求和储备资本要求的部分，扣除已计入并表核心一级资本的部分后，剩余部分可以计入并表其他一级资本
	其他一级资本工具及其溢价	

续表

类型	监管资本调整项目	监管资本调整计入说明
向下监管资本调整	审慎估值调整	
	商誉	
	其他无形资产（土地使用权除外）	扣除递延税负债
	依赖未来盈利的由经营亏损引起的净递延税资产	
	贷款损失准备缺口	
	资产证券化销售利得	
	确定受益类的养老金资产净额	
	直接或间接持有本银行的股票	
	自身信用风险变化导致其负债公允价值变化带来的未实现损益	
	确定受益类的养老金资产净额	扣除递延税项负债
	直接或间接持有本银行的普通股与其他一级资本	
	银行与银行间，或与其他金融机构间通过协议相互持有的一级资本	
	对未并表金融机构小额少数资本投资中的一级资本中应扣除金额	
	对未并表金融机构大额少数资本投资中的一级资本中应扣除金额	
	抵押贷款服务权	
	其他依赖于银行未来盈利的净递延税资产中应扣除金额	
	对未并表金融机构大额少数资本投资中的核心一级资本和其他依赖于银行未来盈利的净递延税资产的未扣除部分超过核心一级资本 15% 的应扣除金额	其中包含：抵押贷款服务权、对金融机构大额少数资本投资、其他依赖于银行未来盈利的净递延税资产这三者中应扣除金额
	对有控制权但不并表的金融机构的一级资本投资	

续表

类型	监管资本调整项目	监管资本调整计入说明
向下监管资本调整	对有控制权但不并表的金融机构的一级资本缺口	
	其他应在一级资本中扣除的项目合计	
	应从二级资本中扣除的未扣缺口	
对称监管资本调整	留存收益、累计其他综合收益和公开储备	财务并表口径与监管口径下盈余公积、一般风险准备、未分配利润、资本公积、外币报表折算差额的金额差异。差异若为正则计入向上监管资本调整，若为负则计入向下监管资本调整
	对资产负债表中未按公允价值计量的项目进行套期形成的现金流储备	若为正值，应予以扣除；若为负值，应予以加回

资料来源：依据《资本办法》整理。

5.5.3 文献综述和研究假设

（1）文献综述

①针对贷款减值准备的调整。

Beatty 等（1995）较早发现银行为降低资本压力减少计提贷款减值准备或者在没有资本压力时较多计提的证据，该调整的隐蔽操作方式包括：调节核销额度或推迟确认不良贷款（Collins 等，1995；Bushman 等，2012）。巴塞尔协议出台之前，银行可将贷款减值准备作为一级资本，在该阶段商业银行会加大贷款减值准备金的计提力度来虚增监管资本（Collins 等，1995）；1990 年之后，贷款减值准备可计入监管资本的部分受限，最高为风险加权资产的 1.25%，对资本充足率的影响下降，因此银行利用贷款减值准备进行资本管理从而提升资本充足率的动机减弱了（Collins，1995）。但 Kim 和 Kross（1998）研究发现，资本充足率较低的银行依旧会利用贷款减值会计虚增二级资本。国内学者（王莹，2011；宋洪吉，2013）也通过实证研究发现，我国商业银行利用贷款减值准备进行资本管理的动机显著。

银行利用贷款减值准备进行资本管理的行为还与经济周期相关。Laeven 和 Majnon（2003）发现，银行会将贷款减值推迟到经济周期下行时才计提，进而放大经济周期对银行效益和资本的影响。Shrieves 等（2003）发现，日本商业银行在20世纪经济衰退期间在承担纳税压力情况下仍运用贷款减值准备进行资本管理。Vyas（2011）发现，在经济下行期间银行面临较大的监管约束时倾向于推迟计提贷款减值。Huizinga 等（2012）分析了美国商业银行 2001—2008 年数据，发现银行在 2007—2008 年金融危机期间为了减缓资产贬值速度倾向于少计提贷款减值准备。袁鲲等（2014）发现，我国商业银行有强烈资本管理动机，认为利用贷款损失准备进行资本操纵具有顺周期性。

②针对其他项目的调整。

依据资本充足率的计算公式，银行可以从分子和分母两个方面入手调整其资本充足水平。从分子入手即通过增加一级资本或附属资本的方式提高资本充足率，从分母入手则是通过降低资产风险来提高资本充足率。杨新兰（2015）发现，在其资本水平不足时银行会通过增加监管资本及减少各类风险资产的方式来提高资本充足率，资本达标银行利用这种调整分子、分母策略进行向上资本管理的行为则并不明显，它们反而会增加高风险、高收益的业务并通过降低资本占用的方式来维持一定的资本充足水平。范小云等（2016）以我国 88 家不同所有权性质的银行为对象进行研究发现，银行资本充足率调整策略受资本补充能力影响，资本补充能力较弱的银行会优先选择分母策略，资本补充能力较强的银行更倾向于选择分子策略。有部分学者研究发现，当银行面临较大监管压力时其调整手段是以降低分母为主（Rime，2001；Mullings，2003）；还有部分学者发现，银行面临较大监管压力时也采取了许多调高分子的策略（李维安等，2012；Deli 等，2017；刘晓锋等，2016）。

③文献评述。

上述研究监管资本调整文献大多聚焦于二级资本中的贷款减值准备以及整体资本水平和风险资产。多数研究发现，银行较多地利用贷款减值准备虚增二级资本。虽有研究涉及监管资本调整，但它们没有对一级资本监管资本调整进行系统研究，也没有关注资本结构与一级资本监管资本调整之间的关系。一级资本是监管资本中质量最优的部分，研究银行资本结构对一级资本监管资本调整的影响，可以考察杠杆率较高银行是否会通过监管资本调整虚增监管资本，进而确定金融危机暴露的欧美银行业问题在我国银行业是否存在，帮助监管机构查找我国银行业监管漏洞，为金融系统性风险防控贡献一份力量。

（2）研究假设

资本结构理论认为企业的资本结构会倾向于高杠杆。商业银行多数资金通过债务融资渠道获得，只有少部分权益资金，因此其资本结构的高杠杆倾向更显著。银行对高杠杆的偏好是银行对政府通过隐性担保来补贴高杠杆的政策所作出的反应（Admati，2018）。政府担保会促使银行扩大负债比率，进一步推高杠杆倍数。在我国，政府担保这一隐性优待会让商业银行的经济行为中蕴含着道德风险并会削弱对商业银行股东的约束，使银行更偏向于持有较少的自有资本（梁媛，2002）。换言之，银行的最优资本结构在很大程度上会受到政府隐性担保行为的影响（张雪丽，2004）。信息不对称带来的逆向选择会增加银行股权筹集资本的成本，促使银行进一步降低权益资本比例。Calomiris 等（2004）证明了银行资本紧缩可能是银行为应对信息不对称问题而选择的均衡结果；Bolton 等（2006）验证了关于银行净值的不对称信息会增加外部股权资本成本的结论。代理冲突问题也会增加权益融资成本。造成经理人与股东之间代理冲突问题的根本原因是经理人与股东之间的信息不对称，这种代理问题会增加发行外部股权的成本。此外，银行业务具有流动强、风险高以及不透明等特点，很难通过契约或其他监督手段来确保资金安全，当这些特征与金融市场上出现的泡沫结合在一起时，很容易作出过度冒险的决策，增加筹集股本的成本（Kashyap，2008；Becht 等，2011）。

综上所述，政府隐性担保、债务补贴以及由信息不对称所带来的逆向选择和代理冲突等因素推高了银行股权资本成本。但在监管资本核算时普通股资本与债务性一级资本等额计入监管资本之中，且债务性一级资本的利息抵税功能使其成本进一步降低，成为普通股资本的低成本替代品，因而发行合格的债务性资本是银行向上监管资本调整的重要工具。由于会计制度与监管制度之间存在差异，银行可以利用会计自由裁量权避免某些监管资本项目的扣除，降低向下的监管资本调整，如推迟确认资产减值损失，使银行在没有实际成本的情况下提升资本充足水平。《资本办法》明确规定了银行的最低资本充足率，资本不足的银行将面临监管干预或遭受惩罚甚至被接管，因而为符合监管要求，在杠杆化水平较高时银行有动机利用监管资本调整来降低去杠杆的成本。根据上述理论和文献分析，我们提出以下假设：

H6：银行普通股股东权益占比低时会更积极地利用监管资本调整调增一级资本。

H7：银行普通股股东权益占比低时会更积极地对一级资本向上监管资本调整。

H8：银行普通股股东权益占比低时会避免对一级资本向下监管资本调整。

5.5.4 实证研究设计

（1）样本选取和数据来源

我们选取16家A股上市商业银行为样本，收集整理2009—2018年年报和半年报相关数据。数据收集和选取逻辑如下：①我国上市商业银行在会计口径和监管口径的报表数据计量上有统一标准且公开披露，相关数据具有权威性和可比性；②选取的样本银行为非单一股权性质银行且总资产占银行业总资产的50%以上，这会使研究结果具有代表性；③采集数据的期间是2009—2018年，16家商业银行上市时间大多早于2009年，能确保每个银行的样本组完整；④为了使实证结果更具统计意义，我们收集年报与半年报数据进行实证研究。本部分所用数据均来自Wind数据库、上海证券交易所或深圳证券交易所等权威数据库及网站，其中监管资本调整数据和部分缺失数据从年报和半年报中手工整理获得。

（2）变量选取和模型构建

①被解释变量的选取。被解释变量为一级资本调整水平，分为三个层

次：第一，一级资本调整相对于普通股股东权益的总体监管资本调整；第二，一级资本调整相对于普通股股东权益向上监管资本调整部分；第三，一级资本调整相对于普通股股东权益向下监管资本调整部分。

②解释变量的选取。用普通股股东权益占总资产比例作为资本结构的指标，用其倒数作为解释变量进行回归。

③控制变量的选取。选取如下控制变量：风险（$Risk_{i,t}$），为第 i 家银行第 t 期加权风险资产净额占总资产的比例；规模（$Size_{i,t}$），为第 i 家银行第 t 期总资产的自然对数；贷款损失准备（$Tier2lla_{i,t}$），为第 i 家银行第 t 期贷款损失准备金与其平均总资产的比值；融资缺口（$Fundinggap_{i,t}$），为第 i 家银行第 t 期贷款与存款之间的差额占平均总资产的比值；资产回报率（$ROA_{i,t}$），为第 i 家银行第 t 期净利润与其总资产的比值；流动资产（$LiquidAsset_{i,t}$），为第 i 家银行第 t 期现金及存放中央银行款项与存放同业和其他金融机构款项总和与平均总资产的比值；信贷周期（$Credit_t$），为第 t 期样本银行贷款总额与第 $t-1$ 期样本银行贷款总额的差额与样本银行总资产的比值。具体变量定义如表 5－40 所示。

表 5－40　　　　变量定义

变量类型	变量名称	变量符号	变量说明
被解释变量	总体监管资本调整	*YJUST*	监管资本调整总额/平均总资产
	向上监管资本调整	*YADD*	向上监管资本调整总额/平均总资产
	向下监管资本调整	*YDeduct*	向下监管资本调整总额/平均总资产
解释变量	资本结构	1/*S*	平均总资产/普通控股股东权益
控制变量	风险	*Risk*	加权风险资产净额/总资产
	规模	*Size*	Log（总资产）
	贷款损失准备	*Tier2lla*	贷款损失准备/平均总资产
	融资缺口	*Fundinggap*	（贷款总额－存款总额）/平均总资产
	资产回报率	*ROA*	净利润/总资产
	流动资产	*LiquidAsset*	（现金及存放中央银行款项＋存放同业和其他金融机构款项）/平均总资产
	信贷周期	*Credit*	（样本银行贷款总额－样本银行上期贷款总额）/样本银行总资产

④模型构建。依据 Martien（2014）构建以下模型，对我国商业银行资本结构与监管资本调整的关系进行实证检验：

$$YJUST_{i,t}=\beta_0+\beta_1\frac{1}{S_{i,t}}+\beta_2Risk_{i,t}+\beta_3Size_{i,t}+\beta_4Tier2LLA_{i,t}+\beta_5Fundinggap_{i,t}+\beta_6ROA_{i,t}+\beta_7LiquidAsset_{i,t}+\beta_8Credit_t+\sum Year+\varepsilon_{i,t} \quad (5.15)$$

$$YADD_{i,t}=\beta_0+\beta_1\frac{1}{S_{i,t}}+\beta_2Risk_{i,t}+\beta_3Size_{i,t}+\beta_4Tier2LLA_{i,t}+\beta_5Fundinggap_{i,t}+\beta_6ROA_{i,t}+\beta_7LiquidAsset_{i,t}+\beta_8Credit_t+\sum Year+\varepsilon_{i,t} \quad (5.16)$$

$$YDeduct_{i,t}=\beta_0+\beta_1\frac{1}{S_{i,t}}+\beta_2Risk_{i,t}+\beta_3Size_{i,t}+\beta_4Tier2LLA_{i,t}+\beta_5Fundinggap_{i,t}+\beta_6ROA_{i,t}+\beta_7LiquidAsset_{i,t}+\beta_8Credit_t+\sum Year+\varepsilon_{i,t} \quad (5.17)$$

5.5.5 实证检验与结果分析

（1）描述性统计

①主要实证回归变量描述性统计（见表5-41）。

表5-41 主要实证回归变量的描述性统计

变量	样本	均值	最小值	中位数	最大值	标准差
YJUST（*bp*）	298	5.619	-102.100	0.813	145.700	42.300
YADD（*bp*）	290	25.400	0.000	8.493	148.054	30.300
YDeduc（*bp*）	290	-20.200	-107.867	-7.691	-4.350*e*-03	23.864
1/*S*	298	15.250	11.088	16.060	27.918	2.413
S	298	0.063	0.036	0.062	0.090	0.008
Risk	298	0.624	0.473	0.618	0.781	0.061
Size	298	28.878	25.662	28.891	30.945	1.196
Tier2lla	298	0.013	0.006	0.013	0.029	0.003
Fundinggap	298	-0.191	-0.194	-0.417	0.052	0.085
ROA（%）	298	0.852	0.337	0.810	1.475	0.286
LiquidAsst	298	0.166	0.073	0.165	0.308	0.044
Credit	298	0.062	0.031	0.068	0.111	0.021

注：表中 *YJUST*、*YADD* 和 *YDeduct* 以基点（*bp*）为计量单位，1个基点等于0.01%。后面表格也有相同情况，不再一一赘述。

表 5－41 为主要实证回归变量的描述性统计结果。总体监管资本调整分布在－102. 100—145. 700 个基点，均值为 5. 619 个基点。向上监管资本调整最大达到 148. 054 个基点（宁波银行 2018 年末），均值为 25. 400 个基点。向下监管资本调整最多达到－107. 867 个基点（南京银行 2012 年上半年），均值为－20. 200 个基点。普通股股东权益占平均总资产的比例为 3. 6%—9. 0%，均值为 6. 3%。加权风险资产净额占总资产的比例为 47. 3%—78. 1%，均值为 62. 4%。贷款减值准备占平均总资产比例为 0. 6%—2. 9%，均值为 1. 3%。融资缺口占比为－19. 4%—5. 2%，均值为－19. 1%。资产回报率为 0. 337%—1. 475%，均值为 0. 852%。流动资产占比为 7. 3%—30. 8%，均值为 16. 6%。信贷周期（*CREDIT*）为 3. 1%—11. 1%，均值为 6. 2%。

②部分变量随着时间推移的描述性统计（见表 5－42）。

表 5－42　　部分变量随着时间推移的描述性统计

年份	*Equity/A*（%）	*Tier1/A*（%）	*YJust*（*bp*）	*YADD*（*bp*）	*YDeduct*（*bp*）	*Roa*（%）	*Risk*（%）	*Total Asset*
2009	4. 396	5. 050	－35. 112	5. 154	－42. 266	1. 036	57. 286	3. 140e＋12
2010	5. 692	5. 412	－28. 962	4. 842	－35. 366	1. 084	57. 686	3. 990e＋12
2011	5. 969	5. 612	－37. 381	5. 042	－42. 423	1. 208	59. 147	4. 660e＋12
2012	5. 989	5. 661	－33. 370	4. 945	－38. 315	1. 224	57. 469	4. 370e＋12
2013	5. 116	6. 065	－4. 216	5. 096	－11. 190	1. 200	65. 598	5. 950e＋12
2014	5. 364	5. 417	5. 528	13. 198	－10. 055	1. 170	65. 765	6. 610e＋12
2015	5. 434	6. 698	27. 320	35. 363	－9. 042	1. 066	64. 655	7. 430e＋12
2016	5. 128	6. 599	48. 422	58. 330	－9. 909	0. 961	63. 174	8. 40e＋12
2017	5. 478	6. 961	48. 907	60. 420	－11. 513	0. 917	65. 691	8. 910e＋12
2018	6. 887	7. 387	50. 777	62. 739	－11. 962	0. 923	67. 523	9. 470e＋12

注：*Equity/A* 为以总资产为标准的普通股股东权益；*Tier1/A* 为以总资产为标准的一级资本。*YJust* 为总体监管资本调整；*YADD* 为向上监管资本调整；*YDeduct* 为向下监管资本调整；*Risk* 为加权风险资产。以上 4 项以平均总资产为标准做描述性统计。以上均为样本银行的均值。

从表 5－42 可以看出在 2009—2018 年，随着时间的推移普通股股东权益占比总体趋势是上升的，从 4. 4% 上升到了 6. 89%。一级资本的数量也在稳步提升，其占总资产的比率从5.05%上升到了7.39%。这与近年来我国银行业加强资本监管是分不开的。同时可以发现，2013年以前监管资本调整主要以扣除为主，2013年《资本办法》实施后银行其他一级资本工具在监管资本中占比逐步增加。《资本办法》带来的监管压力也让银行的扣除幅度较前几年大大减少。商业银行的经营业绩表现出了先上升后下降的趋势，总体上还是较为平稳。2013年资本监管政策的调整促使该年加权风险资产净额占比明显上升，随后几年虽有回落但在2018年又有回升。商业银行规模这几年随着时间推移持续扩张，平均银行资产上升到了10年前的3倍。

③部分监管资本调整变量随着时间推移的描述性统计（见表5-43）。

表5-43　部分监管资本调整变量随着时间推移的描述性统计

年份	*Preferred* (*bp*)	*Mini in Core* (*bp*)	*Mini in Other* (*bp*)	*Good Will* (*bp*)	*Intangible* (*bp*)	*UEI* (*bp*)	*UFI* (*bp*)	*Reserve* (*bp*)
2009	0	5.154	0	-4.192	—	-17.177	—	-27.569
2010	0	4.539	0	-4.062	—	-9.392	—	-22.202
2011	0	5.042	0	-8.380	—	-7.778	—	-30.602
2012	0	4.945	0	-5.327	—	-7.972	—	-27.602
2013	0	4.292	0.798	-5.029	-3.342	—	-2.535	-2.206
2014	9.772	4.579	0.416	-4.32	-2.932	—	-2.616	-2.592
2015	31.939	3.645	0.492	-3.788	-2.551	—	-2.54	-2.663
2016	53.78	3.413	0.873	-4.217	-2.68	—	-2.506	-3.171
2017	54.882	3.432	0.615	-3.881	-2.825	—	-2.437	-3.044
2018	57.22	3.587	0.855	-3.683	-2.986	—	-3.086	-3.257

注：*Preferred*为增发的优先股，为正值；*Mini in Core*为核心一级资本内的少数股权部分，其中2013年以前为计入核心资本部分，为正值；*Mini in Other*为其他一级资本内的少数股权部分，为正值；*Good Will*为扣除的商誉部分，为负值；*Intangible*为扣除的无形资产（土地使用权除外，扣除递延所得税负债）为负值；*UEI*为核心资本扣除的未合并权益投资部分，为负值；*UFI*为一级资本扣除的对有控制权但不并表的金融机构的一级资本投资部分，为负值；*Reserve*为监管并表与财务并表差异所产生的储备数额差异（包含留存收益、累计其他综合收益和公开储备），正值则为差异导致监管并表数据增加部分，负值则为差异导致监管并表下降部分。以上所有均以平均总资产为标准进行描述性统计。以上均为样本银行的均值。

《资本办法》将优先股、永续债等符合条件的一级资本工具计入其他一级资本。由表 5 –43 可见，自 2014 年起商业银行开始发行优先股作为普通股的替代资本工具来补充资本。在 2014—2018 年优先股发行的数额占比提升幅度较大，从占平均总资产的 9.77 个基点上升到了 57.22 个基点。自 2014 年以来优先股成为商业银行资本补充的一个重要工具。对比表 5 –43 中数据可以看出，商业银行对一级资本的向上调整有 80%—90% 的可能依赖于优先股的发行。由于 2013 年监管资本压力加大，少数股东权益计入一级资本部分占比在当年有所上升。由于《资本办法》对可计入核心一级资本以及核心一级资本的少数股东权益做了限制，随着时间的推移少数股东权益计入一级资本部分占比有所下降，但降幅较小。商誉、未合并权益投资、储备差异等扣除均因 2013 年资本压力的加大而出现明显下降。无形资产的具体扣除数额在 2013 年以前的财务报告中并无具体披露，故本书也未能统计。但可以看出，2013 年以前储备差异在扣除中占较大比例。《资本办法》实施后，商誉、无形资产、对有控制权但不并表的金融机构的一级资本投资以及储备差异成为主要的扣除，且商誉占了较高比例。

（2）实证结果分析

①资本结构与总体监管资本调整关系分析（见表 5 –44）。

表 5 –44　　总体监管资本调整情况

变量	(1)	(2)
	YJUST	*YJUST*
1/S	0.0004 ***	0.0005 ***
	(5.16)	(5.47)
Risk		0.0160 ***
		(4.11)
Size		–0.0003 **
		(–2.16)
Tier2lla		–0.0684
		(–1.28)
Fundinggap		0.0002
		(0.06)

续表

变量	(1)	(2)
	YJUST	*YJUST*
ROA		0. 0022 (1. 48)
LiquidAsset		0. 0218 *** (3. 92)
Credit		-0. 3740 *** (-10. 08)
Constant	-0. 0117 *** (-7. 89)	0. 0071 (1. 29)
Observations	298	298
Year	*Yes*	*Yes*
Adjust R^2	0. 6247	0. 6821

表5 -44 列示了总体监管资本调整和资本结构之间关系的实证结果。列（1）为单变量回归结果，列（2）为多变量回归结果，即模型（5. 15）的实证结果，其 1/*S* 的系数均在 1% 的统计水平上显著为正，验证了假设 H6。其中，多变量回归中 1/*S* 的系数意义为：在普通股股东权益占比为 5% 的情况下，应将 5 个基点（1 个基点等于 0. 01%，即 0. 0005 × 10000）除以 5%，以计算一级资本相对于平均总资产增加的基点数量：100 个基点（5/0. 05 = 100）。在普通股股东权益比率为 10% 的情况下，增加了 50 个基点。

在控制变量方面，风险系数显著为正，证实了本书的预期，即风险较高的商业银行会依赖监管资本调整来增加资本。规模系数表明，规模较大的商业银行会进行更多的监管资本调整，进行更多的一级资本的扣除。流动资产系数显著为正，说明持有现金较多、流动性较高的商业银行会更积极地进行监管资本调整。信贷周期的系数显著为负，说明在信贷扩张时期商业银行对资本进行了更多的扣除。

②资本结构与向上监管资本调整关系分析（见表5 -45）。

表 5 -45　　向上监管调整的实证结果

变量	(1)	(2)
	YADD	*YADD*
1/S	0.0001 **	0.0002 ***
	(2.33)	(2.62)
Risk		0.0109 ***
		(4.48)
Size		-0.0001
		(-0.17)
Tier2lla		-0.0655
		(-1.58)
Fundinggap		-0.0027
		(-1.37)
ROA		0.0007
		(0.61)
LiquidAsset		0.0086 **
		(1.99)
Credit		-0.2110 ***
		(-7.38)
Constant	-0.0016	0.0044
	(-1.50)	(1.03)
Observations	290	290
Year	Yes	Yes
Adjust R^2	0.6009	0.6316

表 5 -45 列示了向上监管资本调整和资本结构之间关系的实证回归结果。向上监管资本调整是根据表 5 -38 与表 5 -39 所列示的项目进行计量。同时，向上监管资本调整包括对称调整增加一级资本数额的部分。表 5 -45 中列（1）为单变量回归结果，列（2）为多变量回归结果，即模型（5.16）的实证结果，其 1/*S* 的系数均显著为正，验证了本书的假设 H7，即在普通股股东权益比率较低时商业银行会更积极地利用向上监管资

本调整来调增一级资本。在控制变量方面，风险系数显著为正，说明风险较高的商业银行会更依赖向上监管资本调整来增加一级资本。流动资产系数显著为正，说明持有现金较多的银行会进行更多的向上监管资本调整。信贷周期系数显著为负，说明在信贷扩张时期，商业银行较少依赖向上监管资本调整，而在信贷缩减时期会更依赖资本的调增。

③资本结构与向下监管资本调整关系分析（见表5－46）。

表5－46　向下监管调整的实证结果

变量	(1)	(2)
	YDeduct	*YDeduct*
1/S	0.0003*** (5.60)	0.0004*** (5.40)
Risk		0.0048* (1.89)
Size		－0.0003** (－2.47)
Tier2lla		－0.0094 (－0.22)
Fundinggap		0.0028 (1.37)
ROA		0.0015 (1.21)
LiquidAsset		0.0142*** (3.14)
Credit		－0.1664*** (－5.55)
Constant	－0.0099*** (－8.67)	0.0031 (0.68)
Observations	290	290
Year	Yes	Yes
Adjust R^2	0.3096	0.3514

表 5－46 列示了向下监管资本调整和资本结构之间关系的实证回归结果。向下监管资本调整是根据表 5－38 与表 5－39 所列示的项目进行计量。同时，向下监管资本调整包括对称调整扣除一级资本数额的部分。表 5－46 中列（1）为单变量回归结果，列（2）为多变量回归结果，即模型（5.17）的实证结果，其 $1/S$ 的系数均在 1% 的统计水平上显著为正，验证了假设 H8，即在普通股股东权益比率较低时，商业银行会避免向下的监管资本调整以此来减少一级资本的扣除。在控制变量方面，风险系数显著为正，证实了本书的预期，即风险较高的商业银行会依赖监管资本调整来减少资本的扣除。规模系数依旧为负，说明规模较大的银行会进行更多的扣除。流动资产的系数为正，说明持有现金等流动性资产更多的商业银行会倾向于避免扣除。信贷周期的系数显著为负，说明在信贷扩张时期商业银行对银行资本进行了更多的扣除。

（3）稳健性检验

我们选择以下方法进行稳健性检验：①替换变量，将总资产/普通股股东权益作为 $1/S$ 的替代变量代入方程重新回归；②更换样本，普通股股东权益占比较低的商业银行受到的监管压力较大，利用监管资本调整进行监管资本水平提升的动机更强，因此本书选取普通股股东权益占比较低的 8 家商业银行样本再次检验商业银行是否会利用监管资本调整进行资本管理；③固定效应检验，为保证实证回归结果的稳健性，使用固定效应对原模型进行检验；④采用倾向匹配得分（PSM）对本书假设进行检验，解决部分内生性问题。在上述稳健性检验方法中本书假设 H6 至假设 H8 均得到验证。

（4）进一步分析

前文的分析和检验发现，银行在普通股股东权益占比较低时会利用监管资本调整来积极地调增一级监管资本，主要表现为积极增加向上监管资本调整并避免扣除。那么银行主要通过什么方式来进行监管资本调整？依据表 5－43 描述性统计分析可得，商业银行在向上监管资本调整的比例中，优先股占据了大部分；在向下监管资本调整的比例中，商誉占近 1/3。据此提出以下假设：

H9a：商业银行在普通股股东权益占比较低时，主要通过增发优先股的方式进行向上监管资本调整。

H9b：商业银行在普通股股东权益占比较低时，主要通过降低商誉的金额来避免向下监管资本调整。

我们依据 Martien（2014）构建以下模型，对假设 H9a 和假设 H9b 进行实证检验。

$$Preferred_{i,t} = \beta_0 + \beta_1 \frac{1}{S_{i,t}} + \beta_2 Risk_{i,t} + \beta_3 Size_{i,t} + \beta_4 Tier2lla_{i,t} + \beta_5 Fundinggap_{i,t} + \beta_6 ROA_{i,t} + \beta_7 LiquidAsset_{i,t} + \beta_8 Credit_t + \sum Year + \varepsilon_{i,t} \quad (5.18)$$

$$Goodwill_{i,t} = \beta_0 + \beta_1 \frac{1}{S_{i,t}} + \beta_2 Risk_{i,t} + \beta_3 Size_{i,t} + \beta_4 Tier2lla_{i,t} + \beta_5 Fundinggap_{i,t} + \beta_6 ROA_{i,t} + \beta_7 LiquidAsset_{i,t} + \beta_8 Credit_t + \sum Year + \varepsilon_{i,t} \quad (5.19)$$

$$YADD_{i,t} = \beta_0 + \beta_1 \frac{1}{S_{i,t}} + \beta_2 Preferred_{i,t} + \beta_3 Risk_{i,t} + \beta_4 Size_{i,t} + \beta_5 Tier2lla_{i,t} + \beta_6 Fundinggap_{i,t} + \beta_7 ROA_{i,t} + \beta_8 LiquidAsset_{i,t} + \beta_9 Credit_t + \sum Year + \varepsilon_{i,t} \quad (5.20)$$

$$YDeduct_{i,t} = \beta_0 + \beta_1 \frac{1}{S_{i,t}} + \beta_2 Goodwill_{i,t} + \beta_3 Risk_{i,t} + \beta_4 Size_{i,t} + \beta_5 Tier2lla_{i,t} + \beta_6 Fundinggap_{i,t} + \beta_7 ROA_{i,t} + \beta_8 LiquidAsset_{i,t} + \beta_9 Credit_t + \sum Year + \varepsilon_{i,t} \quad (5.21)$$

其中，*Preferred* 为一级资本向上监管调整所增发的优先股占平均总资产的比率，为正值；*Goodwill* 为一级资本向下监管调整而扣除的商誉部分占平均总资产的比率，为负值。

实证结果如表 5 - 47 所示。列（1）为模型（5.18）的回归结果，列（2）为模型（5.19）的回归结果。依据表 5 - 41 的回归结果，银行资本结构对向上监管资本调整的影响在 1% 水平上显著。依据表 5 - 43，银行资本结构对通过增发优先股方式的向上监管资本调整的影响在 1% 的水平上显著；在控制银行资本结构的情况下，增发优先股的调整方式对总体向上监管资本调整的影响也在 1% 水平上显著。由此可知，银行在普通股股东权益占比较低时主要通过增发优先股的方式进行向上监管资本调整，增加一级资本，验证了假设 H9a。

表 5－47　　　　向上监管资本调整进一步分析实证回归结果

变量	(1)	(2)
	Preferred	*YADD*
1/S	0.0002*** (3.12)	−7.9900e−06 (−0.33)
Preferred		1.0230*** (39.38)
Risk	0.0062*** (2.81)	0.0049*** (4.25)
Size	−0.0002** (−2.15)	0.0002*** (4.74)
Tier2lla	0.0064 (0.17)	−0.0668*** (−4.24)
Fundinggap	−0.0021 (−1.18)	−0.0006 (−0.79)
ROA	0.0002 (0.22)	0.0006 (1.28)
LiquidAsset	0.0058 (1.48)	0.0021 (1.28)
Credit	−0.2160*** (−8.34)	0.0117 (0.95)
Constant	0.0127*** (3.29)	−0.0091*** (−5.45)
Observations	298	290
Year	Yes	Yes
Adjust R^2	0.6701	0.9464

实证结果如表 5－48 所示。列（1）为模型（5.20）的回归结果，列（2）为模型（5.21）的回归结果。依据表 5－42 的回归结果，商业银行资本结构对向下监管资本调整的影响在 1% 水平上显著。依据表 5－45，商业银行资本结构对通过减少商誉金额方式的向下监管资本调整的影响在 1% 的水平上显著；在控制银行资本结构的情况下，减少商誉金额的方式对总

体向下监管资本调整的影响也在1%水平上显著。由此可知，银行在普通股股东权益占比较低时，会通过减少商誉的金额来避免一级资本的扣除，验证了假设H9b。

表5-48　　向下监管资本调整进一步分析实证回归结果

变量	(1)	(2)
	Goodwill	*YDeduct*
1/S	0.0001*	0.0003***
	(1.86)	(5.44)
Goodwill		1.1300***
		(13.27)
Risk	0.0026*	0.0018
	(1.87)	(0.93)
Size	-0.0001	-0.0003***
	(-0.64)	(-2.74)
Tier2lla	-0.0230	0.0185
	(-0.96)	(0.55)
Fundinggap	-0.0006	0.0034**
	(-0.53)	(2.19)
ROA	0.0012*	0.0001
	(1.81)	(0.11)
LiquidAsset	0.0103***	0.0026
	(4.11)	(0.71)
Credit	-0.0383**	-0.1230***
	(-2.30)	(-4.24)
Constant	-0.0023	0.0058*
	(-0.92)	(1.66)
Observations	297	289
Year	Yes	Yes
Adjust R^2	0.0963	0.6101

5.5.6 结论与建议

本部分以我国 16 家 A 股上市银行 2009—2018 年年报与半年报数据为样本，实证检验了商业银行资本结构与监管资本调整的关系，研究结果表明，监管资本调整程度在样本银行中分布不均；与普通股股东权益相比，监管资本调整使一级资本增加（减少）至总资产的 145 个基点（102 个基点）。高杠杆、低权益的银行受益于监管资本调整，其报告的一级监管资本数额超过普通股股东权益，说明其会依靠监管资本调整来提高一级资本充足率；其会更积极地管理监管资本的结构；其通过避免扣除，同时发行其他一级资本工具来代替成本高昂的普通股股票；其还会倾向于利用会计处理来增加一级资本。上述发现验证了 Admati 等（2018）的研究结论，即去杠杆化成本高昂，发行普通股股票对低偿债能力的银行是没有吸引力的，因此这些银行会依赖监管资本调整来增加一级资本。低杠杆、高权益的银行利用监管资本调整来增加资本的现象不普遍，这些银行使用向下监管资本调整的概率相对较高。本部分还发现，在向上监管资本调整的手段中，商业银行主要是通过增发优先股来调增一级资本；在向下监管资本调整的手段中，商业银行主要通过减少商誉的计量来避免一级资本的扣除。本部分研究结果表明，在一些情况下监管资本调整不利于银行体系的安全与稳健，因为资本实力较弱的银行可以因此得到“帮助”，它们通过发行低成本的普通股股票替代品或采用会计操纵方法来增加一级监管资本。

基于上述研究结论，我们从监管机构的角度提出如下政策建议：

第一，关注资本充足率较低银行的监管资本调整。本部分研究发现，在普通股股东权益占比较低时商业银行会更依赖监管资本调整来调增一级资本。为了符合监管要求以及向外传达经营良好的信息，资本水平较低的商业银行虚增监管资本的动机会更强烈。因此监管机构应关注资本充足率较低银行的监管资本调整情况，及时发现其中的虚增监管资本行为并采取监管措施。

第二，完善银行资本信息披露制度。本部分研究发现，商业银行会利用监管资本调整来虚增一级资本，这是一种监管套利行为。由于会计制度与监管制度的差异，导致银行发布的财务报表与监管口径下的报表数据大多存有差异，监管机构应当要求银行进一步披露具体产生差异的科目及原因。如果银行与投资者以及储户之间的信息不对称问题能够缓解，则可以引导外部监督力量发挥更大作用，迫使银行优化资本管理、提升风险抵御能力。

5.6 商业银行会计方法虚增监管资本的基本情况

5.6.1 会计方法虚增监管资本大样本和案例分析的思路

本书研究在资本监管要求提高和宏观经济下行的双重压力影响下，我国商业银行会计方法虚增监管资本及其诱发风险隐患的问题。本章是本书研究的核心内容，我们在这里厘清了我国商业银行会计方法虚增监管资本的具体情况、一般规律和基本特点。为此我们分别运用了行业分析、案例分析和实证分析等方法，从不同角度考察我国商业银行会计方法虚增监管资本的情况。行业分析的目的是观察会计方法虚增监管资本问题在我国银行业是否具有普遍性；案例分析的目的是观察商业银行具体运用哪些会计方法虚增监管资本；实证分析的目的是考察欧美银行业存在的会计方法虚增问题在我国银行业是否也存在。上述分析均基于我国资本监管要求提高和宏观经济增速放缓的背景，因此我们将监管资本压力分析作为前提，对资本监管要求提高前后数据进行对比，从这些数据的变化趋势来判断商业银行投资决策变动以及其中可能存在的虚增监管资本行为。

在实证分析中，我们基于相关会计制度的新变化和欧美相关文献成果，设计了“基础分析 + 追踪分析 + 佐证分析”的框架，目的是找到商业银行虚增监管资本的基础证据、追加证据和辅助证据，从而为本书研究提供扎实的证据链。在基础分析中，我们基于本书第 4 章的内容并参考欧美相关文献常用的思路提出研究假设，分别从“推迟确认贷款减值准备”“压缩金融资产投资规模”和“增加第三层次计量金融资产”三个角度寻找我国商业银行会计方法虚增监管资本的证据。在追踪分析中，我们聚焦于“推迟确认贷款减值准备”，因为它被大量文献证实是商业银行会计方法虚增监管资本最常用的方法；同时基于金融资产减值会计制度变更、引入“预期信用损失法”替代“已发生损失法”的新背景，考察在获得更大会计裁量权的情况下商业银行是否会提高运用该方法虚增监管资本的程度；我们认为如果在追踪分析中获得与基础分析性质相同的证据，则可形成商业银行会计方法虚增监管资本的证据链。在佐证分析中，我们参考欧美文献，研究我国商业银行运用非会计方法虚增监管资本的情况，考察银行是否运用监管资本调整中的裁量权虚增监管资本；我们认为如果我国银行业存在运用非会计方法虚增监管资本的情况，那么就应该存在运用会计方法虚增监管资本的情况，因为后者比前者的裁量权更大。

5.6.2 会计方法虚增监管资本大样本和案例分析的结论

（1）行业分析的结论

我们分析了 54 家上市商业银行的监管资本压力变化情况、监管资本核心指标变化情况和会计方法虚增监管资本的情况。

首先，对商业银行的核心一级资本充足率变化情况进行分析，得到如下结论：第一，监管资本要求的提高使我国商业银行的资本缓冲空间大幅减少；第二，宏观经济增速放缓导致商业银行盈利能力下降，政策缓冲期内大部分商业银行的核心一级资本充足率难以维持增长趋势；第三，受到资产规模扩张的影响，商业银行的资本充足率进一步降低，资本缓冲空间被进一步压缩。上述发现说明，在政策缓冲期内我国商业银行的监管资本压力显著增加。

其次，分析了资本充足率构成的变化情况，有如下发现：第一，核心一级资本的增加是核心一级资本充足率提升的主要原因；第二，由于银行资产规模的大幅扩张，导致风险资产大幅增加，给核心一级资本充足率带来了较大负面影响；第三，不同类型商业银行风险敞口的变化呈现较大差异：大型商业银行在扩张资产规模的同时有效利用资产组合控制风险敞口，资产规模的扩大并未导致风险敞口显著增加，但城市商业银行和农村商业银行的资产规模的增加伴随着风险敞口的显著增加，风险隐患相伴而生。上述变化趋势说明，在政策缓冲期内我国商业银行并未因监管资本压力增加而减缓资产规模扩张速度。

再次，统计了监管资本构成的变化情况，有如下发现：第一，净利润增加是核心一级资本增加的主要来源，政策缓冲期内受到我国 GDP 增速放缓的影响，商业银行的盈利能力并无显著提升，净利润的增加难以弥补逐年增长的监管资本需求；第二，商业银行在政策缓冲期内需要保持相对稳定的股利政策，对外分红比例的变动程度较小，仅有少数银行通过限制股利分配的方式提高核心一级资本充足率以满足资本监管要求，股利分配对核心一级资本充足率负面影响程度较大；第三，不同商业银行的融资能力显著不同，但对外募资金额对核心一级资本的补充作用较为有限，对提升核心一级资本充足率的作用较小。上述发现说明，在政策缓冲期内，我国商业银行提升核心一级资本充足率的主要支撑是净利润的增长，即内源资本是监管资本提升的支柱。

最后，统计了推迟确认贷款减值准备和调整公允价值计量的金融投资规模两种方式虚增监管资本的情况，得到如下结论：第一，与 2010—2012 年的情况比较，2013—2018 年各类商业银行的贷款减值准备计提的及时性均有所下降，股份制商业银行和城市商业银行的降幅较大，表明这些银行可能存在推迟确认贷款减值准备虚增监管资本问题；第二，上市商业银行的公允价值计量金融投资规模的均值变化不明显，但分类别统计的数据呈现较大差异，相较于 2010—2012 年，政策缓冲期内，股份制商业银行大幅降低了公允价值计量金融投资规模，而农村商业银行显著增加了公允价值计量的金融投资规模。股份制商业银行大幅降低了贷款减值准备计提的及时性，也显著压缩了公允价值计量的金融投资规模。这些证据说明，在政策缓冲期内这类商业银行可能综合运用了多种渠道实施会计方法虚增监管资本。

（2）案例分析的结论

①A 银行会计方法虚增监管资本原因。

对 A 银行资本充足率变化情况的分析发现，在 2013—2018 年的政策缓冲期，由于 A 银行净利润增幅较小，内源性资金对核心一级资本的补充效果较小，但《资本办法》却要求核心一级资本充足率每年至少提高 0.4%，致使 A 银行的资本监管压力明显增大，其中 2016—2017 年监管资本压力增幅尤其显著。我们发现在 2013—2018 年 A 银行在短时间内难以通过内源融资补充资本的情况下，试图通过取消股利发放、对外定向增发新股、对外发行可转债和优先股等方式提升资本充足率。但仅有 2014 年取消股利分配的措施和 2015 年对外定向增发的措施在一定程度上补充了核心一级资本。

在 2013—2018 年的政策缓冲期，A 银行受到盈利能力的限制以及股利政策稳健性要求的约束，难以通过内源融资的方式提高监管资本，从而缓解监管资本承压的现状；也难以在短时间利用资本市场募集大额资本金补充监管资本的不足。在上述多方因素的共同作用下，A 银行的核心一级资本充足率在短期内难以大幅提升，监管压力逐年攀升，因此我们判断该银行可能存在运用会计方法虚增监管资本的动机。值得重点关注的是，上述研究还发现在 2016—2017 年 A 银行面临的资本压力尤其显著，且未成功运用其他融资渠道改善监管资本不足的现状，在这两年运用会计方法虚增监管资本的可能性更大。

②A 银行会计方法虚增监管资本方式。

在对 A 银行金融资产减值准备计提情况和公允价值计量在金融资产计量中的使用情况进行分析后，本书发现，在 2016 年和 2017 年 A 银行较大程度地使用了推迟确认贷款减值准备的会计方法虚增监管资本，导致该年度内的贷款减值准备计提的及时性显著下降，以避免核心一级资本充足率指标触及监管红线。由于 A 银行在 2018 年开始适用新金融工具准则，金融工具的分类逻辑发生了根本性的变化，为保持相关指标的可比性，本书仅对 2013—2017 年的相关金融资产的情况进行了分析。本书发现，2016—2017 年 A 银行在面临较大的资本压力时可能存在操纵金融资产减值准备计提比例和公允价值计量的金融资产规模来虚增监管资本的异常迹象。

③A 银行会计方法虚增监管资本程度。

模拟测试的结果表明，对贷款减值准备计提比例和应收款项投资减值准备计提比例的修正导致 A 银行核心一级资本充足率出现较大幅度的下降，说明这两种会计方法虚增监管资本的程度较大，潜在的风险隐患较大；可供出售金融资产和持有至到期投资减值准备计提数额的修正对 A 银行核心一级资本充足率的影响较小，说明这两种会计方法虚增监管资本的程度较低。

若商业银行综合运用多种会计方法来虚增监管资本，则将形成损失累计效应，可能会产生严重后果。例如，模拟测试的结果显示，2013—2017 年 A 银行通过推迟确认贷款减值准备方式实现的虚增监管资本达到 302.86 亿元；推迟确认应收款项投资实现的虚增监管资本达到 75.18 亿元；推迟确认可供出售金融资产实现虚增监管资本达到 1.50 亿元；推迟确认持有至到期实现的虚增监管资本达到 0.82 亿元。若综合运用上述会计方法将产生 381.36 亿元的虚增监管资本，对核心一级资本充足率的影响高达 88.33bp，因此应该引起监管机构高度关注。

（3）实证分析的结论

①实证分析 1 的结论。通过分析《资本办法》实施前后商业银行会计操纵虚增监管资本行为，得出如下结论：首先，《资本办法》实施增加了商业银行的监管资本压力，在这种情况下它们可能会推迟确认贷款减值准备来虚增监管资本以提高资本缓冲水平，缓解面临的资本监管压力；其次，《资本办法》实施加剧了监管资本压力与金融投资之间的负相关关系，促使银行通过减少金融投资尤其是公允价值计量的金融投资的方式来虚增监管资本，以提高资本缓冲水平；最后，《资本办法》实施后商业银行并未增加公允价值第三层次计量金融资产来虚增监管资本。

②实证分析 2 的结论。我们发现，在预期信用损失法实施之后，我国商业银行普遍运用这一新制度的增量会计裁量权提高虚增监管资本的程度，并且虚增监管资本程度与其资本充足率呈正相关关系，说明它们提高虚增监管资本程度的目的是提高资本充足率。本书基于 2013—2017 年数据

研究发现，我国商业银行通过推迟确认贷款减值准备来虚增监管资本；基于 2018—2022 年数据的研究发现，它们提高了运用推迟确认贷款减值准备虚增监管资本的程度。这两项实证研究均聚焦商业银行针对其贷款减值准备的会计核算行为，但基于不同的制度变更背景和不同的时间窗口，因此所获得证据形成了反映商业银行针对贷款减值准备会计核算行为特征的证据链，增强了该证据的可靠性和可信度。

③实证分析 3 的结论。以我国 16 家 A 股上市银行 2009—2018 年年报与半年报数据为样本，实证检验了商业银行资本结构与监管资本调整的关系，研究结果表明，监管资本调整程度在样本银行中分布不均；与普通股股东权益相比，监管资本调整使一级资本增加（减少）至总资产的 145 个基点（102 个基点）。高杠杆、低权益的银行受益于监管资本调整，其报告的一级监管资本数额超过普通股股东权益，说明其会依靠监管资本调整来提高一级资本充足率；其会更积极地管理监管资本的结构；其通过避免扣除，同时发行其他一级资本工具来代替成本高昂的普通股股票；这些银行还会利用会计处理来增加一级资本。

5.6.3 我国商业银行会计方法虚增监管资本的基本情况

本书研究商业银行会计方法虚增监管资本诱发的风险隐患，基本思路是：在资本监管压力不断上升背景下，商业银行有动机和渠道利用会计方法虚增监管资本，由此诱发的风险隐患会在经济下行期演化成实质性风险或爆雷事件，必须进行有效识别和防控。寻找我国商业银行会计方法虚增监管资本的证据、厘清会计方法虚增监管资本的基本情况是本书的核心内容。为此我们综合运用了多种分析方法、从不同的角度、基于不同时期数据进行了系统研究，获得如下基本结论：

第一，我国银行业存在会计方法虚增监管资本问题。我们通过行业分析、案例分析和实证分析均获得了商业银行虚增监管资本的证据，并且通过不同的研究方法、不同的研究角度和不同时期的数据获得了相互支撑的证据链，还从非会计方法虚增监管资本的角度获得了辅助证据。这些证据充分说明会计方法虚增监管资本问题在我国银行业是客观存在的。

第二，我国商业银行主要运用推迟确认金融资产减值准备（主要是贷款减值准备）和调整金融投资规模和结构等会计方法虚增监管资本。推迟贷款减值准备虚增监管资本的证据在行业分析、案例分析、实证分析 1 和实证分析 2 中均被发现，它是最常用的方法；推迟其他金融资产减值准备虚增监管资本的证据在行业分析和案例分析中均被发现，它是较常用的方法；通过调整金融投资规模和结构虚增监管资本的证据在行业分析、案例分析和实证分析 1 中均被发现，它也是一种较常用的方法。

第三，从整体上看，我国商业银行会计方法虚增监管资本的问题并不严重，但在少数商业银行中该问题比较严重，应该引起重视。在行业分析、实证分析 1 和实证分析 2 中，我们发现了商业银行主要通过推迟确认贷款减值准备虚增监管资本的证据，其他的会计方法虚增监管资本问题虽也有零星证据支持，但这些零星证据仅在某一类别商业银行中被发现，并非在银行业整体普遍存在；因此我们判断我国商业银行会计方法虚增监管资本的问题并不严重。但在少数商业银行中会计方法虚增问题可能比较严重，例如本书第 5 章案例分析对象 A 银行和第 7 章案例分析对象 B 银行。前者综合运用多种会计方法虚增监管资本，估计金额为 381. 36 亿元，对核心一级资本充足率的影响高达 88. 33bp；后者连续多年推迟确认贷款等资产的减值损失，形成未确认损失积累问题，在爆雷当年确认资产减值损失 236. 84 亿元，同比增加 587. 58%，致使资本充足率直接降至监管红线以下，诱发监管资本违规风险。

第6章

会计方法虚增监管资本诱发风险隐患的机理和类别

6.1 会计方法虚增监管资本诱发风险隐患的机理

6.1.1 我国银行业是否存在会计方法虚增监管资本诱发的风险

2008年全球金融危机后的研究证实，欧美商业银行广泛运用会计估计虚增监管资本（Beatty等，2014；Bushman，2016），这些行为既引发了与个体银行相关的微观风险又导致了影响金融稳定的系统性风险（FSF，2009）。我国虽未出现银行业系统性风险，但却发生了与会计方法虚增监管资本有关的微观风险事件。2019年8月锦州银行发生监管资本违规和银行爆雷事件，该银行更换会计师之后一次性确认资产减值损失236.84亿元，同比增长587.58%，导致其资本充足率（9.21%）迅速降至监管要求（10.5%）之下，说明该银行前期为虚增监管资本推迟确认了大量资产减值损失，暴露了其会计方法虚增监管资本的本质。[①] 金融风险防范提升至国家战略层面以来，查找银行业金融风险防控的漏洞和短板成为当下之要

① 参见本书第7章的相关案例分析内容。

务。综合欧美经验和我国个别银行资本违规事件及文献发现的证据，我们判断会计方法虚增监管资本引发的风险隐患是我国当前银行业金融风险防控的短板问题。

6.1.2 会计方法虚增监管资本的渠道

本书第 4 章全面阐述了会计方法虚增监管资本的机理和渠道，这里仅对相关内容进行简单总结，为本部分分析会计方法虚增监管资本诱发风险隐患的机理做铺垫。

会计方法虚增监管资本的主要渠道有哪些？在对比监管制度界定的“核心一级资本”组成与资产负债表的“所有者权益”各项目后，本书选定“资本公积”和“当期损益”两个会计科目；基于既具有较多会计估计裁量权又对核心一级资本产生直接影响的原则，确定贷款和金融投资的相关会计处理为会计方法虚增监管资本的主要渠道。

如果推迟确认贷款资产的减值准备，则会虚增当期损益，进而虚增核心一级资本；贷款资产通常是商业银行金额大、透明度低的会计科目，因此它一般也是虚增监管资本的主要渠道之一。CAS22 将金融资产划分为 4 类：公允价值计量且其变动计入当期损益的金融资产 FVTPL、可供出售金融资产 AFS、持有至到期投资 HTM、贷款和应收账款。金融资产对监管资本的影响渠道是：在持有期间的每个财务报告日估值产生的未实现损失与减值核算产生的损失计入当期损益就会拉低核心一级资本。如果银行要虚增监管资本就会避免确认这些损失或减值，具体方法包括：第一，通过初始分类或重分类减少 FVTPL 金额，避免将未实现损失计入当期损益；第二，推迟确认 AFS 和 HTM 的减值损失；第三，将更多金融投资变更为第三层次，使估值依据管理层估计数据而不是公开市场数据，进而推迟确认减值甚至估值利得。

6.1.3 会计方法虚增监管资本诱发风险的机理

国内外金融界学者对金融风险问题进行了深入系统的研究，形成了一些权威理论，其中一些文献也分析了金融机构会计信息披露对金融稳定的影响；2008 年全球金融危机以来，一些会计界学者开始专注于商业银行会计信息披露与金融稳定和金融风险关系问题的研究，这些研究尤其聚焦于银行贷款减值会计和公允价值会计对金融稳定的影响，初步形成了一些比较一致的观点和认识；另外，本书前期研究成果以及第 3 章、第 4 章和第 5 章的内容也涉及部分相关讨论和铺垫。基于上述研究基础，本书提炼出商业银行会计方法虚增监管资本诱发风险隐患的机理：第一，未确认损失积累到一定程度诱发风险；第二，机会主义会计裁量权运用到一定程度诱发风险。

（1）未确认损失积累到一定程度诱发风险

2022 年诺贝尔经济学奖获得者 Ben Bernanket 提出的“资本紧缩理论”（Capital crunch theory，Bernanke 和 Lown，1991）是解释银行贷款供给在经济危机或金融危机期间顺周期问题的权威理论，它被研究金融稳定问题的学者广泛引用。该理论指出，前期未充分确认贷款减值准备的商业银行在经济衰退之际形成“未确认损失积累问题”（Unrecognized loss overhangs），进入经济衰退期后必须确认这些积累损失，因为此时信用问题变得可观察，银行无法继续证明前期确认贷款减值标准的合理性，但确认这些累积损失导致监管资本指标大幅下降，而此时外部筹集资本不仅困难大而且成本高，因此资本充足率指标接近监管红线的银行会被迫压缩贷款供给。Huizinga 和 Laeven（2012）发现，持有较多房地产贷款支持证券的美国银行在 2008 年金融危机之前推迟确认了贷款减值准备，形成了损失积累问题，进而诱发了监管资本违规风险，该结论支持了资本紧缩理论。许多其他相关研究的理论和实证分析结论也同样支持这一理论，如 Beatty 和 Liao（2014）、Bushman（2016）、Ryan（2017）、Wheeler（2019）和 Bischot 等（2021）。因此，“资本紧缩理论”被认为是揭示某些金融风险诱因的权威理论。

“资本紧缩理论”解释了商业银行在金融危机期间减少贷款供给的原因，但它提出的“未确认损失积累”问题事实上就是金融资产会计核算中过度运用会计裁量权的问题。什么是“未确认损失”？针对金融资产而言，它是指依据客观市场数据判断某一金融资产的账面价值已经发生减值损失，但会计裁量权允许银行不确认这一损失，从而形成未在财务报告中确认的金融资产减值损失。换言之，“未确认损失”是已经发生但未被财务报告反映的损失，事实上就是“隐匿的损失”。前文总结的会计方法虚增监管资本的主要渠道都是商业银行形成“未确认损失”的主要通道。例如，在经济下行导致贷款违约率明显上升时银行仍按以往的比率计提其贷款资产的减值准备，因为其判断贷款资产的信用风险并未下降；再如，在市场利率显著上升时银行将交易性债券投资重分类至持有至到期，从而避免确认之前应该确认的公允价值变动损失。据此我们认识到，会计核算中的自由裁量权是诱发“未确认损失”的根源之一，因为经济下行期间仍不提高贷款减值准备计提比率是基于会计准则赋予银行管理层的职业判断，市场利率上升时可以变更金融资产分类从而避免确认损失也是会计准则允许的操作。事实上，会计裁量权不仅给商业银行提供了金融资产会计核算的弹性空间，而且使相关操作合法化，这是“未确认损失”问题的根源所在。

那么为什么商业银行的“未确认损失”会像滚雪球一样不断增加并最终演化为“未确认损失积累”问题呢？我们以核心一级资本充足率为例来进行说明。主要原因有两个：一是筹集合格核心一级资本的成本高、难度大且在经济下行期内更高更大；二是运用会计方法隐匿“未确认损失”可以创造账面上的合格核心一级资本，这一操作没有成本因而很有吸引力且在经济下行期内吸引力更大。一个成本很高、一个没有成本，并且从账面上看两者没有区别，而且对银行管理层而言生产“未确认损失”通常短期内不会产生违法违规风险。在这种情况下，除非发行权益资本或者内源融资等补充核心一级资本的方法变得简单易行，否则商业银行就会继续运用“未确认损失”来支撑账面核心一级资本并乐此不疲；如果经济下行时间持续时间较长，商业银行就会将这一方式运用到所有可能的会计核算之中，如推迟确认贷款和其他金融资产的减值损失准备、将更多金融资产分类为持有至到期类投资、将更多公允价值计量的金融资产调整为第三层次、确认所有的第三层次公允价值计量利得等。如果持续进行此类操作，商业银行的“未确认损失”就会迅速积累，形成“未确认损失积累”问题，之后如果出现任何触发性事件（如审计机构辞任、审计机构出具异常审计意见、财务报告数据异常、监管介入、媒体关注等）则迅速诱发严重违规或爆雷事件。

我们将“资本紧缩理论”（1991）总结为 4 个递进的环节：“未确认贷款损失积累→集中确认累积的贷款减值损失→资本充足率指标大幅下降→压缩贷款供给”。基于上述分析，沿着该理论的逻辑，我们可以提炼出“未确认损失积累”诱发风险隐患的路径为：“经济下行、监管资本要求提高 + 权益融资和内源融资成本和难度加大→监管资本压力增加→实施会计方法虚增监管资本→形成未确认损失 + 实施会计方法虚增监管资本的范围扩大、时间增长→形成未确认损失积累 + 出现触发事件→集中确认积累的未确认损失→风险”。上述路径可以用图 6 - 1 直观表述。

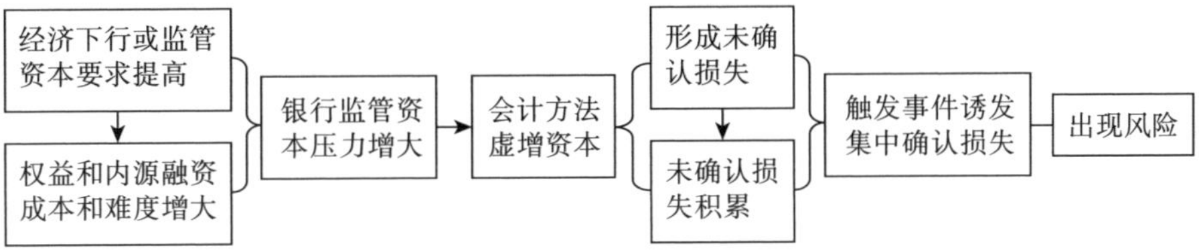

图 6 - 1　未确认损失累积到一定程度诱发风险的机理

（2）机会主义会计裁量权运用到一定程度诱发风险

“未确认损失积累到一定程度诱发风险”是本书提炼出的会计方法虚增监管资本诱发风险的机理之一，它是基于“资本紧缩理论”（Bernanke 和 Lown，1991）的内在逻辑推导得出的，具体内容是：在经济危机或金融危机之前银行推迟了本应确认的资产损失，进而形成“未确认损失积累”问题，该问题在危机期间因无法继续掩饰而一次性确认，诱发监管资本大幅下降，银行为避免资本违规风险不得不减少贷款供给，引发信用紧缩问题，进而影响金融稳定和实体经济。

我们认为，“未确认损失积累”是一个会计问题。为什么银行能够将当期应确认的资产损失推迟确认呢？为什么银行能够长期推迟确认资产损失进而形成“未确认损失积累”呢？因为会计准则为银行提供了许多会计裁量权，银行将这些裁量权用作实现机会主义目的的工具，正是这些机会主义性质的工具被银行过度使用才诱发了风险问题。因此，尽管上述机理的关键之处是“未确认损失积累”问题，但引发这一关键问题的主要诱因是会计裁量权。可能正是受到这一点的启发，2008 年全球金融危机后许多欧美资深学者（Bushman，2016；Ryan，2017；Wheeler，2019，等）开始从会计裁量权的视角研究会计准则与金融稳定关系问题。以下通过回答为什么会计裁量权对银行具有吸引力、什么是机会主义会计裁量权、机会主义会计裁量权过度运用如何诱发金融风险三个问题对这一机理进行深入系统阐述。

①会计裁量权对银行具有吸引力的原因。

本书第 3 章“会计监管和金融监管双重监管制度背景”和第 4 章“会计方法虚增监管资本的机理和渠道”阐述的相关内容可以回答这一问题。本书第 3 章指出，商业银行受会计准则与资本监管双重约束，但这两种监管制度的目标却不同：前者致力于保护投资者，后者追求金融系统稳定，两者的目标差异使“双重监管”机制可能产生“合成谬误”，滋生“监管套利”等负面效应。第 4 章讨论了银行为什么能利用会计方法虚增监管资本，这些内容同样可以解释为什么会计裁量权对银行具有吸引力：第一，会计裁量权内嵌于会计核算系统并被看作合法工具；第二，资本监管导致银行成本增加，银行为实现股东价值最大化目标有动机使用会计裁量权虚增监管资本来缓解这一成本压力；第三，资本监管更具权威性，违反资本监管制度的代价更高，因此银行更重视它，在经济下行期无法兼顾资本监管制度和会计监管规则的情况下银行会不惜违反会计监管规则来维系监管资本合规；第四，银行系统相关监管机构普遍存在为金融稳定放松会计准则执行标准、为化解银行问题而实施个体或集体的监管宽容现象。在上述因素综合作用下，利用会计裁量权虚增监管资本对银行很有吸引力，在经济下行或金融危机期间权益和内源融资难度增大、成本增加情况下其吸引力更大。例如，基于欧美银行数据的研究发现，银行通常运用会计自由裁量权实现自身的目标，在经济下行/经济危机等特殊时期该情形会更普遍、更严重（Acharya 和 Ryan，2016）。另外，Linsmeier（2011）研究发现，在

2009 年倒闭的 140 家美国商业银行中，多达 120 家的资本监管报告显示其资本状况为“充足”（即一级资本充足率超过 4%）。这些证据均说明很多欧美银行在金融危机期间运用会计裁量权操纵财务数据以维持监管资本达标，即使在因无法偿付债务或资不抵债面临倒闭时仍继续上述操作。

②机会主义会计裁量权的定义。

本书第 4 章定义了会计裁量权和会计方法虚增监管资本：会计裁量权是指银行会计核算时在会计准则界定的边界之内实施判断或作出选择的权力；会计方法虚增监管资本是指银行利用会计准则提供的会计裁量权进行以满足资本监管要求为目的，但未实质性改善资本充足水平的行为。基于上述定义，我们将机会主义会计裁量权界定为以虚增监管资本为目的的会计裁量权选择行为。巴塞尔银行监管委员（2015）总结了商业银行粉饰业绩的三类动机：一是通过提高利润获取更多个人收益；二是通过平滑银行收益营造业绩稳步增长、经营良好的形象；三是通过调整相关会计数据满足资本充足率的监管要求，降低监管干预风险。其中，银行为实现第三类动机而运用的工具即本书定义的机会主义会计裁量权，可见该工具在全球银行业被广泛运用且其引发的问题已引起监管机构重点关注。

③会计裁量权过度运用诱发的金融风险。

如前文所述，会计裁量权内嵌于会计核算系统之中；会计准则仅能定义会计裁量权的边界（Beck 等，2019）；会计对利润的反映很难像温度计那样客观、无争议，权责发生制本身就意味着判断和估计（刘峰等，2009）。可见，在会计系统中无法彻底消除会计裁量权，它是一种形式上合法的工具。会计裁量权为银行实施机会主义性质的会计行为创造了条件，为银行提供隐藏“坏消息”的机会，其后果是银行的会计信息透明度遭受严重破坏（Bushman，2016）。

Bushman（2016）对会计裁量权、信息透明度与金融稳定的关系进行专项研究，发现会计裁量权通过两个渠道影响金融稳定：一是降低信息透明度进而诱发金融风险，二是将被会计裁量权操纵的财务数据纳入监管资本指标核算影响金融稳定。Ryan（2018）也总结了三种会计裁量权影响金融稳定的渠道：一是改变银行的外部市场约束和监管纪律，二是改变银行违反监管资本要求的可能性，三是改变银行风险管理和财务报告的内控机制。Ryan（2018）总结出的三个影响渠道中有两个与 Bushman 的基本一致，另外补充了会计裁量权通过影响银行风险管理模式和财务报告内控机制从而诱发风险的渠道，这是一个新提法。Wheeler（2019）对银行贷款减值核算中的会计裁量权进行研究，发现未充分计提贷款减值准备的银行因面临监管介入压力而压缩贷款供给，这一机制有两个传导渠道：一个是“安全和稳定”渠道，在这个渠道中是否充分计提贷款减值准备是监管机构对银行进行评价的基础；另一个是“信息透明度”渠道，在这个渠道中及时地计提贷款减值准备会增加银行对外部监督者的透明度，反之则会降低透明度。Wheeler（2019）的结论与“资本紧缩理论”（Bernanke 和 Lown，1991）有部分重叠，但其内容更丰富。例如，Wheeler（2019）发现会计裁量权的运用会降低信息透明度进而诱发风险，这一发现与 Bushman（2016）和 Ryan（2018）的观点一致，即银行过度运用会计裁量权降低会计信息透明度是诱发金融风险的内在机理。基于上述三个文献的一致结论，我们提炼出会计方法虚增监管资本诱发风险的机理，即过度运用机会主义会计裁量权可能诱发风险。

我们将银行过度运用机会主义会计裁量权降低会计信息透明度诱发风险的机理细分为两种情形：一是会计信息透明度被破坏之后银行隐匿风险或增加冒险投资行为诱发风险，二是会计信息透明度被破坏之后银行陷入融资困境诱发风险，并且这两种情形可能产生交互影响，从而出现恶性循环，相关的作用机制可以用图 6－2 直观表示。在图 6－2 的情形一中，会计自由裁量权导致银行会计信息透明度下降，使其有机会进一步藏匿风险或实施冒险投资行为，这样即便商业银行陷入困境财务报告也不会及时反映真实状况。具体而言，为了满足资本要求银行可以运用贷款减值核算会计裁量权藏匿风险，最直接的方式是推迟确认贷款减值准备，更为隐秘的方式是放松贷款分类标准进而延迟确认损失，惯常做法是当客户面临还款困难时，通过续贷或重新授信的方式使其有能力支付利息进而避免确认为不良贷款；上述行为很难被外部发现但会形成风险隐患。此外，在经济下行期为了缓解资本压力银行会处置资产，而此时最容易处置的资产通常是银行的优质资产，最终会留下流动性差或早已贬值的有毒资产，这些交易不是基于正常商业逻辑考虑但可以暂时缓解资本压力，相当于饮鸩止渴（Diamond 和 Rajan，2011），进一步加剧了风险。例如，财务报告使用者并不了解银行减少对交易性金融资产的配置且将较多投资归类为“持有至到期”是基于经营需要还是出于缓解资本压力目的，如果是后者则该行为是以牺牲流动性为代价的，当银行持有较多流动性较差资产且风险难以估计时其稳定性就会受到威胁（Acharya 和 Ryan，2016）。投资者和监管机构很难通过财务报告来判断上述会计裁量权是基于经营目的还是为迎合资本监管要求的风险藏匿行为，致使市场约束无法发挥作用、监管机构也无法及时发现问题，造成的后果是即使银行陷入经营困境其财务报告仍显示良好的财务和资本状况。例如，Linsmeier（2011）研究发现，在 2009 年倒闭的 140 家美国商业银行中，120 家资本监管报告显示其资本状况为“充足”。

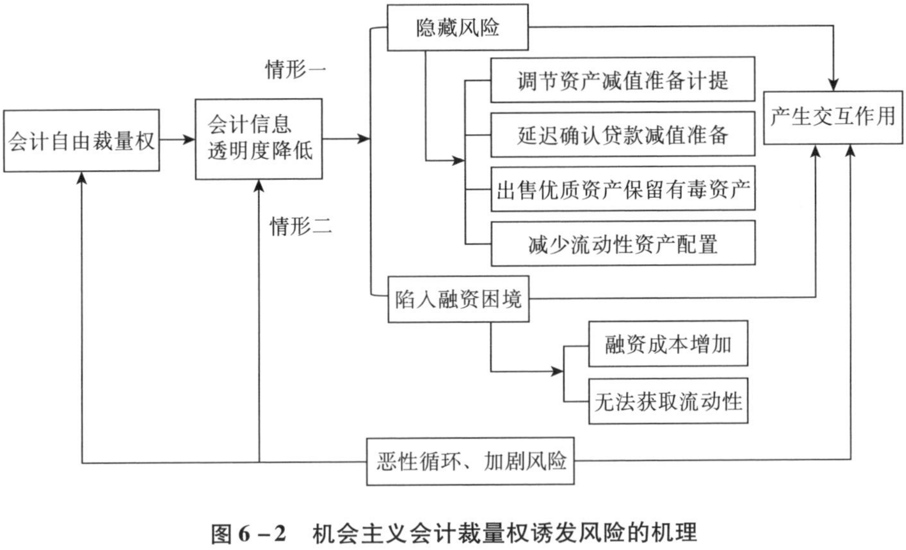

图 6－2　机会主义会计裁量权诱发风险的机理

在图 6－2 的情形二中，会计自由裁量权导致银行会计信息透明度下降，使其融资成本和融资难度上升，导致银行被迫实施抛售资产、收缩贷款等救急措施，陷入融资困境。另外，信息透明度会加强事前纪律，当投资者无法知悉风险情况或发现风险增加时，会要求更高的投资回报（Bushman，2016）；市场也将银行资产的透明度程度纳入其定价决策中，不透明资产越多的公司估值折现率越高（现值越低）（Jones 等，2013）。因此，当银行信息不透明程度过高时，无论是通过再融资补充资本，还是通过同业间市场相互拆借补充流动性，都会被要求支付较高的成本，甚至无法获得融资，进而导致监管资本无法满足银行业资本监管规定的要求，出现监管资本违规风险或流动性不足风险。

图 6－2 的两种情形均反映出会计裁量权过度运用破坏会计信息透明度进而诱发风险的基本逻辑，所述情形也被大量文献证实。这两种情形还可能产生交互作用，当通过外源融资补充资本受限时银行可能采取情形一的相应手段，进一步增加会计裁量权运用程度，包括操纵财务数据、出售优质资产等行为；而信息质量下降又为银行过度运用会计裁量权提供了更多机会，这又导致会计信息质量进一步下降，形成恶性循环，使风险不断加剧，最终出现爆雷事件。

6.2 会计方法虚增监管资本诱发风险隐患的类别

6.2.1 会计方法虚增监管资本可能诱发的风险

关于会计方法虚增监管资本可能诱发的风险隐患，欧美学者的相关大样本和案例研究均获得了确凿证据和一致结论。

Huizinga 等（2012）发现，美国银行在 2008 年金融危机之前推迟确认了贷款减值准备，形成了损失积累问题，进而诱发了监管资本违规风险，上述问题还破坏了信息透明度进而引发了流动性风险。Bischof 等（2014）基于全球 302 家银行样本，研究 2008 年 10 月会计准则允许金融投资重分类时重分类行为与监管资本压力和信息透明度的关系，他们发现，监管资本压力与银行重分类选择呈正相关关系，另外 2/3 的重分类银行没有按要求披露相关信息，说明该行为导致信息透明度下降。Robinson 等（2015）发现，在监管资本指标接近监管红线时银行会通过确认第三层次资产的未实现利得来虚增监管资本。Bushman（2016）认为，会计估计裁量权过度运用会影响银行业稳定。Kohlbeck 等（2017）研究审计机构对银行将第一层次和第二层次资产调整为第三层次资产的态度，发现高质量审计机构极力抵制这种调整行为，在抵制无效后它们提高了审计收费，说明审计机构认为这种行为可能诱发潜在风险。Carboni 等（2020）基于欧盟银行数据的研究发现，银行第三层次资产和负债数量与股价崩盘风险正相关，因为这些资产会计处理复杂、底层产品不透明、估值存在问题。ESRB（2020）发现，第二层次和第三层次资产的公允价值计量在三个方面影响金融稳定：一是如果计量错误在更正时会诱发较大风险，二是在危机期间这些估值可靠性更差、波动性更大，三是估值变动计入监管资本从而诱发监管风险。Kim（2021）发现，在 2008 年金融危机期间美国银行推迟确认贷款减值准备触发了房地产市场出现信用紧缩和强迫出售现象，进而诱发房地产价格下跌。

总结上述欧美学者文献的发现可知，商业银行会计方法虚增监管资本可能诱发宏观金融风险，如 Bushman（2016）和 ESRB（2020）认为可能影响金融稳定；也可能诱发微观金融风险，如 Huizinga 等（2012）和 ESRB（2020）认为可能引发资本违规风险和流动性风险，Carboni 等（2020）认为可能诱发股价崩盘风险；还有学者（如 Kim，2021）认为可能导致强迫资产出售从而诱发资产价格下跌，该观点本质上也反映了对流动性风险和股价崩盘风险的忧虑。总之，欧美学者的研究发现是，会计方法虚增监管资本在宏观上可能动摇金融稳定，在微观上可能诱发资本违规风险、流动性风险和股价崩盘风险。

6.2.2 本书聚焦的风险隐患类别

从上述综述的欧美文献可知，会计方法虚增监管资本既会诱发微观层面金融风险也会引起宏观层面金融风险。过去数年来由于我国政府对重大经济问题的及时引导和干预，避免了宏观金融风险的发生，因此我国缺乏讨论银行业会计信息质量与宏观金融风险关系问题的现实环境。但在当前宏观经济增速放缓、国家金融风险日益增加和银行爆雷事件偶有发生的背景下，研究会计方法虚增监管资本可能诱发的微观层面金融风险、寻找金融监管领域的监管漏洞和制度短板具有重要现实意义。因此，本书聚焦会计方法虚增监管资本可能诱发的微观层面金融风险。依据2008年全球金融危机后的研究成果和我国商业银行数据及个别银行爆雷案例，我们认为，针对个体商业银行而言，会计方法虚增监管资本可能诱发三个层面的风险隐患：一是在资本层面可能诱发资本违规风险，二是在经营层面可能诱发流动性风险，三是在市场层面可能诱发股价崩盘风险。

（1）在资本层面可能诱发资本违规风险

会计方法虚增监管资本的后果之一是可能诱发资本违规风险。本书第4章、第5章和第6章的理论、案例和实证研究发现，商业银行主要通过对贷款资产和金融投资运用会计裁量权来虚增监管资本。本章提炼的会计方法虚增监管资本诱发风险的机理是：第一，未确认损失积累到一定程度并出现触发事件后诱发风险；第二，机会主义的会计裁量权运用到一定程度引发会计透明度下降从而诱发风险。本书第2章和第3章的理论研究和制度分析发现，在我国宏观经济增速放缓和监管资本要求提高的双重压力下商业银行会计方法虚增监管资本的动机显著增加。基于上述研究发现，我们提炼出会计方法虚增监管资本在资本层面诱发资本违规风险的机制。

资本充足率是银行监管的核心指标，机会主义会计裁量权可以暂时隔离经济或市场状况恶化和自身经营不善对银行监管资本的影响；银行为获取最好的隔离效果，通常选择对资本指标最敏感的且影响程度最大的项目实施机会主义会计裁量权，如推迟确认贷款减值准备、推迟确认金融投资减值准备和将更多金融投资划归为第三层次公允价值计量资产等；银行实施机会主义会计裁量权的项目通常是透明度较低的资产项目，这为过度运用这种裁量权提供了可能；银行实施机会主义会计裁量权的项目通常是对资本充足率最敏感且影响最大的资产，透明度较低的特点使银行可以将这种裁量权效用发挥至最大限度，进而逐渐积累形成金额巨大的未确认资产损失，在出现触发事件时被迫确认这些积累损失导致资本充足率大幅下降，诱发资本违规风险。会计方法虚增监管资本在资本层面可能诱发资本违规的机理如图6－3所示。

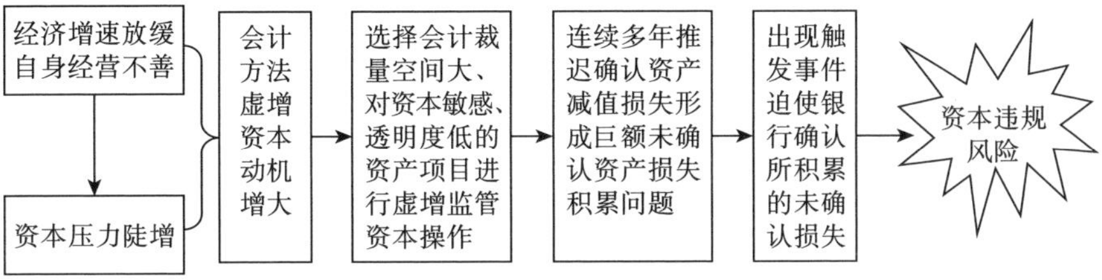

图6－3　会计方法虚增监管资本诱发资本违规风险的机理

（2）在经营层面可能诱发流动性风险

会计方法虚增监管资本的后果之二是可能诱发流动性风险。流动性风险是指商业银行无法以合理成本及时获得充足资金，用于偿付到期债务、履行其他支付义务和满足正常业务开展的其他资金需求的风险；流动性覆盖率和流动性比率是流动性风险监管的两个重要指标，前者是合格优质流动性资产和未来30天现金净流出量之比，后者是流动性资产余额与流动性负债余额之比；合格优质流动性资产是指现金类资产和能够在无损失或极小损失的情况下在金融市场快速变现的各类资产（银监会，2015）[①]。由上述监管制度推断可知，金融投资对银行流动性风险状况产生决定性影响，因为它同时对流动性覆盖率和流动性比率指标有决定性影响。本书第4章确定了银行会计方法虚增监管资本的两个主要渠道，其中之一就是金融投资，具体包括分类或重分类、推迟确认减值、将更多金融投资变更为第三层次等。

金融投资是银行内源性流动性支撑的最重要力量，因为它的占比往往大于现金资产，尽管后者的流动性更优。CAS22（2006）将金融资产划分为4类，本书界定的金融投资包括其中的3类，即以公允价值计量且其变动计入当期损益的金融资产（FVTPL）、可供出售金融资产（AFS）和持有至到期投资（HTM）。按照该准则界定的上述金融投资定义，FVTPL是可以随意出售的，它可以视为流动性的直接支撑；HTM是应该持有至到期

① 中国银监会：《商业银行流动性风险管理办法（试行）》（中国银监会令2015年第9号）。

的，它不能满足当下的流动性需求；AFS 是可以在必要时出售的，它可以视为流动性缓冲。在金融投资品种不受限制和没有“审慎过滤器”制度的情况下，按照公允价值计量的 FVTPL 和 AFS 在报告日的未实现利得或损失需计入监管资本。

在经济下行或金融危机期间，FVTPL 和 AFS 按公允价值计量通常会产生较多未实现损失，能较大幅度地拉低资本充足率。HTM 按历史成本计量，因此该类金融投资的会计核算不影响监管资本，除非发生减值时所确认的减值损失需计入监管资本，但管理层对减值判断有较多裁量权，因此银行仍有利用该裁量权推迟确认相关减值损失的空间。针对金融投资的会计方法虚增监管资本方式包括：一是通过分类或重分类将更多 FVTPL 和 AFS 归类为 HTM 以减少公允价值计量对监管资本的影响；二是推迟确认 HTM 的减值损失以减少这些损失对监管资本的影响；三是将更多归类为 FVTPL 和 AFS 的金融投资调整为第三层次公允价值计量，以利用其中的裁量权推迟确认或少确认未实现损失，减少对监管资本的影响。

如果经济下行或金融危机持续时间较长，银行上述会计方法虚增监管资本行为也将长期持续，则银行金融投资组合中就会形成诱发流动性风险的隐患，具体包括：一是 HTM 占比增加、FVTPL 和 AFS 占比减少，使流动性支持和缓冲减少，如果 FVTPL 和 AFS 中的第三层次公允价值计量资产较多，则流动性支持被进一步压缩；二是 HTM 中积累了大量未确认减值损失，降低了将其作为抵押物获取流动性的能力。会计方法虚增监管资本在经营层面可能诱发流动性风险的机理如图 6－4 所示。

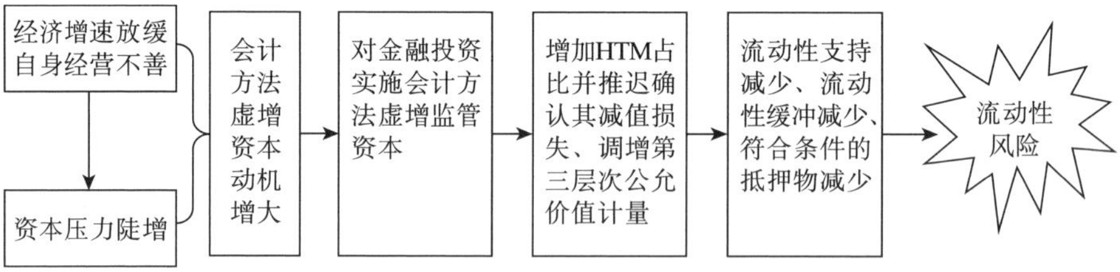

图 6－4　会计方法虚增监管资本诱发流动性风险的机理

（3）在市场层面可能诱发股价崩盘风险

会计方法虚增监管资本的后果之三是可能诱发股价崩盘风险。股价崩盘风险是指股价大幅下跌的概率。相关文献大多将财务信息不透明和持有不透明资产视为股价崩盘的关键因素（Hutton 等，2009；Dewally 等，2013；Kim 等，2014；Hong 等，2017）。Jin 等（2006）提出“坏消息窖藏理论”来阐释股价崩盘的诱因，具体为：所有权和经营权分离造成管理层与股东之间的利益冲突，管理层有多种动机隐藏或推迟发布坏消息，以便夸大公司财务业绩；当这些坏消息累积到一定程度无法被继续隐藏或者隐藏成本太高时，这些坏消息就会一次性地释放出来，导致股票价格大幅向下调整，从而引发股价崩盘。Bushman（2016）认为，商业银行信息不透明与股价崩盘的正相关关系会更显著，因为银行在信息透明度方面天然不及非金融企业，它们基于外部无法获得的私人信息作出投资决策，还可能有意隐藏与其资产有关的公共信息以支持其流动性提供者的角色。Jones 等（2013）进一步解释了银行信息透明度更差的原因：一是信息披露不完整，二是以矛盾的方式解释已有信息；三是商业模式极其复杂以至于几乎不可能准确估值。此外，他们还据此列举银行透明度较差的资产依次是：企业贷款、住宅贷款、资产和住宅抵押支持证券。

“坏消息窖藏理论”是解释股价崩盘风险的权威理论，它和解释银行贷款供给在经济危机或金融危机期间顺周期问题的权威理论——“资本紧缩理论”（Bernanke 和 Lown，1991）有相似的内在逻辑。前者认为企业隐藏的坏消息积累到一定程度被迫释放时将引发股价崩盘，后者认为银行未确认贷款减值损失积累到一定程度被迫一次性确认时将导致资本不足和贷款供给减少。“资本紧缩理论”是本书提炼会计方法虚增监管资本诱发风险隐患机理的重要依据，因为“未确认贷款减值损失积累”是一个会计问题，所以股价崩盘的机理与本书总结的会计方法虚增监管资本诱发风险隐患的机理基本一致。另外，企业之所以能够隐匿坏消息也和其经营资产的复杂程度及相关会计处理裁量权有关。银行的信息透明度比非金融企业更差（Bushman，2016），一些银行资产的商业模式极其复杂（Jones，2013），给管理层创造了较大的会计处理裁量空间。因此，我们认为，机会主义会计裁量权过度运用也是诱发股价崩盘风险的原因之一。综合上述分析，会计方法虚增监管资本在市场层面可能诱发股价崩盘风险的机理如

图 6－5 所示。

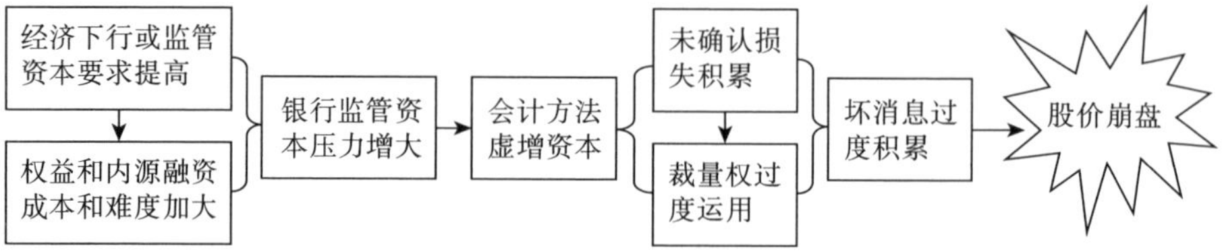

图 6－5　会计方法虚增监管资本诱发股价崩盘风险的机理

第7章

会计方法虚增监管资本诱发风险隐患的行业和案例分析

7.1　对风险隐患分析数据筛选的说明

本书第6章讨论了会计方法虚增监管资本诱发风险隐患的机理和类别，提炼出两条机理：第一，未确认损失积累到一定程度诱发风险；第二，机会主义会计裁量权运用到一定程度。关于风险隐患类别，虽然欧美文献（Bushman，2016；ESRB，2020）认为，会计方法虚增监管资本可能诱发宏观金融风险，但过去数年来我国没有发生金融危机，缺少讨论的基础，因此关于风险隐患类别的分析仅聚焦微观层面的。本书认为，会计方法虚增监管资本可能诱发三个层面的微观风险隐患：一是在资本层面可能诱发资本违规风险，二是在经营层面可能诱发流动性风险，三是在市场层面可能诱发股价崩盘风险。

关于会计方法虚增监管资本诱发风险隐患的研究大多基于2008年全球金融危机期间的相关数据，尤其以欧美商业银行数据为主，鲜有基于我国银行数据的文献。这是因为此次金融危机主要席卷欧美等西方国家，具有一定的区域性特征。而过去数年来由于我国政府对重大经济问题的及时引导和干预，多次避免了金融危机的发生，这导致我国缺少讨论银行会计信息质量与金融风险关系问题的现实环境，因此欧美学者发表了大量相关成果而我国学术界却较少讨论这一问题。但本书认为，自 2013 年以来我国商业银行经营的制度环境和宏观经济环境均发生了较大变化。制度环境变化的标志是 2013 年开始实施的《资本办法》大幅提高了监管资本的数量和质量要求；宏观经济环境变化的标志是 2014 年中央经济工作会议关于我国经济发展进入新常态的判断以及 2015 年以来我国 GDP 增长率降至 7% 及以下的现实。另外，2019 年以来锦州银行和包商银行等个别银行爆雷事件的出现也说明一些商业银行在经营方面遭遇了一些前所未有的新挑战。

本书第 5 章对我国商业银行会计方法虚增监管资本的渠道进行了大样本和案例分析，运用了行业分析、实证分析和案例分析等多种方法，发现了我国商业银行利用贷款减值和金融投资等渠道虚增监管资本的充分证据。上述研究筛选数据的逻辑是：2013 年开始实施的《资本办法》要求商业银行在 2018 年核心资本充足率不低于 7.5%、资本充足率不低于 10.5%（在不考虑第二支柱资本要求的正常时期），资本充足率要求大幅增加，而且上述要求必须用成本更高的权益资本来满足，使银行业整体的监管资本压力陡增；与此同时，我国宏观经济增速开始放缓。在上述双重压力之下商业银行可能运用会计方法虚增监管资本，因此选取 2010—2018 年的数据，使观测期既包括政策实施前三年又包括政策逐步加强的年份，能够更加充分反映政策变化的影响；所选取的银行样本涵盖 2010—2018 年我国所有上市商业银行，能够反映我国银行业基本情况。

本书第 7 章筛选数据的逻辑与第 5 章不同。前者是分析和检验我国商业银行是否因会计方法虚增监管资本而诱发风险隐患，后者是分析和检验我国商业银行在监管资本要求提高和宏观经济下行的双重压力下是否会运用会计操作来缓解资本监管压力。风险隐患和虚增监管资本的会计操作是性质完全不同变量，前者可能集中出现在经济下行和金融危机期间，后者则可能出现在更宽泛的情景之中。正因如此，欧美关于会计信息质量和金融风险的研究多以 2008 年金融危机期间的相关数据为基础。我国未经历金融危机，宏观经济增速虽然放缓但仍以 5%—7% 的速度增长，在过去 5—10 年我国不存在研究会计信息质量与金融风险关系的数据基础。因此，本书第 7 章对会计方法虚增监管资本诱发风险隐含问题的分析和检验以小范围的行业数据和案例数据为主，没有采用大样本实证分析方法。

7.2 基于 B 银行数据的资本违规风险分析

7.2.1 选取 B 银行数据分析资本违规风险的原因

B 银行于 1997 年在城市信用社联合社的基础上组建成立，属于城市商业银行，2015 年在香港联合交易所主板上市。2019 年 4 月 B 银行发布公告，2018 年年报延迟披露，并于 5 月再度延期。按照香港联合交易所的有关规定，B 银行股票立即停牌。该银行于 2019 年 5 月发布公告，称董事会及审计委员会接获审计机构安永的辞任函，并更换国富浩华（香港）会计师事务所为新的合作方。2019 年 8 月 30 日公布的 2018 年年报披露资产减值损失 236.84 亿元（同比增长 587.6%）、资本充足率为 9.21%，降至监管红线（10.5%）以下，出现了资本违规风险，这也被媒体称为“银行爆雷”事件。[①] 监管机构通过引入战略投资者和更换管理层等措施处置该事件，共耗时一年多，相关主要事件发生时间汇总如表 7-1 所示。

表 7-1　　B 银行资本违规事件发展时间表

事件发生时间	事件内容
2018 年 5 月	披露更换会计师事务所议案，因毕马威服务期限届满，聘任安永为 2018 年年报审计机构
2018 年 12 月	发行 10 亿股港股股票，发行价为每股 8.3 港元，每股面值为 1 元人民币，发行新股所产生的溢价为 62.33 亿元人民币，计入资本公积
2019 年 4 月	延迟披露 2018 年年报，因为无法提供一些贷款的商业基准和会计处理文件，安永无法按时完成相关审计工作，4 月 1 日股票停牌

① 《东北金融困局缩影：B 银行“爆雷”半年亏损近百亿》，《科技金融在线》2019 年 8 月 23 日。

续表

事件发生时间	事件内容
2019 年 5 月	2018 年年报披露再度延期，因为无法解释一些贷款的商业逻辑及其真实性和合理性及还款来源，导致在这些贷款减值准备计提方案上无法与审计机构达成一致；股票继续停牌
	安永提交辞任函，因为发现银行向某些客户发放的某些贷款实际用途与文件所述不符，于是要求提供额外文件以证明客户还款能力和实际用途，旨在评估贷款的可收回性，但截至提交辞任函之日，未能就处理该事项所需的文件范围达成一致。安永辞任后决定聘任国富浩华（香港）会计师事务所为新任年报审计机构；股票继续停牌
2019 年 7 月	监管机构与部分金融机构商讨 A 银行爆雷事件对策，引入工商银行、中国信达、长城资产三家战略投资者
2019 年 8 月	公布 2018 年年报，净利润由 2017 年的 89.77 亿元人民币转亏为 -45.38 亿元人民币，资本充足率低于监管要求，出现资本违规，股票复牌后大幅下跌
2019 年 10 月	暂停向 AT1 美元债券的投资者派发一年票息，出现财务困境
2019 年 12 月	浙商证券撤销对 A 银行 A 股首次公开发行股票上市辅导
2020 年 10 月	引入成方汇达、辽宁金控两家战略投资者

资料来源：依据 B 银行公开披露的相关公告整理。

B 银行为何出现资本违规风险呢？安永在辞任函中称，在 2018 年度财务报表审计期间有迹象显示该银行向其机构客户发放的某些贷款实际用途与其信贷文件中所述的用途不一致①。另外，该银行 2018 年年报显示，当年确认的资产减值损失为 236.84 亿元，较 2017 年末增加 587.58%，其中确认的贷款减值损失为 174.90 亿元，较 2017 年末增加 977.5%。依据上述披露信息和数据，我们判断该银行出现资本违规风险的主要原因在贷款减值核算上，它可能存在多次推迟确认贷款减值形成的“大额累积隐蔽损失”诱发本次资本违规风险，这与本书第 6 章提炼的会计方法虚增监管资

① B 银行，“更换核数师”的公告，2019 年 5 月 31 日，www.jinzhoubank.com/Abank/investor/xxpl/ggjth/index.html。

本诱发风险隐患的机理一致，即在资本压力陡增时选择会计裁量空间大、对资本敏感、透明度低的资产项目虚增监管资本，连续多年重复上述操纵后形成巨额未确认损失积累问题，在出现触发事件被迫确认这些累积损失时诱发资本违规风险（见图 6 – 1 和图 6 – 3）。我们认为 B 银行爆雷事件是会计方法虚增监管资本诱发资本违规风险的典型案例，因此选择该银行作为资本违规风险分析的案例素材。

7.2.2 推迟确认资产减值成为银行虚增监管资本常用方法的原因

B 银行 2018 年年报披露，该银行因一次性确认巨额资产减值损失而诱发资本违规风险。据此我们判断该银行前期推迟确认了这些资产减值损失以虚增监管资本。此外，欧美商业银行数据的研究文献也发现了银行通过推迟确认贷款等资产的减值损失虚增监管资本的大量证据。那么，为什么商业银行将推迟确认资产减值作为虚增监管资本的常用方法呢?

商业银行资产负债表中的资产项目多为金融资产。Nissim 等（2007）统计发现，2005 年美国所有银行控股公司金融资产占总资产比率的均值是 90.44%。美联储披露的 2012 年美国商业银行金融资产占比的均值是 91.2%。[①] 于永生等（2018）统计发现，2014 年我国 A 股 16 家上市商业银行金融资产占比的均值是 98.18%。依据《企业会计准则第 22 号——金融工具确认和计量》（2006）[②]，金融资产按照公允价值或摊余成本计量；在资产负债表日，除以公允价值计量且其变动计入当期损益的金融资产之外，要检查其他金融资产的账面价值，如有客观证据表明该金融资产发生减值，应当计提减值准备。于永生等（2018）统计发现，2014 年我国 A 股 16 家上市商业银行以公允价值计量且其变动计入当期损益的金融资产占

---

① 美国联邦储备委员会发布的 *H. 8——Assets and Liabilities of Commercial Banks in US*，2012 年 12 月 28 日。

② 本章仍参考 2006 年发布的《企业会计准则》中的旧金融工具准则，因为所分析的数据大多依据旧金融工具准则编制；我国在 2018 年开始实施新金融工具准则；本章也涉及 2018 年数据，届时如果有必要将进行特别说明；另外，虽然本章所关注案例银行是按国际会计准则编制财报，但因我国《企业会计准则》与其趋同，不再区分，必要时将对差异之处进行特殊说明。

总资产比率的均值是1.65%。依据上述统计数据，扣除现金及存放中央银行款项等项目之外，本书估计在资产负债表日需要进行减值测试的金融资产占总资产的均值约为80%。

为什么推迟确认资产减值损失成为银行虚增监管资本常用方法？原因有以下四个：

一是资产负债表日银行需要进行减值测试及减值处理的金融资产规模较大，涉及的项目主要有发放贷款及垫支、应收账款类投资、持有至到期投资、可供出售金融资产四类，这些资产占银行总资产比例很大；因资产减值会计涉及的金融资产占比最高、金额最大，会计处理所涉及的金额较高，加之这些资产透明度较低，使其成为银行虚增监管资本的最主要操作对象。

二是金融资产市场价值敏感性强、波动幅度大；从本质上看金融资产是一些约束未来收款权利的契约，期限长短不一、对手能力参差不齐，其价值不仅受到国内外政治、经济、市场、行业等宏观因素影响，也受到对手经营管理水平和履约能力等微观因素制约，不确定性强，具有很高的市场敏感性；在资产负债表日，通常会有部分金融资产出现减值迹象，在经济下行期和经济欠发达地区出现减值迹象金融资产的比率更大。

三是资产减值会计处理裁量权空间大；依据《企业会计准则第22号——金融工具确认和计量》(2006)，如果有客观证据表明金融资产发生减值，则应当计提减值准备，表明资产发生减值的客观证据是指初始确认后实际发生的、对该资产的预计未来现金流量有影响的且能够对该影响进行可靠计量的事项。可见，资产减值会计处理涉及较多估计和判断（如识别减值证据、预计未来现金流量等），这些估计和判断为银行虚增监管资本提供了较大裁量空间。

四是资产减值对监管资本影响大；依据《资本办法》，资本充足率=（总资本－对应资本扣减项）/风险加权资产×100%；盈余公积和未分配利润等会计数据计入总资本；当银行计提资产减值损失时，该准备作为损失冲减税前利润，侵蚀盈余公积和未分配利润等财报项目，直接压缩资本充足率计算公式的分子，拉低了资本充足率指标。

7.2.3 文献综述

银行资产减值会计涉及的项目主要有发放贷款及垫支、应收账款类投资、持有至到期投资、可供出售金融资产四类，其中发放贷款及垫支占比最高，计提减值准备金额通常最大，相关研究数量最多，因此以下集中综述针对贷款减值准备虚增监管资本的文献。

Betty（1995）较早发现银行利用贷款减值准备进行资本管理的证据。Collins（1995）发现，1990 年之后银行只能将有限的贷款减值准备（不能超过风险权重资产的 1.25%）计入二级资本金，对资本充足率影响有限，因此利用贷款减值准备进行资本管理的动机减弱了。Huizinga 等（2012）研究发现，银行计提贷款减值时常常高估不良贷款价值以粉饰报表数据。Dushyantkumar 等（2011）检验金融危机时期数据，发现银行在经济下行时期对贷款减值准备会计处理的及时性较低，延迟确认贷款减值准备的倾向明显。Ng 等（2011）以 2008—2010 年美国破产银行作为研究对象，发现在经济上行时期银行利用贷款减值准备进行资本管理。Huizinga 等（2012）分析美国银行 2001—2008 年数据，发现银行在金融危机期间为减缓资产贬值压力倾向于少计提贷款减值准备。Balla 等（2012）实证研究发现，银行利用贷款减值会计来管理收益，也发现银行利用它规避税收和管理资本的证据。Ozili（2015）检验尼日利亚银行数据发现，银行利用贷款减值准备会计进行资本管理、盈余管理和信号传递。许友传（2011）实证研究我国银行在资本约束下的资本管理行为，发现当受到较大监管压力时银行通常会加大计提贷款减值准备来调增资本。宋洪吉等（2013）以资本缓冲为变量设计模型，发现我国银行存在通过贷款减值准备计提进行资本管理的行为。袁鲲等（2014）发现，我国银行有强烈资本管理动机，还发现银行贷款损失准备计提存在显著的顺周期性。

7.2.4 资本压力增加与延迟确认资产减值关系分析

本书研究的基本假设是，商业银行在遭遇较大监管资本压力时可能会选择会计方法虚增监管资本，而持续性的会计方法虚增监管资本行为可能会诱发资本违规风险、流动性风险和股价崩盘风险，这里仅聚焦资本违规风险的诱因。依据这一假设的逻辑，我们首先分析B银行监管资本压力增加与推迟确认资产减值行为的关系。

银行资本压力增加主要源于资本要求提高和宏观经济增速放缓，过去一段时间内上述因素在我国银行业并存。2013年开始实施《资本办法》，将资本充足率由8%提高至10.5%，给定6年过渡期，2018年必须达标；2014年12月中央经济工作会议作出了我国经济发展进入新常态的基本判断。因此，本书判断在2013—2018年我国商业银行受到上述两种因素叠加影响，监管资本压力普遍增加。基于上述判断和分析的需要，我们手工收集B银行2013—2018年年报相关数据并计算相关比率，汇总如表7－2和表7－3所示。

表7－2　　B银行相关资产及减值数据

项目名称	2013年	2014年	2015年	2016年	2017年	2018年
资产总额（千元）	175513850	250692720	361659913	539059522	723417650	845922748
资产减值损失（千元）	274739	793469	2296943	2784895	3444523	23683718
贷款及垫款总额（千元）	78273249	88799260	101174410	126800083	215121174	370725731
贷款及垫款的减值损失（千元）	126474	706266	1867757	1153424	1623208	17489929
风险加权资产总额（千元）	116692191	181710777	287662070	407922931	553087541	734050677
资本充足率（%）	10.89	10.45	10.50	11.62	11.67	9.12
资本指标监管红线（%）	8.50	8.90	9.30	9.70	10.10	10.50

资料来源：从B银行2013—2018年年报相关项目中手工收集获得。

表7－3　　B银行相关资产及减值的比率数据　　（单位:%）

指标名称	指标含义	2013年	2014年	2015年	2016年	2017年	2018年
资产减值与资产总额之比	资产减值计提程度	0.16	0.32	0.64	0.52	0.48	2.80
资产减值与风险加权资产总额之比	资产减值侵蚀资本的程度	0.23	0.43	0.79	0.68	0.62	3.22
资本缓冲	资本压力程度	2.39	1.55	1.20	1.92	1.57	－1.38

续表

指标名称	指标含义	2013 年	2014 年	2015 年	2016 年	2017 年	2018 年
资产总额年增长率	变动趋势	42.38	42.58	45.44	49.05	34.20	16.93
贷款及垫款总额年增长率	变动趋势	24.01	12.01	19.00	25.33	69.65	72.33
资产减值损失年增长率	变动趋势	-8.03	188.81	189.48	21.24	23.69	587.58
贷款减值损失年增长率	变动趋势	8.92	45.71	71.57	26.11	23.96	279.24

资料来源：从 B 银行 2013—2018 年年报相关项目中手工收集获得。

（1）监管资本压力与推迟确认资产减值的关系

我们运用“资本缓冲”指标设计了“资产减值与资产总额之比”和“资产减值与风险加权资产总额之比”两个新指标来反映案例银行资本压力与资产减值推迟确认的关系。“资本缓冲”指标越大说明银行资本压力越小，反之则说明资本压力越大，如果为负值说明银行资本水平低于法定标准，将被采取监管措施。银行资产总额中金融资产占比超过 90%，这些资产大多需要在资产负债表日进行减值测试，从而确定减值损失金额，因此“资产减值与资产总额之比”能反映资本负债表日银行资产减值的计提程度。资本充足率（综合资本指标）是总资本净额与风险加权资产总额的比率，资产减值损失直接侵蚀总资本净额，拉低资本充足率；测算资产减值对资本充足率的影响程度的有效办法是计算“资产减值损失占风险加权资产总额的比率”，它反映资产减值侵蚀资本指标的程度。

观察图 7-1 发现，B 银行 2013 年资本缓冲较高，资本压力不大，但在 2014—2015 年随着整体经济增速放缓 B 银行资产减值计提程度有所提高，加之监管红线逐年提高①，导致其 2015 年的资本缓冲降至 2013 年的一半，监管资本压力陡增；为应对挑战 B 银行加强了资本管理的力度，除继续增资扩股之外（2016 年和 2017 年合计股权融资约 170 亿元人民币），

① 按照监管要求，2013 年资本充足率的监管红线是 8.50%，接下来每年提高 0.4%，到 2018 年达到 10.50%。

还明显地降低了资产减值损失计提程度，2016 年资产减值计提程度同比下降 18.75%，2017 年同比又下降 7.69%，资产减值侵蚀资本的程度也相应降低 13.92% 和 8.82%。

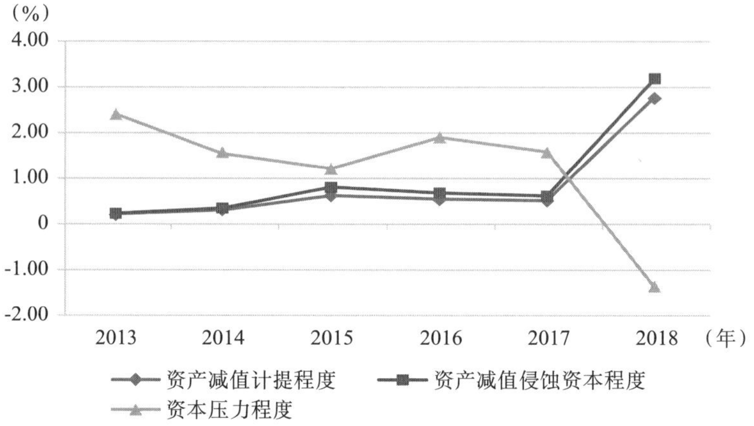

图 7－1　B 银行资产减值计提程度与资本压力关系

（2）贷款与贷款减值变化趋势

依据《企业会计准则第 22 号——金融工具确认和计量》及其应用指南，银行要在资产负债表日对公允价值计量且其变动计入当期损失的金融资产以外的金融资产的账面价值进行检查，有客观证据表明该金融资产发生减值的应当计提减值准备；可以选择对单项资产进行减值测试，也可以采用组合方式进行减值测试；采用组合方式进行减值测试应当根据以前年度历史数据确定计提坏账准备的比例。基于上述规定，本书判断通常情况下银行资产减值损失金额的变化趋势与相应资产规模的变动趋势具有同步性。在银行金融资产中，贷款及垫款占比最高、贷款减值损失金额是资产减值损失中占比最高的项目；本书第 4 章也将推迟确认贷款减值作为会计方法虚增监管资本的主要渠道，因此本书确定“贷款及垫款总额年增长率”和“贷款减值损失年增长率”这两个观测值，它们的变动趋势也应该基本趋同，如果不同则表明贷款减值核算中可能存在人为操纵。另外，我们也设计“资产总额年增长率”和“资产减值损失年增长率”等观测指标，它们的变动趋势应基本趋同，如果不同则说明资产减值操作中可能存在人为操纵。

观察图 7 - 2 发现，案例银行的“贷款及垫款总额年增长率”和“贷款减值损失年增长率”的变化趋势不一致，前者于 2013—2016 年以 12%—25% 的速度温和增长，该增速远低于“资产总额年增长率”，但在 2017 年和 2018 年则以约 70% 的增速快速增长，而后者 2013—2016 年三年增长率分别是 8.92%、45.71% 和 71.57%，增速快速提高，但 2016 年却快速下降至 26.11%、2017 年继续下降至 23.96%，在爆雷年（2018 年）又急增到 279.24%。另外，“资产总额年增长率”和“资产减值损失年增长率”的变化趋势也不一致，前者于 2013—2016 年以 40% 多的增长率稳步增长但 2017 年和 2018 年增长率则下降到 34.20% 和 16.93%（爆雷年），而后者在 2013 年出现负增长，而后在 2014 年和 2015 年以近 200% 的速度增长，但 2016 年和 2017 年两年增速嘎然降至 20% 左右，最后在爆雷年又快速增加至 587.58%。这两对观测值的变化趋势均不一致，说明案例银行资产减值和/或贷款减值会计处理中可能存在人为操纵行为。

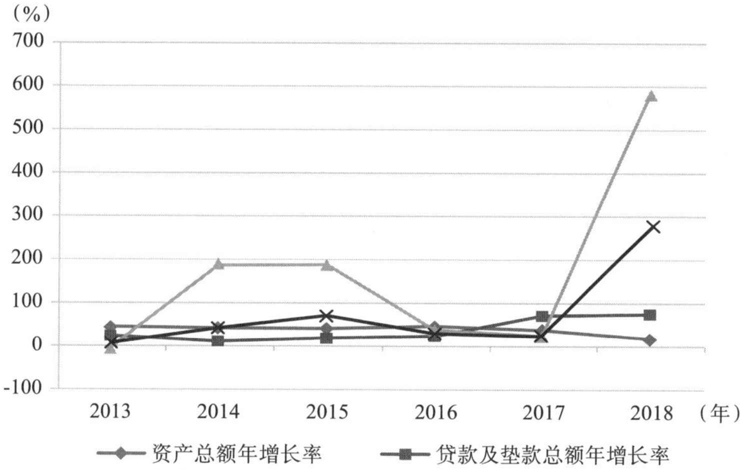

图 7 - 2　案例银行相关资产及减值变化趋势

虽然上述两对观测值的变化趋势不一致，但观察图 7 - 3 发现，“资产减值损失年增长率”与“贷款减值损失年增长率”的变化趋势具有同步性。尽管“资产总额”中包含“贷款及垫款”，但从表 7 - 3 可知两者的变动趋势和幅度显著不同，说明两者之间不具有内生性。虽然变动幅度不同，但“资产减值损失年增长率”与“贷款减值损失年增长率”在2013—2015年分别稳步提高至189.48%和71.57%，然后在2016年分别大幅下降至21.24%和26.11%，在2018年（爆雷年）分别急剧提高至587.58%和279.24%。我们将图7-3的“资产减值损失年增长率”与“贷款减值损失年增长率”变化趋势与图7-2的“资本压力程度”变化趋势进行比较发现，B银行在2016年大幅调低了“资产减值损失年增长率”与“贷款减值损失年增长率”是因为它于2015年末遭遇了较大的资本充足率下行压力，为缓解压力B银行大幅调低了相关资产减值损失的计提比例。这一结论与“资产减值计提及侵蚀资本程度”部分的分析结论一致。

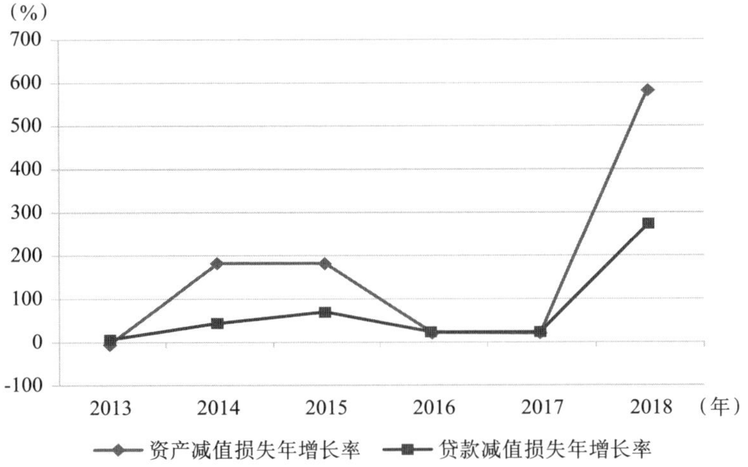

图7-3　资产减值损失年增长率与贷款减值损失年增长率变化趋势

（3）B银行与区域内同类银行资产减值和资本指标比较

通过对B银行相关数据纵向趋势分析，我们发现资产减值损失对资本指标产生实质性影响，因此在面临异常资本压力时该银行将延迟确认资产减值损失作为虚增监管资本工具，这与已有文献（宋洪吉等，2013；袁鲲等，2014）大样本研究的发现一致。为进一步验证该结论，我们将B银行资产减值、资本指标及其变化情况与另一家区域内同类银行的相关数据进行横向比较。李思慧等（2007）和肖梓光（2013）均认为，银行贷款最终都要落实到一定的空间区域，因此区域经济状况是影响银行不良贷款形成的一个原因。基于这一判断，如果真实反映了客观情况，则区域内同类银行的资产减值损失数据变化趋势应基本一致，如果差距较大则说明某家银行可能实施了操纵行为。在我国 16 家 H 股城市商业银行中盛京银行与 B 银行是区域内同类银行，它们的主要经营区域都是东北地区，资产规模（以 2018 年数据为准）也比较接近。我们手工收集盛京银行 2013—2018 年相关数据、计算相关比率，并将这些数据与 B 银行相关数据进行比较分析（见表 7－4、表 7－5 和图 7－4）。

表 7－4　　盛京银行资产减值与资本指标

项目名称	2013 年	2014 年	2015 年	2016 年	2017 年	2018 年
资产总额（千元）	355432167	503370514	701628500	905482647	1030617431	985432940
资产减值损失（千元）	171860	934151	1955377	3675411	1403284	6401249
风险加权资产总额（千元）	212674655	325922846	441206838	507222708	571122793	661889166
资本充足率（%）	11.17	12.65	13.03	11.99	12.85	11.86
资本指标监管红线（%）	8.50	8.90	9.30	9.70	10.10	10.50

资料来源：盛京银行披露的财务报告。

表 7－5　　盛京银行与 B 银行资产减值及资本指标比率　　（单位:%）

指标名称	指标含义	2013 年	2014 年	2015 年	2016 年	2017 年	2018 年
资产减值与资产总额之比	B 银行资产减值计提程度	0.16	0.32	0.64	0.52	0.48	2.80
资产减值与资产总额之比	盛京银行资产减值计提程度	0.05	0.19	0.28	0.41	0.14	0.65
资本缓冲	B 银行资本压力程度	2.39	1.55	1.20	1.92	1.57	－1.38
资本缓冲	盛京银行资本压力程度	2.67	3.75	3.73	2.29	2.75	1.36

资料来源：盛京银行披露的财务报告。

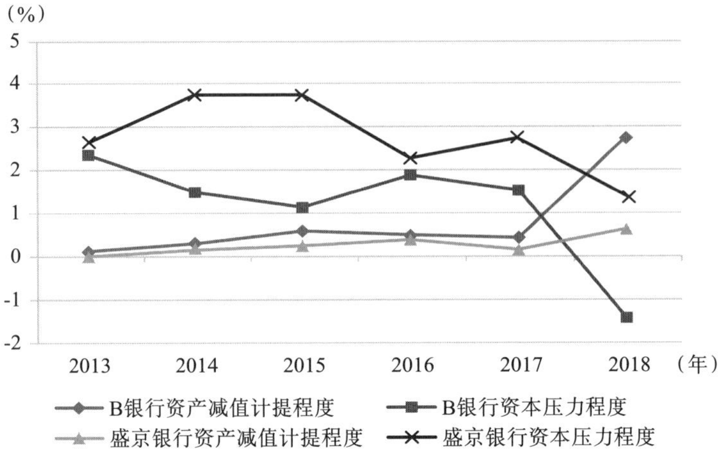

图 7－4　盛京银行与 B 银行资产减值计提程度与资本压力比较

观察图 7－4 发现，在资产减值计提程度和资本压力方面两家银行相同之处在于：一是资本指标波动性较大，二是 2018 年资产减值计提程度都显著增加，三是 2018 年资本压力均显著增加；不同之处在于：一是盛京银行的资本指标整体高于 B 银行，二是 B 银行的资产减值计提程度整体高于盛京银行，三是在 2017—2018 年盛京银行资产减值计提程度与资本压力呈负相关关系、其他年度两者无相关关系，而 B 银行在整个窗口期内均呈现负相关关系。

2013—2018 年两家银行资本指标波动较大，这与我国宏观经济增速放缓和监管红线提高、强监管、去杠杆等宏观经济和政策环境的叠加影响有关；2018 年两家银行资产减值计提程度提高和资本压力显著增加可能与资产减值核算由“已发生损失模型”调整为“预期损失模型”有关，这进一步佐证了资产减值对资本指标存在重要影响。宏观经济和监管及会计政策变化属于系统性因素，它们均作用于所有市场主体，产生相似的影响，不能作为判断单一主体个性化行为的依据。但 B 银行的资本压力明显大于盛京银行，在具备这一显著特征的前提下 B 银行存在 2013—2018 年资产减值计提程度与资本压力显著负相关的情况说明它可能运用了延迟确认资产减值的方法来虚增部分资本，以缓解资本压力。

（4）贷款减值指标与信用风险指标比较分析

贷款减值损失依据会计准则估计确定，信用风险指标依据监管规范核算。贷款减值损失计提程度是贷款减值损失与贷款及垫支总额之比，不良贷款率（信用风险核心指标）是不良贷款与贷款总额之比；如果真实反映客观情况，则这两个指标的具体数据可能不同，但变化趋势应该基本一致；如果变化趋势存在明显差异则说明贷款减值数据可能被操纵，因为贷款减值会计处理要依据估计或判断，存在操纵空间和可能。我们将 B 银行与盛京银行 2013—2018 年贷款减值损失计提程度和不良贷款率指标数据汇总于表 7 - 6，指标变化趋势情况如图 7 - 5 和图 7 - 6 所示。

表 7 - 6　　　　　　　　贷款减值损失和不良贷款率数据

项目和指标名称	2013 年	2014 年	2015 年	2016 年	2017 年	2018 年
B 银行贷款及垫支的减值损失（千元）	126474	706266	1867757	1153424	1623208	17489929
B 银行贷款及垫款总额（千元）	78273249	88799260	101174410	126800083	215121174	370725731
盛京银行贷款及垫支的减值损失（千元）	1878918	2697635	3928630	6535918	7730631	10358586
盛京银行贷款及垫款总额（千元）	133436810	158644499	195460365	235416650	279513418	376597360
B 银行贷款减值损失计提程度（%）	0. 16	0. 80	1. 85	0. 91	0. 75	4. 72
B 银行不良贷款率（%）	0. 87	0. 99	1. 03	1. 14	1. 04	4. 99
盛京银行贷款减值损失计提程度（%）	1. 41	1. 70	2. 01	2. 78	2. 77	2. 75
盛京银行不良贷款率（%）	0. 46	0. 44	0. 42	1. 74	1. 49	1. 71

资料来源：从 B 银行和盛京银行 2013—2018 年年报中手工收集获得。

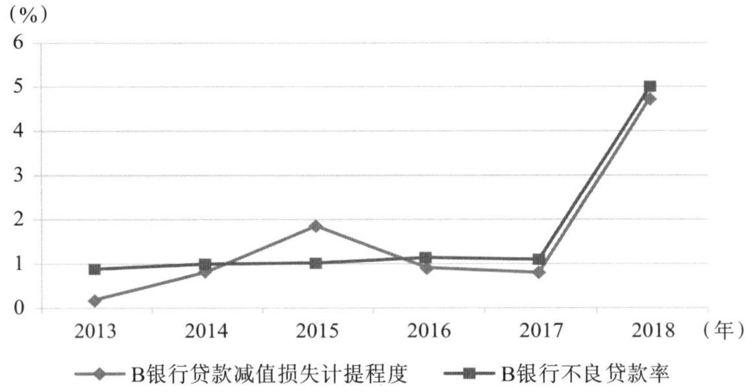

图 7-5　B 银行贷款减值损失计提程度和不良贷款指标变化趋势

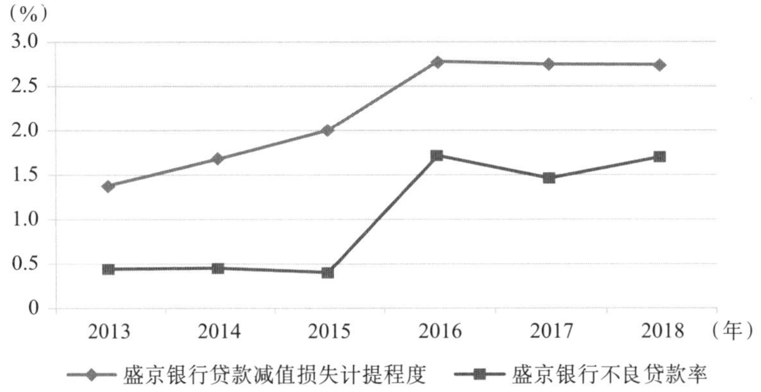

图 7-6　盛京银行贷款减值损失计提程度和不良贷款指标变化趋势

观察图 7-5 和图 7-6 发现，盛京银行的贷款减值损失计提程度与不良贷款率两个指标变化趋势基本一致且前者远远大于后者；趋势基本一致说明该行贷款减值估计与不良贷款核算所依据的基础一致，贷款减值指标远远大于不良贷款指标说明该行在会计估计裁量运用方面秉承更保守和更谨慎的理念。对于 B 银行而言，如果剔除 2018 年（爆雷年度），我们发现贷款减值损失计提程度与不良贷款指标变化有明显差异且前者大多时候小于后者，这说明该行贷款减值估计与不良贷款核算所依据的基础不一致，并且对不良贷款核算运用了更保守和更谨慎的原则，说明贷款减值中可能存在会计操纵问题；另外，B 银行不良贷款指标变化趋势非常平稳而贷款减值计提程度指标则波动较大，也说明可能其中存在会计操纵现象。

7.2.5 资产减值延迟确认与资本违规风险关系分析

本章 7.2.4 部分从多个角度论证了 B 银行监管资本压力的陡增与巨额未确认资产减值损失（尤其是贷款减值损失）的关系，获得了该银行为缓解资本压力而实施会计方法虚增监管资本操作的充分证据。正如前文所述，本书研究的基本假设是，商业银行在遭遇较大监管资本压力时可能会选择会计方法虚增监管资本，而持续性的会计方法虚增监管资本行为可能会诱发资本违规风险。因此，接下来我们将阐述 B 银行推迟确认巨额资产减值损失与资本违规风险的关系。

B 银行披露的“延迟 2018 年年报”“再次延迟 2018 年年报”和“审计机构辞任”等公告的相关内容揭示了资产减值延迟确认与资本违规风险的直接关系。按照香港联合交易所上市规则，2018 年年报应于 2019 年 3 月 31 日或之前披露，如无法公布年报也必须公布根据与审计机构未协商一致的财务数据所编制的业绩信息。但 B 银行既没有按时公布年报，也未发布任何业绩信息。延迟发布年报的原因是无法及时提供“某些客户融资活动的商业基准及会计处理的额外资料和文件”供审计机构审核；未发布业绩信息的原因是“未经审核的账目可能无法准确反映财务表现及状况，可能造成混乱并可能误导股东和潜在投资者”。[①] 根据“再次延迟 2018 年年报”公告，这些无法提供的资料和文件是关于“向机构客户提供的尚未结清余额的贷款，说明并证实该等交易的商业逻辑及其真实性和合理性以及该等贷款的还款来源，从而最终就相关资产拨备的计提方案达成一致”。[②]“审计师辞任”公告转述了安永辞任函的内容：“安永注意到有迹象显示银

---

① B 银行，“延迟刊发 2018 年年度业绩、可能延迟寄发 2018 年年报、延迟董事会会议及暂停买卖”的公告，2019 年 3 月 29 日，www. jinzhoubank. com/Abank/investor/xxpl/ggjth/index. html。

② B 银行，“有关延迟刊发 2018 年年度业绩、可能延迟寄发 2018 年年报、延迟董事会会议及继续暂停买卖的进一步公告”，2019 年 5 月 14，www. jinzhoubank. com/Abank/investor/xxpl/ggjth/index. html。

行向其机构客户发放的某些贷款实际用途与其信贷文件中所述的用途不一致，要求提供额外证明文件以证明客户偿还贷款的能力及该等贷款的实际用途，旨在评估该等贷款的可收回性”，但至辞任函日期无法获得上述文件，无法完成审计程序。①

梳理这些相关公告内容，可以获得如下关键信息：一是B银行向部分机构客户发放的贷款商业逻辑较差、真实性合理性不足，因而无法判断其可收回性；二是审计机构要对上述问题贷款计提较大比例的资产减值损失，但遭到B银行管理层拒绝，双方无法达成一致意见；三是上述问题贷款的金额较大，这是延迟披露年报、又延迟发布业绩信息的直接原因（违反了香港联合交易所上市规则中的两条）。虽然业绩信息可以是未经审计的，但此时B银行认可的金额与审计机构核准的金额差距较大，因而发布银行认可的业绩信息可能与后续发布年报的相关信息产生较大差异，造成混乱；另外，审计机构辞任行为证明了相关问题的严重性超出了其容忍限度，在巨大的审计风险面前这一新聘的审计机构只好选择辞任，说明问题贷款的金额较大、问题性质较严重。

基于上述分析，我们判断2015年B银行经历了监管资本压力的陡增后，在2016—2018年连续推迟确认资产减值损失，以缓解监管资本压力，致使2018年积累了较多未确认资产减值损失，形成“未确认损失积累”问题。当新聘审计机构发现该问题并在财务报告中披露时，遭到B银行拒绝。新聘审计机构为规避这一重大审计风险选择辞任，这时B银行被迫在披露公告中述及刚聘审计机构的辞任原因，问题被揭示出来，后续再聘的审计机构则顺势确认了全部资产减值损失236.84亿元（同比增长587.58%），致使当年产生净亏损45.38亿元，资本充足率也跌至监管红线以下，出现了资本违规风险，也引发了银行爆雷事件。B银行出现资本违规风险的过程可以用图7-7直观表示，该图所反映的危机事件诱因与本书第6章6.2部分总结的会计方法虚增监管资本诱发资本违规风险的机理一致。

① B银行，“更换核数师”的公告，2019年5月31日，www.jinzhoubank.com/Abank/investor/xxpl/ggjth/index.html。

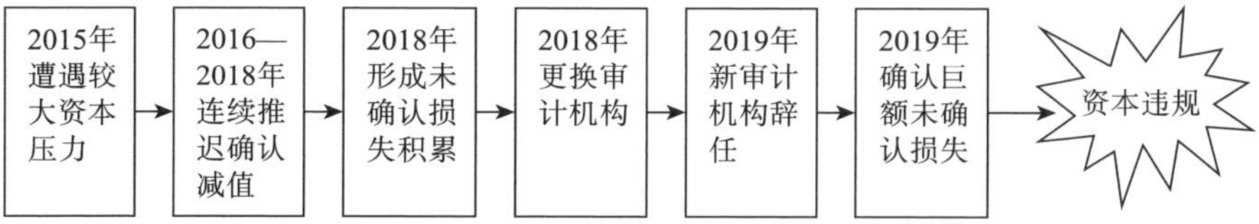

图 7-7　B 银行出现资本违规风险过程

7.3　基于 A 股上市商业银行数据的流动性风险分析

7.3.1　选取审慎过滤器制度调整期间数据分析流动性风险的原因

本书第 6 章讨论了会计方法虚增监管资本在经营层面诱发流动性风险的机理，即金融投资是银行内源流动性支撑的最重要力量，如果被大幅削弱则预示该银行存在流动性风险隐患。在经济下行或金融危机期间，银行监管资本压力增加，为缓解这一压力银行管理层可能对其金融投资实施如下会计操作：一是将更多金融投资归类为“持有至到期投资”（HTM），同时尽力推迟确认其减值损失；二是调增第三层次公允价值计量资产。上述操作的目的是避免将金融投资的未实现公允价值计量损失计入监管资本，确保监管资本合规，避免监管介入和监管处罚。已有文献使用 2008 年金融危机期间欧美银行数据对上述逻辑进行检验获得了充分证据（Argimon 等，2018；Kim 等，2019）。我国虽没有经历金融危机，但在 2013 年出现的审慎过滤器制度调整事件的焦点问题也是金融投资的未实现公允价值计量利得和损失是否应计入监管资本，因此这一期间数据可以用于检验我国商业银行对金融投资未实现公允价值计量利得和损失计入监管资本的态度，进而判断我国银行业是否会利用上述会计方法虚增监管资本，如果是则同样可能诱发流动性风险。

审慎过滤器制度是商业银行在核算资本充足率时，依据资本监管制度界定的资本定义对财务报告中确认的未实现公允价值计量利得和损失进行筛选以确保监管资本质量的一种制度。审慎过滤器制度及其调整对资本监管产生重要影响。《巴塞尔协议Ⅲ》对审慎过滤器制度作出重大调整，将更多金融投资的未实现公允价值计量利得和损失纳入监管资本核算中，使监管资本受市场波动的影响加大，不仅给商业银行资本监管带来新挑战也实质性影响其金融投资决策，因而引起欧美金融界和学术界极大关注。我国银监会于2012年发布了中国版“巴塞尔协议Ⅲ”，即《资本办法》，于2013年1月1日起实施。该办法全面引入了《巴塞尔协议Ⅲ》对审慎过滤器的最新调整内容。2007年11月，银监会发布了中国版的“审慎过滤器制度”，2008年1月开始实施，《资本办法》废止了其核心内容。依据这一制度生效时间（2008年）和废止时间（2013年），我们选定2008—2012年和2013—2017年两个时间段、共16家A股上市商业银行金融投资相关数据的变化趋势进行分析①，观察我国主要商业银行对金融投资的未实现公允价值计量利得和损失是否计入监管资本的态度，以及相应金融投资决策的调整情况和这些调整对商业银行流动性风险的影响。

7.3.2 为什么要引入审慎过滤器制度

审慎过滤器制度虽缘起于美国，但在全球的应用拓展得益于国际财务报告准则（之前称“国际会计准则”）的推广。美国银行监管机构引入审慎过滤器制度是因为美国会计准则SFAS115“某些债务与权益证券的会计处理”扩大对金融投资应用公允价值计量，从而使商业银行财务报告中出现了更多未实现公允价值计量利得和损失；但银行监管机构认为它们不符合监管资本定义，因此必须“过滤”出去，防止监管资本质量受到影响。巴塞尔银行监管委员会（BCBS）在全球范围推广审慎过滤器同样是因为国际会计准则IAS39“金融工具确认与计量”扩大对金融投资应用公允价

---

① A股上市银行于2016年开始再次扩容，考虑到数据可得性，选择原16家上市银行作为样本，具体为5家国有大型银行，分别为中国银行、工商银行、农业银行、建设银行、交通银行；8家全国性股份制银行，分别为招商银行、浦发银行、中信银行、平安银行、华夏银行、兴业银行、光大银行、民生银行；3家城市商业银行，分别为北京银行、南京银行、宁波银行。

值计量，其目的也是将不符合资本定义的未实现公允价值利得和损失剔除在监管资本之外。可见，监管机构认为，金融投资运用公允价值计量产生的未实现利得和损失不符合监管资本定义，因此制定针对性制度将其剔除在外，这是引入审慎过滤器制度的根源。

表 7－7 整理了 IAS39 实施后 BCBS 在 2004 年 6—12 月发布的三份新闻稿（Press release）中确定的审慎过滤器内容。在 BCBS 发布审慎过滤器公告后不久，欧洲银行监管委员会（CEBC）于 2004 年 12 月 21 日发布了欧盟适用的审慎过滤器，虽然在内容上与 BCBS 的基本一致，但在实施强度上却有显著差异，CEBC 要求欧盟成员国要尽力实施审慎过滤器的规定，明显比 BCBS 的态度更强硬，这促使审慎过滤器在全球范围应用拓展开来。①

表 7－7　BCBS 新闻公告的审慎过滤器制度与《巴塞尔协议Ⅲ》中对应内容的比较

涉及的财务报告项目	新闻公告（2004）的规定	《巴塞尔协议Ⅲ》的规定
在权益中确认的现金流量套期的累计公允价值利得和损失	从一级和二级资本中扣除	从核心一级资本中扣除
对负债应用公允价值计量选择权时因自身信用变动产生的利得和损失	从一级和二级资本中扣除	从核心一级资本中扣除
可供出售金融工具的减值损失	不应用审慎过滤器	不应用审慎过滤器
指定为可供出售贷款的公允价值利得或损失	应从一级和二级资本中扣除	不应用审慎过滤器
可供出售权益证券的公允价值利得或损失	部分计入二级资本是合适的	不应用审慎过滤器
可供出售债务证券的公允价值利得或损失	从一级和二级资本中扣除或者仅计入二级资本	不应用审慎过滤器
自用和投资不动产的公允价值利得	部分计入二级资本，但应谨慎处理	不应用审慎过滤器

资料来源：根据 BCBS 相关新闻公告整理。

① CEBS, Guidelins on Prudential Filters for Regulatory Capital, Press Release, 21, December, 2004.

7.3.3 审慎过滤器制度的调整

2008 年全球金融危机的深刻教训推动 BCBS 对其资本框架进行系统性改革。2010 年 12 月，BCBS 发布《巴塞尔协议Ⅲ》（2011 年 6 月修订），引发审慎过滤器调整。《巴塞尔协议Ⅲ》第 13 页脚注 10 明确指出，不能将资产负债表中确认的未实现公允价值计量利得和损失从核心一级资本中移除①。这意味着 BCBS 对其 2004 年发布的审慎过滤器制度作出重大调整，废止了该制度的核心内容。表 7－8 将 2004 年 BCBS 新闻公告中界定的审慎过滤器制度与《巴塞尔协议Ⅲ》中对应的内容进行比较。

由表 7－8 可知，除现金流量套期储备和自身信用变动产生的公允价值计量利得和损失之外，《巴塞尔协议Ⅲ》删除了大部分其他审慎过滤器的内容，最主要的是将先前针对“可供出售金融资产”公允价值利得或损失的审慎过滤器予以删除，使这类资产的未实现公允价值计量利得和损失可直接影响监管资本充足水平。

7.3.4 审慎过滤器制度调整的原因

审慎过滤器制度缘起于美国，因国际财务报告准则的全球应用而拓展，随着 BCBS 全球商业银行资本监管框架的完善而调整。审慎过滤器制度设计的初衷是应对会计准则引入公允价值计量金融工具所产生的未实现利得和未实现损失。会计准则引入公允价值计量金融工具是吸收了美国储贷危机的深刻教训，即基于历史成本的财务报告数据无法反映银行真实的财务状况，会误导监管机构和投资者，因为银行资产负债表中所载项目 90% 以上为金融工具，其特点是受市场状况变化的直接影响，价值波动幅度大、频率高，只有“盯市”估值法（即公允价值）才可能反映出具有决策价值的财务报告信息。但银行监管机构认为会计准则的这种调整忽视了

---

① BCBS, Basel Ⅲ: A global regualtory framework for more resilient banks and banking systems, Para. 1－52, December 2010 (rev June 2011).

它们的关切，即监管资本应具有可靠性、永久性，能够不受约束地即刻吸收损失且在金额上无争议，“盯市”估值法产生的未实现利得和损失不符合资本定义、不具备损失吸收能力，应该从监管资本中过滤出去。从本质上看，会计准则引入公允价值将银行财务报告与市场波动连接在一起，而银行监管机构创设审慎过滤器工具则将财务报告反映的一部分市场波动因素剔除在外，因此它是监管资本与市场波动的“隔离工具”。

然而将监管资本与市场波动隔离引发了市场约束弱化和监管介入滞后问题。剔除了市场波动因素的监管资本数据无法反映商业银行当前市场情况下应对风险的能力，加剧了信息不对称程度，不仅严重弱化了市场监管的能力也使监管介入的及时性大大降低。而银行管理层可能应用审慎过滤器普遍实施的资本套利操作使监管资本数据的信息含量和决策价值进一步降低，市场约束和监管约束的效力也被进一步削弱。上述论断的市场证据被学者多次捕捉获得。例如，Hodder 等（2002）分析了 230 家美国商业银行相关数据发现，新会计制度（即 SFAS115）生效后资本较弱的银行将更多证券划分为“可供出售”，目的是增加监管资本；监管资本下降时，所有银行都调整了其关键证券投资组合。在 2008 年全球金融危机期间，欧洲商业银行监管资本面临很大压力，它们游说金融监管机构向 IASB 施压，允许对划归为“交易性”的金融资产进行重分类。Fiechter（2011）发现，在重分类限制放松后约有 1/3 欧盟商业银行对原归类为“以公允价值计量且其变动计入损益”金融资产实施了重分类处理，重分类资产金额约占商业银行总资产的 3.9%，占权益账面价值的 131%。Ng（2014）研究金融危机期间美国商业银行新计提贷款减值准备情况发现，前期累计贷款减值准备接近或超过监管限制标准的银行计提贷款减值准备动机远低于其他银行。

除了针对审慎过滤器的资本套利行为之外，银行管理层掩饰问题、逃避监管介入的证据也被学者发现。Andrew（2015）研究美国人寿保险公司样本（相关会计准则允许这类公司对部分市值下跌的金融工具应用历史成本计量）发现，在监管资本或流动性压力下管理层会优先出售优质资产，将市值下跌较多的有毒资产保留在资产负债表上。Linsmeier（2011）发现，在2009年倒闭的140家美国商业银行中多达120家的资本监管报告显示其资本状况为“充足”（Adequately capitalized，即一级资本充足率超过4%），其资产负债表也披露了数额可观的净资产；2010年9月联邦存款保险公司（FDIC）披露的860家问题银行的资本监管报告和财务报告也存在类似现象。这说明这些银行的资本监管报告和财务报告几乎无法反映它们财务和资本恶化的情况。

《巴塞尔协议Ⅲ》将提升资本质量、资本核算的一致性和资本要素的透明度作为资本框架改革的核心。2004年BCBS以新闻公告形式发布的审慎过滤器一直未被纳入资本框架且其实施弹性和难度均较大，严重影响了各国资本核算的一致性；另外，审慎过滤器隔离监管资本与市场波动以及管理层针对它所实施的监管套利行为均实质性地破坏了资本要素的透明度、影响了市场约束的效果。这是废止大部分审慎过滤器内容并将余下部分纳入监管资本框架的原因。

7.3.5 审慎过滤器调整对欧美商业银行金融投资的影响

《巴塞尔协议Ⅲ》的审慎过滤器调整引起了欧美金融界极大关注，焦点是“可供出售证券”（Available for sale，AFS）的未实现利得和损失由原来排除在监管资本核算之外调整为之内。调整之前会计处理上将“可供出售证券”的未实现利得和损失计入“累计其他综合收益”（Accumulated other comprehensive income，AOCI），在监管资本核算时则应用审慎过滤器将其剔除在外，这类资产在银行总资产中的占比高（10%—20%，Isabel等，2018）、影响大，因此金融界将《巴塞尔协议Ⅲ》的审慎过滤器调整称为“AOCI过滤器移除”（AOCI filter removal）。

美国银行业权威组织（ABA and the Clearing House）认为“AOCI过滤器移除”会导致监管资本波动性加大，迫使银行增加资本缓冲、减少贷款供给；也会加剧利率的变动，推动银行降低债券投资期限。[①] Kim等

① American Bankers Association and the Clearing House, Treatment of unrealized gains and losses under Basel Ⅲ Capital Framework, March 1, 2012.

（2018）基于美国银行数据的实证结果支持了上述部分观点；他们发现“AOCI 过滤器移除”使监管资本波动增大，银行管理层通过将更多证券投资归类为“持有至到期”、减少贷款供给和更多地依赖短期融资等操作来应对这一问题。Andreas 和 James（2018）基于美国银行数据的研究也发现银行管理层通过证券投资重分类来应对监管政策变更，以及更多地使用套期工具管理证券投资风险敞口的证据，但没有找到银行降低证券投资组合风险的证据。Isabel 等（2018）基于欧盟商业银行数据研究发现，将未实现利得和损失计入监管资本加剧了资本波动的幅度、推动银行减少“可供出售证券”持有量并调整其流动性管理和监管资本管理的策略。Justin 和 Zoltan（2016）发现股票市场对“AOCI 过滤器移除”消息作出负面反应，他们认为这是因为该调整代表了监管机构加强资本监管力度的趋势，被市场理解为负面消息。

虽然针对“AOCI 过滤器移除”影响的实证研究仍较少，但均一致地发现这一资本监管制度的调整会加剧银行监管资本波动程度，从而给监管资本管理带来巨大压力，更具体地说这一调整导致银行在经济下行期间监管资本指标迅速恶化。有研究发现，在 2008 年第四季度美国 10 家最大银行的累计“可供出售证券”未实现损失达到 353 亿美元，如果这些损失计入监管资本将对这些银行造成致命打击，因为这些未实现损失在这些银行一级资本中的平均占比高达 10.4%（Justin 和 Zoltan，2016）。还有一项针对美国银行的研究发现，2018 年第一季度的利率上升导致商业银行“可供出售证券”市值下降 260 亿美元，该金额相当于这些商业银行该季度净利润的 50%（Andreas 和 James，2018）。有学者统计发现，美国银行“可供出售证券”资产占其总资产的比重约为 14.98%（Andreas 和 James，2018），欧盟商业银行“可供出售证券”资产占其总资产的比重约为 10%（Isabel 等，2018）。上述数据说明，“AOCI 过滤器移除”加剧监管资本波动的原因是银行普遍持有较大比例“可供出售证券”且这些证券在经济下行期间通常跌幅较大。因此，银行应对这一挑战的有效方法就是减少这类债券的持有量。

7.3.6 我国的审慎过滤器制度及其调整

我国商业银行资本监管制度主要有原银监会2004年发布的《商业银行资本充足率管理办法》（2006年修正）和2012年发布的《资本办法》。这些制度均将财务报告数据作为商业银行监管资本核算的基础。商业银行的财务报告依据相关会计准则编制。在会计准则建设方面，财政部2006年发布了与国际财务报告准则实质相同的《企业会计准则》，系统引入了其金融工具会计体系，如IAS39“金融工具确认与计量”。2007年，为应对《企业会计准则》拓展公允价值会计在金融工具领域应用所带来的资本监管挑战，原中国银监会发布《中国银监会关于银行业金融机构执行〈企业会计准则〉后计算资本充足率有关问题的通知》，即我国的审慎过滤器。

对我国的审慎过滤器和2004年BCBS的（见表7－8）进行比较可知，我国的审慎过滤器对财务报告项目调整的范围更广、程度更大。调整的范围更广体现在BCBS没有要求对交易性金融资产的公允价值变动应用审慎过滤器，但我国却要求；调整的程度更大体现在BCBS一般要求对未实现公允价值利得和损失进行对称性调整，而我国却多为非对称性调整，即对未实现利得应用审慎过滤器但出于审慎性原则考虑对未实现损失不应用。

我国审慎过滤器制度的调整源于2008年全球金融危机后BCBS对全球资本框架的改革。2012年银监会发布了与国际新监管标准接轨、符合我国银行业实际的资本监管制度，即《资本办法》，该办法将审慎过滤器纳入其中。表7－8将2007年的审慎过滤器制度与《资本办法》对应内容进行比较，揭示审慎过滤器制度的调整情况。

由表7－8整理的内容可知，2007年审慎过滤器制度的主要内容被删除，仅保留现金流量套期和使用公允价值选择权的银行自己发行的金融负债两项仍应用审慎过滤器。这一调整使我国的审慎过滤器制度与BCBS趋同。

表 7－8　　我国审慎过滤器制度及其的调整情况①

涉及的财务报告项目	2007 年审慎过滤器制度的规定	《资本办发》的对应内容
交易性金融资产的公允价值变动	未实现利得从核心资本中扣除，但可计入附属资本，未实现损失不予调整	不应用审慎过滤器
可供出售金融资产的公允价值变动	属于股权和债券类的，未实现利得从核心资本中扣除，但不超过 50% 部分可计入附属资本，未实现损失不予调整；属于贷款和应收账款类的，未实现利得从核心资本中扣除，未实现损失加计到核心资本中；属于其他类的，参照前述两类的办法进行处理	不应用审慎过滤器
现金流量套期	未实现利得从核心资本中扣除，但不超过 50% 部分可计入附属资本，未实现损失不予调整	从核心一级资本中全部扣除
投资性房地产	转换为公允价值计量的，转换日的未实现利得从核心资本中扣除，但不超过 70% 的部分可计入附属资本，转换日的未实现损失不予调整；后续持有期间的未实现利得从核心资本中扣除，但不超过 50% 部分可计入附属资本，未实现损失不予调整	不应用审慎过滤器
使用公允价值选择权的金融资产或负债	未实现利得从核心资本中扣除，未实现损失加计到核心资本中	不应用审慎过滤器
使用公允价值选择权的银行自己发行的金融负债	自身信用变化产生的未实现利得从核心资本中扣除，未实现损失加计到核心资本中	从核心一级资本中全部扣除

资料来源：依据银监会相关文件整理。

① 银监会，《中国银监会关于银行业金融机构执行〈企业会计准则〉后计算资本充足率有关问题的通知》，2007 年 11 月 10 日。

7.3.7 我国审慎过滤器制度调整对A股上市商业银行金融投资的影响

2007年11月，原银监会发布《关于银行业金融机构执行〈企业会计准则〉后计算资本充足率有关问题的通知》（2007年末执行），审慎过滤器制度在我国开始实施；2012年6月原银监会发布《资本办法》（2013年起执行），删除了审慎过滤器制度的核心内容，我们将其视为废止审慎过滤器制度。依据这一制度生效时间（2007年末）和废止时间（2013年），我们选定2008—2012年和2013—2017年两个时间段、共16家A股上市商业银行相关数据的变化趋势进行分析。

本书所称金融投资包括公允价值计量且其变动计入当期损益的金融资产（FVTPL）、可供出售金融资产（AFS）、持有至到期投资（HTM）三个财务报表项目，上述三个项目金额加总作为金融投资的金额。16家A股上市商业银行金融投资总额与其资产总额之比作为金融投资规模占比指标，三类金融投资中各类投资总额与金融投资总额之比作为金融投资结构占比指标。相关数据及其发展趋势、相互关系如表7-9和图7-8所示。

表7-9　　2008—2017年A股上市商业银行金融投资数据汇总[①]

项目或指标名称	2008年	2009年	2010年	2011年	2012年
公允价值计量且其变动计入当期损益金融资产（亿元）	3120.5415	3008.1394	2818.7525	4617.8584	7072.4681
持有至到期投资（亿元）	42188.3737	57152.6651	76786.2518	79462.5901	86617.4521
可供出售金融资产（亿元）	34780.336	38535.1321	40051.047	39710.2412	46299.7601
金融投资总额（亿元）	80089.2512	98695.9366	119656.0513	123790.6897	139989.6803
总资产（亿元）	427776.2004	540536.7009	638362.1343	744953.8143	859020.9149

① 资料来源：根据万得数据库中搜集的16家A股上市商业银行2008—2017年度财报数据整理与计算获得。

续表

项目或指标名称	2008 年	2009 年	2010 年	2011 年	2012 年
公允价值计量且其变动计入当期损益金融资产占金融资产比例（%）	3.90	3.05	2.36	3.73	5.05
持有至到期投资占金融投资比例（%）	52.68	57.91	64.17	64.19	61.87
可供出售金融资产占金融投资比例（%）	43.43	39.04	33.47	32.08	33.07
金融投资占总资产比例（%）	18.72	18.26	18.74	16.62	16.30

项目或指标名称	2013 年	2014 年	2015 年	2016 年	2017 年
公允价值计量且其变动计入当期损益金融资产（亿元）	13706.6074	15459.0351	16968.3748	25709.6266	30665.8037
持有至到期投资（亿元）	94651.5952	102293.2125	125963.9784	147263.298	169989.4783
可供出售金融资产（亿元）	48760.5001	57696.69	73652.5522	103136.5016	103837.2339
金融投资总额（亿元）	157118.7027	175448.9376	216584.9054	276109.4262	304492.5159
总资产（亿元）	951375.2974	1057628.158	1188446.679	1343304.522	1425506.372
公允价值计量且其变动计入当期损益金融资产占总资产比例（%）	8.72	8.81	7.83	9.31	10.07
持有至到期投资占总资产比例（%）	60.24	58.30	58.16	53.34	55.83
可供出售金融资产占总资产比例（%）	31.03	32.89	34.01	37.35	34.10
金融投资占总资产比例（%）	16.51	16.59	18.22	20.55	21.36

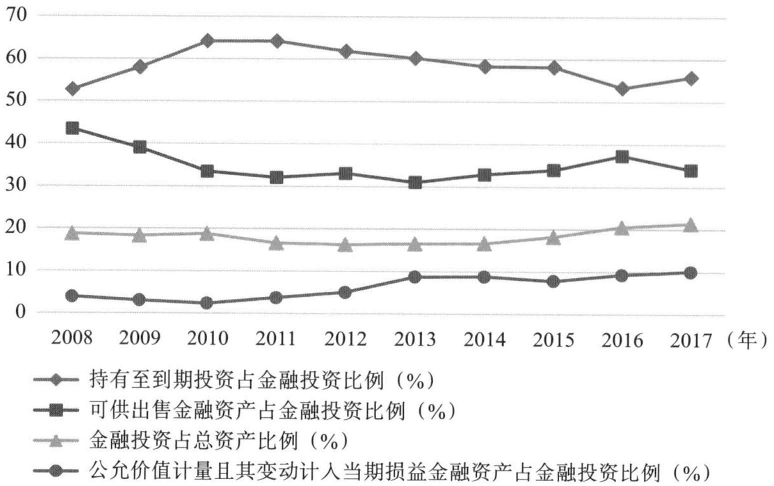

图7－8　A股上市商业银行金融投资规模和结构变化趋势

（1）审慎过滤器制度实施期间金融投资规模和结构变化

我国上市商业银行自2007年末开始实施审慎过滤器制度，该制度针对FVTPL和AFS两类金融投资。该制度要求将公允价值变动产生的未实现损失纳入核心资本核算之中、将未实现利得过滤在核心资本之外（但不超过50%的部分可计入附属资本），即金融投资的公允价值计量变动对核心资本产生非对称的负面影响而不会有任何正面影响，上述两类金融投资金额越高对核心资本的负面影响越大。商业银行为降低非对称负面影响所带来的资本监管压力，可能调整金融投资的规模和结构。

从2008—2012年金融投资规模和结构数据（见表7－9和图7－8）可以看出如下变化情况：金融投资规模逐年下降（除2010年略高之外），占比由18.72%下降到16.30%，下降2.42个百分点；在结构方面，HTM占比大幅上升，占比由52.68%上升到61.87%（最高为64.19%），上升9.19个百分点；AFS占比大幅下降，由43.43%下降到33.07%（最低为32.08%），下降10.36个百分点；FVTPL前期下降但后期又上升且幅度超过前期，占比由3.90%上升到5.05%，上升1.15个百分点。

上述金融投资规模和结构变化与审慎过滤器制度实施的联系在于：首先，商业银行将AFS大幅调整为HTM，因为该制度实施导致AFS由原先可以对核心资本形成支撑（未实现利得计入资本公积）变为现在只会侵蚀核心资本（未实现利得扣除但未实现损失计入）；其次，金融投资规模被小幅压缩，可能是因为银行为规避该制度实施对核心资本核算的影响出售了部分金融投资；最后，FVTPL 前期被压缩，这可能是因为它由原先可能对核心资本形成支撑（未实现利得计入当期损益）变为当下的只会侵蚀核心资本，因而在实施初期也被压缩，但后续又逐步恢复，一种可能的解释是，因为大幅调减可供出售金融资产影响了银行的流动性，商业银行通过增持该类资产以缓解流动性需求短缺问题。

（2）审慎过滤器制度废止期间金融投资规模和结构变化

我国上市商业银行自 2013 年开始执行《资本办法》，该办法删除了 2007 年发布的审慎过滤器制度，即废除了针对 FVTPL 和 AFS 未实现损失计入核心资本、未实现利得从核心资本中扣除的规定，这一调整意味着商业银行上述金融投资会对核心一级资本（对应旧制度的核心资本）产生双向影响，即未实现利得增加核心一级资本、未实现损失侵蚀核心一级资本。该制度调整彻底改变了金融投资对监管资本影响的方式，促使商业银行对其金融投资进行系统性调整。

从 2013—2017 年金融投资规模和结构数据（见表 7－9 和图 7－8）可以看出如下变化：金融投资规模逐年增加，占比由 16.51% 上升到 21.36%，上升 4.85 个百分点；在结构方面，HTM 占比小幅下降，由 60.24% 减少到 55.83%，下降 4.41 个百分点；AFS 占比小幅增加，由 31.03% 增加到 34.10%，上升 3.07 个百分点；FVTPL 小幅增加，占比由 8.72% 上升到 10.07%，上升 1.35 个百分点。

审慎过滤器制度废止后，欧美商业银行通过减少 AFS、增加 HTM 来缓解监管资本波动增大的压力，但我国 16 家 A 股上市商业银行在该制度废止后（2013—2017 年）金融投资变化情况与欧美国家相反。通过对审慎过滤器制度的比较分析发现，欧美之前实施的是对称性审慎过滤器，而我国实施的是非对称性审慎过滤器，前者将未实现利得和未实现损失均排除在核心资本之外，而后者仅将未实现利得排除在外，未实现损失却要计入核心资本核算。对称性审慎过滤器促使商业银行将更多金融投资划归为 AFS，因为该操作既不侵蚀核心资本又能确保获得充分的流动性支持；非对称性审慎过滤器则促使商业银行压缩金融投资总体规模同时将更多金融投资划归为 HTM，虽然该操作确保金融投资较少地侵蚀核心资本，但也付出了投资收益减少和流动性支持不足的代价。因此，审慎过滤器制度废止后我国商业银行着手恢复金融投资功能：增加投资规模以获取更多投资收益，增加 AFS、压缩 HTM 以获得更多流动性支持。另外，因为 FVTPL 和 AFS 对核心一级资本影响已无差别，因而前者的增幅明显高于以前，但仍因其直接影响损益所以进行后者仅影响权益所以进行区别对待。这表明，2013—2017 年金融投资变化与审慎过滤器制度废止具有直接关系。

7.3.8 A 股上市商业银行金融投资变动与流动性风险

（1）金融投资规模和结构变动诱发流动性风险的机理

如本书第 6 章所述，流动性风险是指商业银行无法以合理成本及时获得充足资金，用于偿付到期债务、履行其他支付义务和满足正常业务开展的其他资金需求的风险（银监会，2015）①；金融投资对银行流动性风险状况产生决定性影响，因为它同时对流动性覆盖率和流动性比率指标有决定性影响，其中 FVTPL 和 AFS 对流动性的影响更大，因为前者对流动性起直接支撑作用，后者对流动性起缓冲作用。

本书第 6 章也论述了针对金融投资的会计方法虚增监管资本方式以及诱发流动性风险的机理。针对金融投资的会计方法虚增监管资本方式包括：一是通过分类或重分类将更多 FVTPL 和 AFS 归类为 HTM 以减少公允价值计量对监管资本的影响；二是推迟确认 HTM 的减值损失以减少这些损失对监管资本的影响；三是将更多归类为 FVTPL 和 AFS 的金融投资调整为第三层次公允价值计量，以利用其中的裁量权推迟确认或少确认未实现损失，减少对监管资本的影响。如果经济下行或金融危机持续时间较长，银行上述会计方法虚增监管资本行为将持续，则银行金融投资组合中就会

① 中国银监会：《商业银行流动性风险管理办法（试行）》（中国银监会令 2015 年第 9 号），2015。

形成诱发流动性风险的隐患，具体包括：一是 HTM 占比增加、FVTPL 和 AFS 占比减少，使流动性支持和缓冲减少，如果 FVTPL 和 AFS 中的第三层次公允价值计量资产较多，则流动性支持被进一步压缩；二是 HTM 中积累了大量未确认减值损失，降低其作为抵押物获取流动性的能力。

依据上述针对金融投资的会计方法虚增监管资本方式以及诱发流动性风险的机理，我们对 16 家 A 股上市商业银行金融投资规模和结构变动所蕴含的流动性风险问题进行讨论和分析。

（2）A 股上市商业银行金融投资变动中蕴含的流动性风险问题

我们对审慎过滤器制度出台背景和调整原因进行了详细的分析，它是确定将哪些未实现公允价值计量利得和损失排除在监管资本之外的规则。欧美国家的审慎过滤器制度主要针对金融投资中的 AFS，它要求将 AFS 的未实现公允价值计量利得和损失都排除在监管资本之外；我国的审慎过滤器制度主要针对金融投资中的 FVTPL 和 AFS，它要求将未实现公允价值计量利得排除在核心资本之外（但全部或 50% 可计入附属资本）、将未实现公允价值计量损失计入监管资本核算之中。可见我国的审慎过滤器制度与欧美是不同的，因此该制度实施期间和废止期间我国商业银行金融投资调整行为也无法和欧美银行进行比较，但是我们发现我国商业银行金融投资调整的内在逻辑与欧美银行有相似之处，即两者都极力规避出现金融投资的公允价值计量结果导致监管资本波动和侵蚀监管资本的情况，因此上述行为诱发流动性风险的机理也大体相似。

本部分分析了审慎过滤器制度实施和废止引发的国内主要商业银行金融投资行为调整趋势，发现这些银行为迎合监管资本管理需要对金融投资规模和结构作出战略性调整，其中一些调整行为可能违背银行业的常规风险管理模式，还有一些行为会虚增核心一级资本、诱发流动性风险，具体表现在以下两点：

第一，在规模上对金融投资进行大幅调整可能诱发流动性风险。观察 2008—2017 年 16 家 A 股上市商业银行金融投资调整趋势，前 5 年规模被逐年压缩、结构也被调整，后 5 年规模又被逐年提高、结构再次被调整，呈先抑后扬的“V”字形变化趋势。这一调整的动因是迎合审慎过滤器制度的实施和调整，实质是规避金融投资的公允价值计量结果导致监管资本波动和侵蚀监管资本的情况，但金融投资规模的较大幅调整有可能诱发流动性风险。例如，从2008—2012年16家A股上市商业银行金融投资规模下降2.42%，约合2.08万亿元，每家银行平均减少1300亿元；金融投资是商业银行内源流动性支撑的关键，金融投资规模降低预示着流动性风险增加；如果审慎过滤器制度继续实施，我们预测商业银行会继续降低金融投资规模，其遭遇流动风险的可能性更大。

第二，在结构上将更多AFS归类为HTM的做法与常规流动性管理模式不符，可能诱发流动性风险。2008—2012年16家A股上市商业银行HTM占比大幅上升，由52.68%上升到61.87%（最高为64.19%），上升9.19个百分点；AFS占比大幅下降，由43.43%下降到33.07%（最低为32.08%），下降10.36个百分点。这种调整方式是商业银行针对金融投资实施虚增监管资本的常用方法，欧美商业银行也经常实施此类操作，但是该操作可能诱发流动性风险。金融投资对流动性的支撑作用主要来自FVTPL和AFS，FVTPL对流动性起直接支撑作用，可以立即变现；AFS对流动性起缓冲作用，在现金和FVTPL等流动性资源不足时可以变现。HTM一般只能以抵押物形式获取流动性，在时效性方面远不如前两者。另外，我国商业银行一般持有较少FVTPL，例如2008—2017年16家A股上市商业银行FVTPL占金融投资之比的均值只有3.92%。因此，我国商业银行的流动性支持更依赖AFS。尽管如此，我国商业银行为规避AFS公允价值计量对监管资本的影响，放弃流动性管理的常规做法而是大幅将AFS调整为HTM，极有可能诱发流动性风险。

7.4 基于A银行数据的股价崩盘风险分析

7.4.1 选取A银行数据分析股价崩盘风险的原因

本书5.2部分系统分析了A银行会计方法虚增监管资本的原因、方式，并模拟测算了这些虚增手段最终影响监管资本的程度。

对 A 银行资本充足率变化情况的分析发现，在 2013—2018 年由于 A 银行净利润增幅较小，内源性资金对核心一级资本的补充效果较差，但《资本办法》却要求核心一级资本充足率每年至少提高 0.4%，致使 A 银行的资本监管压力明显增大，其中 2016—2017 年 A 银行面临的监管资本压力尤其显著。我们发现，2013—2018 年 A 银行在难以通过提升自身盈利能力获取内源融资情况下，试图通过限制股利发放、定向增发、发行可转债和优先股等方式提升资本充足率，但仅 2014 年限制股利分配和 2015 年定向增发的措施在一定程度上补充了核心一级资本，其他方式均未成功。

在上述监管资本压力背景下，我们发现在 2016 年和 2017 年 A 银行较大程度地使用了推迟确认贷款和应收款项投资减值准备的会计方法虚增监管资本，导致该年度内的贷款减值准备计提的及时性显著下降，从而避免核心一级资本充足率指标触及监管红线。我们还发现，2016—2017 年 A 银行还通过降低金融资产减值准备计提比例和提高公允价值计量的金融资产规模方式来虚增监管资本。

模拟测试的结果表明，对贷款减值准备计提比例和应收款项投资减值准备计提比例的修正导致 A 银行核心一级资本充足率出现较大幅度的下降，说明这两种会计方法虚增监管资本的程度较大；可供出售金融资产和持有至到期投资减值准备计提数额的修正对 A 银行核心一级资本充足率的影响较小，说明这两种会计方法虚增监管资本的程度较低。

本书 6.2 部分论述了会计方法虚增监管资本在市场层面诱发股价崩盘风险的机理，认为银行在资本压力增加背景下通过会计方法虚增监管资本会导致机会主义裁量权过度运用和未确认减值损失积累问题，这些问题说明银行隐匿了大量坏消息，在这些坏消息因某些触发事件被一次性揭露出来时则诱发股价崩盘。依据这一机理，我们对前文选择的存在会计方法虚增监管资本问题的 A 银行进行进一步分析，观察它的股价崩盘风险变化。

7.4.2 A银行会计方法虚增监管资本与股价崩盘风险变化

Hutton 等（2009）认为，信息不对称是诱发股价崩盘风险的主要原因之一，管理层可以通过掩藏不利信息，影响股价；当不利信息超过某一阈值时，将集中向外界传递，则很可能诱发股价崩盘事件。商业银行可以利用会计核算的裁量权掩饰其所承担的风险（Beatty 和 Liao，2014），如采用会计方法虚增监管资本。该行为帮助银行掩饰与资本监管相关的不利信息，但是一旦发生信息泄露，就有可能会诱发股价崩盘风险。我们参考现有研究（Hutton 等，2009；许年行等，2013），采用 NCSKEW、DUVOL 和 Crash 指标来度量 A 银行的股价崩盘指数，具体计算过程如下。

首先，按式（7.1）对 A 银行股票的周回报率与 A 股市场的周回报率进行回归。其中 r_t 代表 A 银行股票在第 t 周的回报率，$r_{m,t}$是第 t 周 A 股市场股票按照流通市值加权平均后的回报率。为调整股票非同步交易带来的影响，式（7.1）中包含了超前项与滞后项。

$$r_t = \beta_0 + \beta_1 r_{m,t-2} + \beta_2 r_{m,t-1} + \beta_3 r_{m,t} + \beta_4 r_{m,t+1} + \beta_5 r_{m,t+2} + \varepsilon_t \tag{7.1}$$

其次，以上述计算过程所得到的回归残差为基础，根据式（7.2）计算 A 银行股票的周特质收益率，即经市场调整后的收益率。

$$w_t = \ln(1 + \varepsilon_t) \tag{7.2}$$

最后，利用 A 银行股票的周特质收益率计算 NCSKEW、DUVOL 和 Crash 等股价崩盘风险指标。

$$NCSKEW_t = -[n(n-1)^{\frac{3}{2}} \sum w_t^3]/[(n-1)(n-2)(\sum w_t^2)^{\frac{3}{2}}] \tag{7.3}$$

其中，n 代表股票在某年的交易周数。$NCSKEW_t$ 是经 A 银行股票市场调整后周收益率的负偏度，$NCSKEW$ 的值越大，代表负收益偏态系数越大，股价的崩盘风险越高。

$$DUVOL_t = \ln([(n_u - 1)\sum_{down} R_d^2]/[(n_d - 1)\sum_{up} R_u^2]) \tag{7.4}$$

按照经市场调整后的周收益率是否大于年平均收益，将市场调整后的收益率分为上涨阶段和下跌阶段，计算位于上涨阶段的周数与其标准差（n_u、R_u），以及位于下跌阶段的周数和标准差（n_d、R_d）。*DUVOL* 是收益率上下波动比率，*DUVOL* 的值越大，代表股价的崩盘风险越大。

$$Crash_t = 1[\exists t, w_t \leq Average(w_t) - 3.09\sigma_t] \tag{7.5}$$

其中，$1[\exists t,]$ 为指示函数，当股票在一年中至少存在一周满足不等式时，*Crash* 变量取值为 1，否则为 0。σ_t 为股票第 t 周持有收益的标准差，3.09 个标准差对应正态分布概率小于 1% 的区域。当 *Crash* 指标取值为 1 时，表示该股票发生了崩盘事件。具体结果如表 7－10 所示。

表 7－10　A 银行股价崩盘风险指标测试结果

年份	*NCSKEW*	*DUVOL*	*Crash*
2013	－0.90142	－0.59334	0
2014	－1.28261	－0.70708	0
2015	－0.82130	－0.69664	0
2016	－1.09429	－1.21080	0
2017	－1.13363	－0.95479	0
2018	0.21043	0.05900	0
2019	－0.75543	－0.36517	1

表 7－10 列示了 2013—2018 年 A 银行的上述股价崩盘风险指标的计算结果。表 7－10 的数据显示，2018 年 A 银行的 *NCSKEW*、*DUVOL* 指标由负转正，股价崩盘风险显著增加；2019 年 A 银行的 *NCSKEW*、*DUVOL* 指标数值虽有所下降，但仍高于 2013—2017 年的数值，且 *Crash* 指数由 0 转变为 1，故该年度 A 银行仍面临较大的崩盘风险。

可见，虽然 2016—2018 年 A 银行通过虚增监管资本的方式调整了关键财务指标和监管指标，使 A 银行面临的资本违规风险变小。但上述行为并不能从根本上改善银行的风险状况、财务状况。从长期来看，A 银行在过渡期内连续使用会计方法虚增监管资本，隐匿了大量坏消息，信息透明度持续下降，导致 2018 年、2019 年出现较大的股价崩盘风险。

7.5 商业银行会计方法虚增监管资本诱发风险隐患的基本情况

7.5.1 会计方法虚增监管资本诱发风险隐患行业和案例分析的思路

欧美学者基于2008年全球金融危机期间数据的研究发现，欧美商业银行普遍运用会计方法虚增监管资本，这些虚增监管资本行为不仅引发了许多个体银行风险，也是导致宏观金融风险的诱因之一（Huizinga等，2012；Bischof等，2014；Robinson等，2015）。过去数年来在我国政府积极引导和干预之下我国宏观经济一直稳健发展，2008年全球金融危机也未实质性地影响我国，因此我国不存在与2008年全球金融危机期间欧美银行业类似的经济环境。但自2013年以来，我国银行业遭遇了监管资本要求提高和宏观经济下行的双重挑战，监管资本管理压力和经营管理压力陡增，为本书研究商业银行会计方法虚增监管资本问题提供了契机。

本书研究的宏观经济环境与欧美相关文献的不同，选取数据的时间窗口也与欧美相关文献的不同，因此针对会计方法虚增监管资本的大样本和案例分析结果也和上述欧美文献的不同。本书第5章运用了多种分析方法、从不同的角度、基于不同时期数据进行了系统研究，获得了我国商业银行会计方法虚增监管资本的基本情况：我国银行业存在会计方法虚增监管资本问题，银行主要运用推迟确认金融资产减值准备（主要是贷款减值准备）与调整金融投资规模和结构等会计方法虚增监管资本，但从整体上看我国商业银行会计方法虚增监管资本的问题并不严重，仅在少数个体银行比较突出。相比之下欧美文献发现的问题则比较严重。例如，Linsmeier（2011）发现，在2009年倒闭的140家美国商业银行中多达120家的资本监管报告显示其资本状况为“充足”，其资产负债表也披露了数额可观的净资产；2010 年 9 月美国联邦存款保险公司（FDIC）披露的 860 家问题银行的资本监管报告和财务报告也存在类似现象；这说明这些银行的资本监管报告和财务报告因会计操纵而严重扭曲和失真，几乎无法反映它们资本和财务的真实情况。上述发现说明，会计方法虚增监管资本问题在美国银行业的普遍性和严重程度远超我国。

本章对商业银行会计方法虚增监管资本诱发风险隐患问题进行行业分析和案例分析。在研究思路上我们综合考虑我国宏观经济环境与欧美的差异以及第 5 章的研究发现，仅聚焦于微观层面风险问题，设计了一项行业分析和两项案例分析。在行业分析中，我们基于第 6 章提炼的会计方法虚增监管资本在经营层面诱发流动性风险的机理和审慎过滤器制度及其调整期间数据，分析商业银行对金融投资未实现公允价值损益计入监管资本的态度，并进一步挖掘它们对金融投资规模和结构进行调整可能诱发的流动性风险；在案例分析中，我们基于第 6 章提炼的会计方法虚增监管资本在资本层面和市场层面诱发资本违规风险和股价崩盘风险的机理，运用个体商业银行数据探究会计方法虚增监管资本与这些风险的关系。

7.5.2 会计方法虚增监管资本诱发风险隐患行业分析和案例分析的结论

（1）行业分析的结论

我们分析了 16 家 A 股上市商业银行在审慎过滤器制度实施和调整期间调整其金融投资规模和结构的行为，研究这些行为与流动性风险的关系，获得如下发现：

第一，样本商业银行在审慎过滤器制度实施和调整期间对金融投资规模作出大幅调整，其目的是避免金融投资的公允价值损益诱发监管资本指标波动，这是虚增监管资本行为，该行为导致银行流动性支撑和流动性缓冲减少，因而可能诱发流动性短缺风险。

第二，样本商业银行在审慎过滤器制度实施期间对金融投资结构作出大幅调整，将更多“可供出售金融资产”归类为“持有至到期投资”，这也是虚增监管资本行为，该行为压缩了银行的流动性缓冲，与常规流动性管理模式相悖，也可能诱发流动性不足风险。

（2）案例分析的结论

①基于A银行的案例分析结论。

本书第5章深入剖析了A银行会计方法虚增监管资本情况，发现了它在监管资本压力增大时实施会计方法虚增监管资本的证据。本章进一步分析A银行实施会计方法虚增监管资本操作是否导致其股价崩盘风险显著提高。我们参考相关文献（Hutton等，2009；许年行等，2013），采用NCSKEW、DUVOL和Crash指标来度量A银行的股价崩盘指数变动情况，发现2018年A银行的NCSKEW和DUVOL指标由负转正，股价崩盘风险显著增加；2019年A银行Crash指数由0转变为1，仍面临较大的股价崩盘风险。这说明，A银行在2013—2018年连续使用会计方法虚增监管资本，隐匿了大量坏消息，信息透明度持续下降，导致它在2018年和2019年出现了较大的股价崩盘风险。

②基于B银行的案例分析结论。

B银行2019年因在推迟披露的2018年年报中确认了巨额资产减值损失而爆雷，同时也因资本充足率降至9.21%（低于监管红线10.5%）而出现了资本违规，引发监管机构对其实施监管措施。在对B银行2013—2018年年报数据进行系统分析后，我们认为这是一个通过推迟确认资产减值损失（主要是贷款减值损失）虚增监管资本进而引发资本违规风险的典型案例。另外，本书第6章总结的会计方法虚增监管资本诱发风险的机理之一是：未确认损失积累到一定程度诱发风险。B银行资本违规风险的产生和发展过程完全符合这一机理的逻辑。

我们发现，当B银行2015年遭遇的监管资本压力陡增之后，在2016—2018年连续通过推迟确认贷款减值渠道虚增监管资本以缓解资本压力，致使2018年形成严重的未确认资产减值损失累积问题，此时恰逢审计机构更换，新聘审计机构拒绝配合B银行继续隐匿上述问题而辞任，上述问题被揭示出来。因此，B银行实施会计方法虚增监管资本的动因是缓解陡增的监管资本压力，会计方法虚增监管资本是该银行出现资本违规风险的直接诱因。

7.5.3 商业银行会计方法虚增监管资本诱发风险隐患的基本情况

本书研究商业银行会计方法虚增监管资本诱发的风险隐患，基本思路是：在资本监管压力不断上升背景下，商业银行有动机和渠道利用会计方法虚增监管资本，由此诱发的风险隐患会在经济下行期演化成实质性风险或爆雷事件，必须进行有效识别和防控。提炼我国商业银行会计方法虚增监管资本诱发风险的机理、厘清会计方法虚增监管资本诱发风险隐患的基本情况是本书的核心内容。为此我们综合运用了多种分析方法，从不同的角度、基于不同时期数据进行了系统研究，获得如下基本结论：

第一，我国银行业存在会计方法虚增监管资本从而诱发风险隐患的问题。我们在行业分析中发现了银行大幅调整金融投资规模和结构以迎合资本监管制度实施和调整的证据，该金融投资调整行为损害了银行的流动性支撑，可能在一些情况下诱发流动性风险。我们在案例分析中发现了银行在监管资本压力增加时推迟确认资产减值准备以虚增监管资本的证据，该行为直接导致一家银行发生资本违规事件、另一家银行的股价崩盘风险指标连续两年处于高位。上述证据说明，我国也存在因商业银行会计方法虚增监管资本从而诱发金融风险的问题，需要引起监管机构和学术界高度重视。

第二，我国商业银行会计方法虚增监管资本可能诱发的风险主要是资本违规风险和股价崩盘风险。本书发现我国商业银行主要通过推迟确认资产减值损失（主要是贷款减值损失）的方式虚增监管资本，这一虚增监管资本方式通常会诱发资本违规风险和股价崩盘风险，而不是流动性不足风险。本书第 5 章在我国商业银行会计方法虚增监管资本的行业分析中发现，推迟确认资产减值损失（主要是贷款减值损失）是银行虚增监管资本的最主要方式；对 A 银行和 B 银行的案例分析也发现，这两家银行主要通过推迟确认资产减值损失（主要是贷款减值损失）来虚增监管资本。本书 7.2

部分总结了推迟确认资产减值损失成为银行虚增监管资本主要方式的原因：一是金融资产减值会计涉及的资产规模大，约占银行总资产的80%；二是金融资产市值波动大；三是金融资产减值会计处理裁量空间大；四是金融资产减值损失对监管资本影响大。正因如此，推迟确认资产减值损失（主要是贷款减值损失）成为最常用的虚增监管资本方式。银行持续使用这一方式虚增监管资本必然引发会计裁量权过度运用问题，也一定会形成未确认损失积累问题。前者会破坏银行会计信息透明度，诱发股价崩盘风险；后者会在触发事件发生时迫使银行确认巨额减值损失，从而诱发监管资本违规风险。

第8章

会计方法虚增监管资本诱发风险隐患的识别与防控策略

8.1 会计方法虚增监管资本诱发风险隐患的基本状况

本书研究商业银行会计方法虚增监管资本诱发的风险隐患，基本思路是：在资本监管要求提高和宏观经济增速趋缓背景下，商业银行有动机和渠道利用会计方法虚增监管资本，由此诱发的风险隐患会在经济下行期间演化成实质性风险或爆雷事件，必须尽早进行有效识别和防控。围绕这一研究主题，本书首先论述了我国自2013年开始实施《资本办法》提高监管资本要求和自2014年开始经济步入新常态的整体背景（详见第2章），其次阐述了银行业的“双重监管差异”问题（详见第3章），这是银行业特有的问题，也是会计方法虚增监管资本问题的根源所在；再次从当前有效的会计准则和资本监管制度中提炼出会计方法虚增监管资本的主要渠道（详见第4章）；最后从权威理论和经典文献中推导出会计方法虚增监管资本诱发风险隐患的机理（详见第6章）。上述内容为我们摸清商业银行会计方法虚增监管资本及诱发风险隐患的基本状况奠定了基础。我们设计了2项行业分析、3项案例分析和3项实证分析，从不同的角度、基于不同时期数据并综合运用多种方法展开深入调查，掌握了我国商业银行会计方法虚增监管资本及诱发风险隐患基本状况的信息（详见第5章和第7章）。

8.1.1 商业银行会计方法虚增监管资本的基本状况

第一，我国银行业存在会计方法虚增监管资本问题。我们在行业分析、案例分析和实证分析中均获得了商业银行会计方法虚增监管资本的证据，并且从不同的研究方法、不同的研究角度和不同时期的数据中获得了相互支撑的证据链，还从非会计方法虚增监管资本的角度获得了辅助证据。这些证据充分说明会计方法虚增监管资本问题在我国银行业是客观存在的。

第二，我国商业银行主要运用推迟确认金融资产减值准备（主要是贷款减值准备）和调整金融投资规模和结构等会计方法虚增监管资本。推迟贷款减值准备虚增监管资本的证据在行业分析、案例分析、实证分析 1 和实证分析 2 中均被发现，它是最主要、最常用的方法；推迟其他金融资产减值准备虚增监管资本的证据在行业分析和案例分析中均被发现，它是较常用的方法；通过调整金融投资规模和结构虚增监管资本的证据在行业分析、案例分析和实证分析 1 中均被发现，它也是一种较常用的虚增监管资本方法。

第三，从整体上看，我国商业银行会计方法虚增监管资本的问题并不严重，但在少数个体银行该问题比较严重，应该引起重视。在行业分析、实证分析 1 和实证分析 2 中，我们发现了商业银行主要通过推迟确认贷款减值准备虚增监管资本的证据，其他的会计方法虚增监管资本问题虽也有零星证据支持，但这些零星证据仅在某一类商业银行中被发现，并非在银行业整体普遍存在；因此，我们判断我国商业银行会计方法虚增监管资本的问题并不严重。但在少数个体银行中会计方法虚增问题可能比较严重，如本书第 5 章案例分析对象 A 银行和第 7 章案例分析对象 B 银行。前者综合运用多种会计方法虚增监管资本，估计金额为 381. 36 亿元，对核心一级资本充足率的影响高达 88. 33bp；后者连续多年推迟确认贷款等资产的减值损失，形成未确认损失积累问题，在爆雷当年确认资产减值损失 236. 84 亿元，同比增加 587. 58%，致使资本充足率直接降至监管红线以下，诱发监管资本违规风险。上述案例分析发现的证据说明，会计方法虚增监管资本问题在我国少数个体银行中比较严重。

8.1.2 商业银行会计方法虚增监管资本诱发风险隐患的基本状况

第一，我国银行业存在会计方法虚增监管资本从而诱发风险隐患的问题。我们在行业分析中发现了银行大幅调整金融投资规模和结构以迎合资本监管制度实施和调整的证据，该金融投资调整行为损害了银行的流动性支撑，是一种流动性风险隐患，可能在一些情况下诱发流动性风险。我们在案例分析中发现了银行在监管资本压力增加时推迟确认资产减值准备以虚增监管资本的证据，该行为直接导致一家银行发生资本违规事件、另一家银行的股价崩盘风险指标连续两年处于高位。上述行业分析和案例分析发现的证据说明，在我国商业银行中存在由于会计方法虚增监管资本而诱发风险隐患的现象。

第二，我国商业银行会计方法虚增监管资本可能诱发的风险主要是资本违规风险和股价崩盘风险。本书发现，我国商业银行主要通过推迟确认资产减值损失（主要是贷款减值损失）的方式虚增监管资本。依据本书第 6 章关于会计方法虚增监管资本诱发风险隐患机理的论述，商业银行持续使用这一方式虚增监管资本会引发会计裁量权过度运用问题，也会形成未确认损失积累问题。前者会破坏商业银行会计信息透明度，诱发股价崩盘风险；后者会在触发事件发生时迫使商业银行确认巨额减值损失，从而诱发监管资本违规风险。基于上述逻辑和银行主要通过推迟确认资产减值损失（主要是贷款减值损失）虚增监管资本的证据，我们判断商业银行会计方法虚增监管资本诱发的风险主要是资本违规风险和股价崩盘风险。

8.2 会计方法虚增监管资本诱发风险隐患的识别策略

8.2.1 国际规则制定机构采纳的识别策略

本书研究商业银行会计方法虚增监管资本诱发的风险隐患问题。商业银行既执行会计准则又遵守资本监管制度，受到双重制度约束，且后者以前者为基础，这一机制为会计方法虚增监管资本提供了激励和通道（Pozen，2009；Beatty 等，2014；BCBS，2017）。会计准则与资本监管制度的目标不同，前者致力于资本市场更加透明，后者追求金融系统稳定，将这两种目标不同的制度捆绑在一起并在银行业实施可能产生“合成谬误”。例如，会计准则和资本监管制度的相互影响被认为是加剧金融市场顺周期问题并诱发 2008 年全球金融危机的原因之一（FSF，2009；Beatty 和 Liao，2011；BCBS，2017）。因此，G20 在华盛顿、伦敦和匹兹堡举办的三次峰会上均持续关注会计准则与资本监管制度的关联性引发的问题，敦促国际会计准则理事会（IASB）和巴塞尔银行监管委员会（BCBS）对相关制度缺陷尽快作出修正。在巨大压力之下，两家国际规则制定机构在深入研究相关制度在金融危机中暴露的问题并广泛征求各方意见的基础上发布了相关会计准则和资本监管制度的修订文件。这些修订文件中包含了一些针对银行会计方法虚增监管资本诱发风险隐患的识别策略。我国会计准则和资本监管制度与国际规则相似，因此也包含了这些识别策略。

（1）新金融工具准则中增加的识别策略

第一，简化金融资产分类会计处理以增加相关信息透明度。新金融工具准则（即 CAS22）不仅减少了金融资产类别也明晰了分类的标准①。它把金融资产分类为“以摊余成本计量的金融资产”（AC）“以公允价值计量且其变动计入其他综合收益的金融资产”（FVTOCI）和“以公允价值计量且其变动计入当期损益的金融资产”（FVTPL）。它的分类标准也非常明确，即贷款和应收账款归为 AC、大多数债券投资归为 AC、大多数权益工具归为 FVTPL，少数债券投资和少数权益工具归为 FVTOCI。基于金融资产分类要根据业务模式和合同现金流量特征以及我国商业银行持有较多政府债券和较少权益工具的事实，我们可以总结出商业银行正常的金融资产结构，即 AC 占比最大、FVTOCI 占比次之、FVTPL 占比最低。如果某一商业银行的金融资产结构不符合上述正常结构则可能存在会计方法虚增监管

① 2017 年 3 月财政部发布了新金融工具准则，即《企业会计准则第 22 号——金融工具确认和计量》。

资本问题。因此，新金融工具准则通过减少分类和明晰分类标准的方式为市场参与者识别会计方法虚增监管资本问题的程度提供了便利。

第二，简化金融资产减值会计处理以增加相关信息透明度。新金融工具准则要求以预期信用损失为基础对金融资产进行减值核算，并将减值会计处理划分两种类型：第一种需要估计未来 12 个月的信用损失，第二种需要估计整个存续期的信用损失。此外，其还规定前者是信用风险自初始确认后没有显著增加的情况，后者是信用风险自初始确认后显著增加的情况，也对“信用风险自初始确认后显著增加”给定兜底标准，即“逾期超过 30 日”。在银行业，金融资产减值会计处理（尤其是贷款减值会计处理）是最隐蔽的，因为债务人信息隐蔽、减值核算过程复杂、会计裁量空间较大，因此银行资产减值损失信息是最不透明的信息。大量国外文献证明，推迟确认资产减值损失是商业银行虚增监管资本最主要和最常用的渠道，本书第 5 章的行业分析、案例分析和实证分析均发现我国银行业也如此。新金融工具准则的资产减值规则能够大幅提高银行资产减值损失信息的透明度，进而大幅提升市场参与者对会计方法虚增监管资本问题的识别能力。例如，如果本年度逾期超过 30 日的金融资产多，则应确认的减值损失准备金额应该大，否则就可能存在虚增监管资本问题；再如，如果两家银行需要估计整个存续期信用损失的金融资产规模相当，则所确认的减值损失准备金额也应该相似，如果差异较大则说明可能某一银行存在会计方法虚增监管资本问题。因此，新金融工具准则提高了银行资产减值信息的透明度，为市场参与者识别银行是否通过推迟资产减值准备虚增监管资本问题提供了条件。

（2）新资本监管制度中增加的识别策略

新资本监管制度（即《资本办法》）删除了审慎过滤器的核心内容是一项提高市场参与者对银行会计方法虚增监管资本问题识别能力的策略。审慎过滤器是商业银行在核算资本充足率时对财务报告中确认的未实现公允价值计量利得和损失进行筛选的制度。会计准则引入公允价值会计将银行财务报告与市场波动连系在一起，而审慎过滤器则将财务报告反映的一部分市场波动剔除在外，因此它是监管资本与市场波动的“隔离工具”，加剧了信息不对称程度。而银行管理层可能通过审慎过滤器普遍实施的虚增监管资本操作使监管资本数据的信息含量和决策价值进一步降低，市场约束和监管约束的效力也被进一步削弱。银行未实现公允价值利得或损失主要因金融投资运用公允价值计量而产生，新资本监管制度删除了审慎过滤器核心内容后，上述未实现利得或损失需要直接计入监管资本，使金融投资会计处理结果直接影响监管资本。删除审慎过滤器核心内容之后，如果银行在监管资本压力较大时确认高额的未实现公允价值利得则表明其存在虚增监管资本的可能。因此，新资本监管制度提高了银行金融投资会计核算与监管资本的关联度，为市场参与者识别银行是否通过操纵公允价值计量以虚增监管资本问题提供了条件。

8.2.2 本书建议的识别策略

国际规则制定机构在新发布的制度中增加了一些针对会计方法虚增监管资本问题的识别策略，这些策略主要包含在资产减值（主要是贷款减值）与金融投资的会计处理或监管资本核算制度中，如上文提及的依据信用风险是否显著增加将资产减值划分为在未来 12 个月内和在整个存续期内核算减值两种类型，再如将金融资产划分为三类并提出了明确的分类标准等。这说明权威国际规则制定机构也认为会计方法虚增监管资本问题主要发生在资产减值（主要是贷款减值）以及金融投资的会计处理过程中，与本书第 4 章提炼的商业银行会计方法虚增监管资本的主要渠道一致。

分析国际规则制定机构提出的识别策略，我们可以发现这些识别策略的设计思路为：一是简化和明晰会计处理过程，增加相关会计信息的透明度；二是拆除财务报告与监管资本的“隔离工具”，明确会计数据影响资本监管的通道。在会计信息透明和影响通道清晰的情况下，市场参与者对银行会计方法虚增监管资本的识别能力将增强，市场约束和监管约束的效力会得到显著提升。借鉴上述权威国际规则制定机构的思路和本书研究的发现，本书提出针对银行会计方法虚增监管资本问题的识别策略。依据理论分析与大样本和案例分析结果，本书发现，一些专项指标可以反映商业银行会计方法虚增监管资本的基本情况，为监管机构和市场参与者识别这一问题的严重程度提供依据。本书第 4 章将针对贷款和金融投资的会计核算确定为商业银行会计方法虚增监管资本的主要渠道，第 5 章和第 7 章对这些主要渠道的大样本和案例研究发现，以下专项识别指标可以发觉商业银行会计方法虚增监管资本问题的早期迹象。

（1）反映贷款减值准备计提及时性的指标

国内外文献和本书研究均发现，商业银行会计方法虚增监管资本的最主要渠道是推迟确认贷款减值准备，因为在商业银行总资产中贷款占比最高且透明度最低，其会计核算的裁量空间最大，致使基于贷款会计核算的虚增监管资本行为隐蔽性好、虚增程度大。基于上述原因，巴塞尔银行监管委员会（BCBS）和惠誉国际评级机构（Fitch）等国际权威机构以及 Beatty、Liao 等著名学者均尝试使用贷款减值准备计提的及时性指标来反映银行贷款资产质量或相关风险隐患的严重程度。例如，Fitch（2009）将贷款减值准备与不良贷款之比作为衡量商业银行贷款资产质量的核心指标[①]；Beatty 和 Liao（2011）将贷款减值准备与不良贷款之比作为衡量商业银行贷款减值准备计提及时性的关键指标[②]。再如，BCBS（2017）认为，如果商业银行贷款减值准备变动对其不良贷款变动没有敏感性则说明其贷款减值准备的计提不及时。可见，上述权威机构和著名学者一致认为，贷款减值准备与不良贷款之比是反映商业银行贷款减值准备计提及时性的恰当指标。BCBS（2017）解释了其中的原因：虽然之前在确定某一贷款是否属于不良贷款时商业银行有一些裁量权，但《巴塞尔协议Ⅱ》实施之后全球银行监管机构均要求将逾期 90 天及以上贷款定为不良贷款，使不良贷款成为一个没有裁量空间的硬性指标。[③] 本书第 5 章运用该指标来分析 A 银行是否推迟确认贷款减值准备，也发现它能很好地揭示案例银行是否存在推

---

① Fitch, 2009. A universal spreadsheet for bank analysis. http：//www. fitchratings. com/dtp/pdf2 – 09/bubt1404. pdf.

② Anne Beatty and Scott Liao. Do delays in expected loss recognition affect banks' willingness to lend? [J]. Journal of Accounting and Economics, 2011 (52): 1 – 20.

③ Basel Committee on Banking Supervision (BCBS). The Interplay of Accounting and Regulation and Its Impact on Bank Behaviour. July, 2017.

迟确认贷款减值准备问题。虽然“贷款减值准备与不良贷款之比”被认为是反映贷款减值准备计提及时性和充分性的指标，但我们认为它仍存在一些缺陷，尤其在新金融工具准则和新监管资本制度实施后它的固有缺陷可能会更突出，因而需要加以改进。

多数机构和学者将“贷款减值准备与不良贷款之比”指标定义为本期贷款减值准备累积金额与本期不良贷款余额之比。我们认为该定义存在以下缺陷：该指标分子和分母金额的核算逻辑不同，前者是基于对未来情况判断预计的未来损失，后者是基于当前事实统计的逾期贷款金额，它们的时间维度不一致。另外，新金融工具准则依据信用风险是否显著增加将资产减值划分为在未来 12 个月内和在整个存续期内核算减值两种类型。基于上述原因，我们建议将“贷款减值准备与不良贷款之比”指标定义为本期确认的贷款减值准备与滞后一期新增不良贷款之比。该定义既与贷款减值准备核算的初衷一致，即覆盖贷款资产的预期损失，也与新金融工具准则要求相一致，即大多数贷款需要核算未来 12 个月内的减值准备。

（2）反映资产减值准备对监管资本指标侵蚀程度的指标

本书认为，除“贷款减值准备与不良贷款之比”指标之外，还需补充反映资产减值准备对监管资本指标侵蚀程度的指标，原因有两个：一是“贷款减值准备与不良贷款之比”指标仅反映贷款减值准备计提的及时性，没有反映对监管资本的影响；二是虽然贷款资产占比高但仍无法反映银行资产全貌。一般来说，商业银行 90% 以上的资产是金融资产，只有划分为“公允价值计量且其变动计入当期损益”的不需减值核算，其他金融资产在财务报告日都需要减值测试，因而需要减值测试的资产规模巨大。从本质上看金融资产是一种未来收款权利，其价值不仅受到国内外政治、经济等宏观因素影响，也受到交易对手履约能力等微观因素影响，具有很强的市场敏感性，因而在财务报告日起的 12 个月内通常会有部分金融资产出现减值迹象，在经济下行期间出现减值迹象的金融资产比率更大。另外，商业银行当期确认的资产减值金额会直接侵蚀监管资本，导致资本充足率下降；同时资产减值核算中存在较大会计裁量权。因此，推迟确认资产减值是商业银行虚增监管资本的最主要渠道。我们认为，观察反映资产减值准备对监管资本指标侵蚀程度指标的变动趋势，并将相关分析与宏观经济情况、同类商业银行同一指标变动趋势结合起来，可以识别商业银行是否存在会计方法虚增监管资本问题以及该问题的严重程度。

本书第 7 章设计了“资产减值与风险加权资产总额之比”来反映案例银行资产减值准备对监管资本指标的侵蚀程度，并将该指标变动趋势与该银行“资本缓冲”指标变动趋势进行对比分析，发现该指标不仅能反映案例银行当年确认的资产减值准备对其监管资本的侵蚀程度，而且在与该银行监管资本压力指标对比分析后还能揭示银行会计方法虚增监管资本问题及其严重程度。因此，我们建议将“资产减值与风险加权资产总额之比”设定为反映资产减值准备对监管资本指标侵蚀程度的指标。

（3）反映公允价值计量金融资产占比的指标

本书第 4 章将针对贷款和金融投资的会计核算确定为商业银行会计方法虚增监管资本的主要渠道。前文建议的“贷款减值准备与不良贷款之比”和“资产减值与风险加权资产总额之比”等指标可以识别针对“贷款渠道”的会计方法虚增监管资本问题，但不能识别针对“金融投资渠道”的虚增监管资本问题。我们建议将“公允价值计量的金融资产与金融投资之比”作为反映公允价值计量金融资产占比的指标，并利用该指标来揭示针对“金融投资渠道”的会计方法虚增监管资本问题。该指标中的金融投资包括按照新金融工具准则要求划分的三类金融资产，即以摊余成本计量的金融资产、以公允价值计量且其变动计入其他综合收益的金融资产（FVTOCI）和以公允价值计量且其变动计入当期损益的金融资产（FVTPL）。该指标实际上就是三类金融资产中后两类之和与三类之和的比率。

为什么这一指标能够揭示商业银行通过“金融投资渠道”虚增监管资本问题呢？原因如下：一是金融投资占商业银行总资产比例高，依据本书第 7 章的统计数据，该比例在 70%—80%；二是金融投资不仅是商业银行利润的主要来源也是流动性的重要支撑；三是在审慎过滤器制度被删除之后公允价值计量的金融资产产生的未实现利得或损失会直接影响监管资本；四是减少公允价值计量的金融资产占比可以降低上述未实现利得或损失对监管资本的影响。欧美相关文献发现了商业银行通过调整公允价值计量的金融投资的规模和结构虚增监管资本的充分证据（Justin 等，2016；Andreas 等，2018；Isabel 等，2018）。本书第 7 章基于我国 A 股上市商业银行数据，分析了审慎过滤器制度实施和废止期间金融投资规模和结构变化，也发现了监管资本压力增加情况下金融投资数据发生大幅变动的情况。这说明我国银行业也存在通过调整金融投资规模和结构虚增监管资本的问题，也说明反映公允价值计量金融资产占比的指标能够揭示针对金融投资的会计方法虚增监管资本问题。

8.3 会计方法虚增监管资本诱发风险隐患的防控策略

8.3.1 国际规则制定机构采纳的防控策略

本书研究商业银行会计方法虚增监管资本诱发的风险隐患，认为“双重监管差异”是引发这一问题的主要诱因，它是指银行既执行会计准则又实施资本监管制度，受到双重制度约束且后者以前者为基础，这为会计方法虚增监管资本提供了通道，但两者目标存在显著差异，前者致力于资本市场透明，后者追求金融系统稳定，将这两种目标不同的制度捆绑在一起并在银行业实施可能产生“合成谬误”。这种“合成谬误”的负面效应在 2008 年全球金融危机中被揭示出来并引起关注。例如，时任美联储主席 Bernanke（2009）指出：“监管机构应致力于缓解资本监管制度和会计准则及其他规则共同引发的顺周期问题”[①]；再如，金融稳定论坛（FSF，2009）也指出，会计准则和资本监管制度的相互影响被认为是加剧金融市场顺周期问题并诱发 2008 年全球金融危机的原因之一；另外，Linsmeier（2011）发现，在 2009 年倒闭的 140 家美国商业银行中多达 120 家的资本

① Chairman Ben S. Bernanke, Lessons of the Financial Crisis for Banking Supervision, Speech at the Federal Reserve Bank of Chicago Conference on Bank Structure and Competition, Chicago, Illinois, May 07, 2009.

监管报告显示其资本状况为“充足”，其资产负债表也披露了数额可观的净资产；2010 年 9 月美国联邦存款保险公司（FDIC）披露的 860 家问题银行的资本监管报告和财务报告也存在类似现象，这说明由于美国商业银行普遍运用会计方法虚增监管资本，使这些银行的财务报告和资本监管报告几乎无法反映它们财务和资本的真实情况。

金融稳定论坛（FSF）后来更名为金融稳定委员会（FSB），它是负责执行 G20 领导人峰会决议的国际机构，能够实质性影响国际会计准则理事会（IASB）和巴塞尔银行监管委员会（BCBS）相关规则修订的方向。本书系统分析了 IASB 与 BCBS 自金融危机以来修订发布的相关国际规则，主要包括金融工具会计准则和监管资本制度，发现这些规则吸纳了一些约束商业银行会计方法虚增监管资本行为的措施，这些措施体现了 IASB 和 BCBS 通过压缩银行裁量权和发挥市场约束力来防控会计方法虚增监管资本问题的思路。

（1）压缩裁量权的措施

本书第 4 章将会计裁量权确定为引发会计方法虚增监管资本问题的诱因之一，即在编制财务报告过程中，银行对许多会计项目的核算具有会计裁量权，最主要的包括：贷款减值准备、坏账核销、金融资产减值、金融资产分类、递延所得税核算等；会计裁量权的运用能够对这些项目的财务报告金额产生重大影响，进而对净利润和资本充足率等关键指标产生实质性影响。另外，本书第 5 章实证分析发现银行在资本压力增加时也利用监管资本调整的裁量权虚增监管资本，这属于其他裁量权运用的问题。IASB 和 BCBS 修订发布的规则既压缩会计裁量权也压缩其他裁量权。

①压缩金融投资会计核算的裁量权。

本书第 4 章将金融投资的会计核算确定为会计方法虚增监管资本的主要渠道之一，具体包括：分类、重分类、推迟确认减值、将更多金融投资变更为第三层次、确认更多第三层次估值利得等。修订后的金融工具准则大大压缩了金融投资分类和重分类的裁量权，具体情况如下[①]。

---

① 本书以财政部 2017 年 3 月修订发布的《企业会计准则第 22 号——金融工具确认和计量》内容为基础，因为该准则与最新修订的国际金融工具准则内容一致。

金融资产分类和重分类曾经是银行会计方法虚增监管资本的主要工具之一，基于欧美数据的研究发现了确凿的证据。例如，在 1995 年 12 月美国银行业集中实施了将前期分类的金融资产进行重分类的操作，因为监管机构废除了“可供出售金融资产未实现公允价值计量利得或损失需计入监管资本核算”的政策（Beatty，1995）。再如，在 2008 年全球金融危机后，欧盟要求 IASB 紧急修订金融工具准则，允许欧盟的商业银行将前期分类的交易性金融资产重分类为其他类型，以避免这些资产的未实现损失计入监管资本核算；在 IASB 放松重分类限制后，约 1/3 的欧盟商业银行实施了重分类操作，重分类资产金额约为银行总资产的 3.9%（Fiechter，2011）。

在新金融工具准则实施后，原有的金融资产分类和重分类的会计裁量权被大幅压缩，体现在以下几方面：首先，金融资产由四个分类调整为三个分类并将业务模式和现金流量特征确定为分类的依据，同时要求分类为以摊余成本计量的金融资产（AC）和以公允价值计量且其变动计入其他综合收益的金融资产（FVTOCI）应当与基本的借贷安排一致，上述规定实际上明确了权益证券投资除特别约定外只能归为以公允价值计量且其变动计入当期损益的金融资产（FVTPL），这大大压缩了金融资产重分类的裁量权空间，像欧盟商业银行那样在危机期间将 FVTPL 重分类为其他类型以虚增监管资本的情形不可能再出现；其次，依据上述规定，银行仅能将少数债券投资划归为 FVTOCI，因为只有该类投资才满足既以收取合同现金流量为目标又以出售该金融资产为目标，这大大压缩了银行利用该类金融资产规避监管资本约束的裁量权，像 2013 年以前我国商业银行那样将更多金融投资划归为 FVTOCI 以减少监管资本波动的情形不可能再出现；最后，新金融工具准则要求仅在改变管理金融资产的业务模式时才能对其进行重分类，这大大压缩了银行通过金融资产分类虚增监管资本的裁量权，因为只有归类为 AC 和 FVTOCI 的金融资产才可能有变更业务模式的空间，即由以收取合同现金流量为目标调整为既以收取合同现金流量为目标又以出售该金融资产为目标，而 FVTPL 基本无法参与重分类调整，而将 AC 重分类为 FVTOCI 会引发监管资本指标波动，因而银行金融资产重分类动机也将大大降低。

②压缩金融资产减值会计核算的裁量权。

本书第 4 章将推迟确认贷款减值和金融投资减值确定为会计方法虚增监管资本的主要渠道，它们都属于金融资产减值会计的内容。修订后的金融工具准则在一些方面压缩了金融资产减值会计核算的裁量权，具体情况如下。

新金融工具准则借鉴银行监管机构对不良贷款定义的思路，将逾期天数作为金融资产信用风险是否显著增加的重要依据，其规定，如果逾期超过 30 日表明金融资产的信用风险已经显著增加，则银行应按照该金融资产整个存续期内预期信用损失的金额计量其损失准备。依据这个新规定，虽然商业银行在金融资产减值核算时仍需综合考虑其他信息，但逾期信息将成为衡量金融资产信用风险程度的兜底标准，又因为款项金额和支付时间信息均明确记载于合同条文中，银行管理层对此没有操作空间，因此它们在金融资产减值会计核算中的裁量权被大大压缩。进一步分析，上述新规定事实上依据逾期信息将金融资产减值会计核算划分为两种情形：一是没有逾期和逾期 1—30 天的金融资产应当按照相当于该金融资产未来 12 个月内预期信用损失的金额计量其损失准备；二是逾期超过 30 日的金融资产应按照该金融资产整个存续期内预期信用损失的金额计量其损失准备。对于第一种情形的金融资产银行可以依据历史数据核算其损失准备比率，对于第二种情形的金融资产银行则可能需要参考不良贷款回收比率的历史数据核算其损失准备，因为这些金融资产中的贷款很可能成为不良贷款，因而损失准备计提比率一定会高于第一种情形的金融资产。在上述金融资产减值核算的基本框架之下，商业银行在金融资产减值核算中运用会计方法虚增监管资本的程度被大大压缩。

③压缩监管资本调整的裁量权。

监管资本调整（Regulatory adjustments）中的裁量权不属于会计裁量权，但欧美文献（Martien，2014）和本书第 5 章实证分析 3 均发现了商业银行运用监管资本调整的裁量权虚增监管资本的证据。这一问题也引起了 BCBS 的高度关注，该国际规则制定机构在新修订的监管资本制度（即《巴塞尔协议Ⅲ》）中压缩了监管资本调整的裁量权，具体做法如下：一是将银行有可能操纵的项目从监管资本中扣除，如其他无形资产（土地使用权除外）、由经营亏损引起的净递延税资产、确定受益的养老金资产净额等，在此之前银行可以高估这些资产金额以虚增监管资本；二是将银行间可能合作操纵的项目从监管资本中扣除，如银行之间通过协议相互持有的各级资本工具，在此之前银行之间可以相互持有一些符合条件的资本工具，进而达到不增加成本就能增加监管资本的目的。

除了增加资本扣除项之外，BCBS 还通过压缩资本定义外延的方式来压缩监管资本调整的裁量权，具体做法如下：一是将重估储备和混合资本债券从监管资本定义中剔除；二是虽然长期次级债和可转换债券可以继续计入监管资本，但增加了一些苛刻的要求，如必须含有减计或转股条款。

分析上述新增的监管资本调整和监管资本定义剔除的内容，我们发现这些新增的资本扣除项和被剔除的资本定义内容大多是银行具有操作裁量权的项目。例如，银行可能高估初始确认的无形资产进而虚增监管资本；再如，通过高估递延税资产虚增监管资本是日本银行的惯常做法；还有资产重估储备显然也是银行有能力操纵的项目。因此，BCBS 在新监管资本制度中增加上述内容是为压缩监管资本调整的裁量权所采取的具体措施。

（2）发挥市场约束力的措施

除了压缩会计裁量权和其他方面的裁量权之外，IASB 和 BCBS 新修订的相关国际规则也显著地提升了会计信息和监管资本信息的透明度，反映了它们致力于通过更好地发挥市场约束作用来应对虚增监管资本问题的思路。

①提高银行会计信息透明度。

新金融工具准则显著地提高了银行会计信息的透明度，表现在影响透明度的几个关键会计核算环节均被大幅简化和进一步明晰，具体内容如下：一是将金融资产分类的依据变更为商业模式和现金流特征两者兼顾，而不是各类金融资产定义，简化了分类标准，消除了过去因不同类别金融资产定义不清而引发的分类混乱问题，提高了不同银行会计信息的可比性；二是只有在改变商业模式的情况下才能对金融资产重分类，杜绝了随意重分类的现象，提高了银行会计信息的可比性；三是所有金融资产均使用相同的方法进行减值测试，而非对不同金融资产使用不同的方法，既简化了减值核算过程又增加了信息的可比性和可理解性；四是依据信用风险自初始确认后是否显著增加将金融资产减值核算分为在未来 12 个月内和整个存续期内预计信用损失两种情形，同时将“逾期超过 30 日”确定为“信用风险自初始确认后显著增加”的兜底标准，这一规定进一步简化了减值核算的过程，大大压缩了减值核算的可操作空间。金融资产分类和减值是银行会计核算的核心环节，上述环节的简化和明晰，增加了市场参与者对相关信息的认识能力和理解能力，为更好地发挥监督作用奠定了基础。

②提高银行监管资本信息的透明度。

与新金融工具准则一样，新监管资本制度针对提高监管资本信息透明度实施了一些制度改革措施，具体内容如下：一是新资本定义更清晰，表现在新定义的组成要素大多为财务报表项目，如实收资本、优先股、资本公积、盈余公积、一般风险准备、未分配利润、少数股东权益、长期次级债和可转换债券，仅有一项为非财务报表项目，即超额贷款损失准备，且其计算方法非常简单，即实际计提的贷款损失准备与监管制度要求计提的贷款损失准备之差；因为市场参与者大多对财务报表项目比较熟悉和了解，这种界定资本定义的方式使监管资本的内涵更清晰、更好理解。二是风险加权资产核算过程更清晰，表现在引入一些国际市场通用标准来计量市场风险、交易对手信用风险和资产证券化风险等（BCBS，2011），还表现在为使用内部评级法（IRB）的银行设置了输入值底线（Input floor）和输出值底线（Output floor）要求，这些措施大大提高了相关核算过程的透明度，增加了监管资本指标的准确性和可比性。

③明晰会计信息影响监管资本的路径。

新监管资本制度除了在资本定义和风险加权资产核算方面更透明之外，它还明晰了会计信息影响监管资本的路径，这有利于市场参与者更好地了解银行各类资产和负债项目对监管资本的影响，具体表现在以下几方面：一是删除了审慎过滤器的核心内容；本书 7.3 部分详细介绍了审慎过滤器制度的来龙去脉，监管机构引入该制度的目的是将公允价值未实现利得和损失排除在监管资本之外，但导致了财务报告与监管资本报告关系复杂化，引发了银行针对这一制度普遍实施的资本套利操作行为，从而加剧了信息不对称的程度，弱化了市场约束力，也使监管干预及时性下降；为提高资本要素透明度，新资本监管制度删除了审慎过滤器制度的核心内容（BCBS，2011）。二是更多地使用会计术语来表述监管资本制度，如新制度界定的资本定义和资本扣除项内容基本与银行财务报告项目名称一致，因为市场参与者一般对财务报告项目比较熟悉，上述做法大大增加了监管资本报告的可理解性。删除审慎过滤器的核心内容和更多地使用会计术语等措施使会计信息影响监管资本的路径进一步明晰，为更好地发挥市场约束力量奠定了良好基础。

8.3.2 本书建议的防控策略

本书第6章讨论了商业银行会计方法虚增监管资本诱发风险隐患的机理，提炼出两条机理：第一，未确认损失积累到一定程度诱发风险；第二，机会主义会计裁量权运用到一定程度诱发风险。虽然第一条机理的关键点在“未确认损失积累问题”上，但事实上该问题的根源也是会计裁量权；正是因为资产减值会计核算中存在较多裁量权才使银行有机会不断推迟确认资产减值损失，从而形成“未确认损失积累”问题。因而商业银行会计方法虚增监管资本问题的根本原因是会计裁量权的存在。当然银行也有机会运用非会计方法来虚增监管资本，如利用监管资本调整中的裁量权虚增监管资本，虽然我们也讨论了这一问题，但它不是本书的研究重点。

国际会计准则理事会（IASB）和巴塞尔银行监管委员会（BCBS）新修订的相关规则主要通过压缩银行裁量权和发挥市场约束力来防控会计方法虚增监管资本问题。这说明它们也将虚增监管资本问题归咎于银行的裁量权，不过它们的政策着力点是各类裁量权，既包括会计裁量权也包括其他裁量权。IASB和BCBS新修订的相关国际规则大大压缩了商业银行运用各类裁量权虚增监管资本的空间，但基于本书第7章的大样本和案例分析结果以及相关文献的研究发现，本书认为我国监管机构仍可以增加其他政策工具来进一步压缩银行会计裁量权的空间，从而进一步降低这一问题诱发风险隐患的可能性。

①增加关于会计裁量权运用的信息披露。

会计裁量权内嵌于许多会计核算之中，无法被彻底消除。IASB 简化了商业银行的一些主要会计核算操作，这不仅压缩了其中的裁量权空间也提升了相关会计信息的透明度，但新金融工具准则的披露要求仍有缺陷，如没有要求披露相关会计操作和会计政策变更对银行净利润和监管资本指标的影响，再如针对资产减值核算的信息披露没有要求银行论证其减值操作的合理性。

大量研究发现，商业银行运用会计裁量权的目的就是虚增利润进而虚增监管资本，因而信息披露规则应该要求银行披露相关会计操作对利润和资本影响的信息，这些信息能够帮助市场参与者和监管机构判断相关会计核算中是否存在机会主义会计裁量权，因而非常关键。事实上，如果银行某一异常会计操作对监管资本产生较大正面影响，该信息通常会引起市场参与者和监管机构关注，它们可以调查该会计操作的现金流动信息来判断它是否属于虚增监管资本行为。另外，如果银行持续通过某些会计操作来提升利润和监管资本指标，该信息通常也会引起市场参与者和监管机构关注，进而引发市场质疑或监管介入。因此，要求银行披露相关会计操作和会计政策变更对净利润和监管资本指标影响的信息非常有必要。

大量研究还发现，商业银行会计方法虚增监管资本的最主要渠道是推迟确认资产减值损失，因此信息披露规则除了应该要求银行对其资产减值核算进行全面系统的披露之外，还应该要求结合国内宏观经济指标、地区经济指标和相关公开市场指标来论证其资产减值核算过程和结果的科学性和合理性。Vyas（2011）研究发现，美国商业银行在金融危机期间针对其债券投资所计提的减值损失比例远低于相关市场信用指标的下降比例。这说明如果银行通过推迟确认资产减值损失虚增监管资本，其相关资产的损失准备计提比例一定会低于相关市场指标的变动比例。鉴于此，如果银行能够证明其资产损失准备计提过程所用参数和模型与当前国内宏观经济指标、地区经济指标和相关公开市场指标基本一致，并且计提结果与上述公开独立市场数据变动程度基本一致，则说明该银行不存在会计方法虚增监管资本问题。因此要求银行结合国内宏观经济指标、地区经济指标和相关公开市场指标来论证其资产减值核算过程和结果的科学性和合理性非常有必要。

本书认为，增加上述两项信息披露要求能够有效减少商业银行的机会主义会计裁量权运用行为，进一步限制银行运用这些裁量权虚增监管资本的程度，从而有效防控会计裁量权过度运用诱发的各类风险隐患。

②建立针对会计裁量权运用的内控机制。

银行增加披露异常会计操作对监管资本指标影响程度的信息能够提升市场监督和政府监督的能力和效果，建立针对会计裁量权运用的内控机制则能更好地发挥公司治理和审计监督的能力和效果。内控机制的重要作用就是通过限制管理层裁量权来提升财务报告质量（Altamuro 等，2010）。内部控制的机理与本书提出的通过限制银行会计裁量权来降低相关风险隐患的思路一致。Vyas（2011）和 Beatty（2014）的研究也发现，公司治理质量、监管调查频率、法律诉讼压力、审计质量等因素能够促进银行及时确认资产减值损失。Altamuro 等（2010）研究发现，在美国修订 FDICIA（1992）法案，增加更具体的内控制度要求之后①，商业银行在财务报告中运用裁量权的程度显著下降，使当期报告的应计会计数据与下一期的现金流动数据的关联性显著增强。这一证据说明有针对性的内控制度能有效限制银行会计裁量权运用程度。因此，本书认为设计有针对性的内控制度和引入审计监督能够进一步压缩银行运用会计裁量权虚增监管资本的空间，进而降低这一问题引发风险隐患的可能性。

依据我国当前法规，商业银行每年需要提交经独立公共会计师审计的内部控制报告，但该报告内容大多为一般性内控程序的陈述，没有涉及某些重要项目的会计核算过程的内控程序及其执行情况内容。本书建议，对

① 增加的法律内容要求商业银行每年提交《管理层对财务报告和内部控制的责任报告》（Management Responsibility for Financial Statements and Internal Controls）和《独立公共会计师对内部控制的评价报告》（Internal Control Evaluation and Reporting Requirements for Independent Public Accountants）。

银行具有较大会计裁量权空间的会计核算过程设计专门的内控程序，将这些内控程序列入年度内部控制报告中，要求银行说明这些程序的执行情况并要求独立公共会计师实施审计程序。依据本书的研究发现，对金融资产减值、金融资产分类和第二层级、第三层级公允价值计量等会计核算设计有针对性的内控程序非常有必要。这是因为商业银行资产总额的 80% 以上为金融资产，在这些资产的减值、分类和公允价值计量中银行有较大裁量权，加之相关会计核算涉及金额较大，使裁量权运用能够对净利润和资本监管指标产生较大影响，因此银行在监管资本压力较大时有较强动机在上述会计核算中实施会计裁量权虚增监管资本行为。

参考文献

[1] 巴曙松，金玲玲.《巴塞尔协议Ⅲ》下的资本监管进程及其影响[J]. 西部论丛，2010（10）：50－53.

[2] 陈超，魏静宜，曹利. 中国商业银行通过贷款损失准备计提进行盈余平滑吗？[J]. 金融研究，2015（12）：46－63.

[3] 成洁. 中国资本充足率监管与商业银行风险承担：理论与经验研究[D]. 杭州：浙江大学，2013.

[4] 丁友刚，岳小迪. 贷款拨备、会计透明与银行稳健[J]. 会计研究，2009（03）：31－38.

[5] 范小云，廉永辉. 资本充足率缺口下的银行资本和风险资产调整研究[J]. 世界经济，2016（04）：145－169.

[6] 郭峰，刘冲. 风动还是帆动：银监局局长更替与城商行策略性信息披露[J]. 金融学季刊，2016（03）：85－106.

[7] 黄世忠. 公允价值会计：面向21世纪的计量模式[J]. 会计研究，1997（12）：2－5.

[8] 李青原，陈世来，陈昊. 金融强监管的实体经济效应——来自资管新规的经验证据[J]. 经济研究，2022（01）：137－154.

[9] 李维安，王倩. 监管约束下我国商业银行资本增长与融资行为[J]. 金融研究，2012（07）：15－30.

[10] 李艳虹. 股权结构与商业银行绩效：国际比较与我国实证[J]. 金融研究，2008（11）：138－145.

[11] 梁浩，于永生. 商业银行会计问题研究——基于双重监管差异视角[M]. 成都：西南财经大学出版社，2022.

[12] 梁浩，于永生．资本监管压力与会计政策调整——基于 A 股上市商业银行数据的实证研究 [J]．财经论丛，2020 (01)：75 - 84.

[13] 梁媛．银行资本结构决定的特殊性与资本充足率监管 [J]．财经科学，2002 (05)：18 - 21.

[14] 刘峰，司世阳，路之光．会计的社会功用——基于非历史成本研究的回顾 [J]．会计研究，2009 (01)：36 - 42.

[15] 刘晓锋，朱大鹏，黄文凡．资本约束对我国商业银行资产负债表影响的实证研究 [J]．国际金融研究，2016 (05)：61 - 71.

[16] 刘玉廷．金融保险会计准则与监管规定的分离趋势与我国的改革成果 [J]．会计研究，2010 (04)：3 - 6.

[17] 罗培新．美国金融监管的法律与政策困局之反思——兼及对我国金融监管之启示 [J]．中国法学，2009 (03)：91 - 105.

[18] 沈庆劼．资本压力、股权结构与商业银行监管资本套利——基于 1994—2011 年我国商业银行混合截面数据 [J]．管理评论，2014 (10)：56 - 63.

[19] 司振强．会计准则与金融监管协调发展研究 [D]．大连：东北财经大学，2009.

[20] 宋洪吉，李慧．关于贷款减值准备与监管资本关系的研究——基于银行逆周期监管视角 [J]．农村金融研究，2013 (04)：28 - 32.

[21] 孙志红，豆春芳．资本监管、流动性冲击与商业银行资产配置行为 [J]．国际商务（对外经济贸易大学学报），2021 (05)：110 - 126.

[22] 王冠中．《商业银行资本管理办法（试行）》解读 [J]．北京金融评论，2013 (04)：264 - 276.

[23] 王守海，张晖，陈作华，等．会计准则与金融监管规则协调研究：理论基础、评价标准与政策建议 [J]．会计研究，2018 (03)：12 - 18.

[24] 王莹．我国上市银行贷款损失准备计提因素分析 [J]．中国证券期货，2011 (06)：11 - 12.

[25] 武辉，王竹泉．国家治理框架下善治导向的会计监督体系重构 [J]．会计研究，2019 (04)：3 - 10.

［26］谢志华．财务会计目标：演变与动因［J］．北京工商大学学报（社会科学版），2014（01）：7－12.

［27］许友传．资本约束下的银行资本调整与风险行为［J］．经济评论，2011（01）：79－86.

［28］杨新兰．资本监管下银行资本与风险调整的实证研究［J］．国际金融研究，2015（07）：67－74.

［29］于永生．商业银行会计制度对资本监管影响［J］．财经论丛，2017a（05）：102－112.

［30］于永生．商业银行会计监管与资本监管冲突根源及化解策略［J］．会计研究，2017b（08）：12－18.

［31］于永生，徐宸．审慎过滤器调整对A股上市商业银行金融投资的影响［J］．上海立信会计金融学院学报，2022（02）：3－14.

［32］袁鲲，王娇．贷款损失准备计提、管理动机与商业银行顺周期性——基于中国上市银行的实证研究［J］．财经论丛，2014（07）：38－44.

［33］郑伟．预期损失模型缺陷与会计监管独立性问题研究——基于对IASB《金融工具：摊余成本和减值》征求意见稿的分析［J］．会计研究，2010（05）：17－24.

［34］ABDUL ADZIS A，TRIPE D W，DUNMORE P. IAS 39，income smoothing，and pro－cyclicality：evidence from Hong Kong banks［J］．Journal of Financial Economic Policy，2016，8（1）：80－94.

［35］ACHARYA V V，RYAN S G. Banks' financial reporting and financial system stability［J］．Journal of Accounting Research，2016，54（2）：277－340.

［36］ADMATI A R，DEMARZO P M，HELLWIG M F，et al. The leverage ratchet effect［J］．The Journal of Finance，2018，73（1）：145－198.

［37］AHMED A S，TAKEDA C，THOMAS S. Bank loan loss provisions：a reexamination of capital management，earnings management and signaling effects［J］．Journal of Accounting and Economics，1999，28（1）：1－25.

［38］AMERICAN B A. Treatment of unrealized gains and losses under the

Basel Ⅲ capital framework [J]. Comment Letter, 2012.

[39] ANANDARAJAN A, HASAN I, MCCARTHY C. Use of loan loss provisions for capital, earnings management and signalling by Australian banks [J]. Accounting & Finance, 2007, 47 (3): 357 -379.

[40] ARGIMON I, DÜLLMANN K, FOOS D, et al. The interplay of accounting and regulation and its impact on bank behaviour: Literature review [J]. Bank for International Settlements Working Paper, 2015 (28).

[41] ARGIMÓN I, DIETSCH M, ESTRADA Á. Prudential filters, portfolio composition at fair value and capital ratios in European banks [J]. Journal of Financial Stability, 2018 (39): 187 -208.

[42] BCBS. Guidelines on Prudential Filters for Regulatory Capital [R]. https: //www. eba. europa. eu, 2004a.

[43] BCBS. Capital treatment of certain items under IFRS [R]. https: //www. bis. org/press/p040720. htm, 2004b.

[44] BCBS. Regulatory capital in light of forthcoming changes in accounting standards [R]. https: //www. bis. org/press/p040608. htm, 2004c.

[45] BCBS. Basel Ⅲ - A global regulatory framework for more resilient banks and banking system, part 1 Minimum capital requirements and buffers [R]. https: //www. bis. org/publ/bcbs189. htm, 2010.

[46] BALLA E, ROMERO J S, ROSE M J. Loan loss reserve accounting and bank behavior [J]. Richmond Fed Economic Brief, 2012 (5): 314 -326.

[47] BARTH M E, GOMEZ - BISCARRI J, KASZNIK R, et al. Bank earnings and regulatory capital management using available for sale securities [J]. Review of Accounting Studies, 2017 (22): 1761 -1792.

[48] BEATTY A. The effects of fair value accounting on investment portfolio management: how fair is it? [J]. Federal Reserve Bank of St. Louis Review, 1995a (1): 25 -39.

[49] BEATTY A, CHAMBERLAIN S L, MAGLIOLO J. Managing Financial Reports of Commercial Banks: The Influence of Taxes, Regulatory Capital,

and Earnings [J]. Journal of Accounting Research, 1995b, 33 (2): 231 - 261.

[50] BEATTY A, LIAO S. Regulatory capital ratios, loan loss provisioning and procyclicality [R]. https://www.bis.org, 2009.

[51] BEATTY A, LIAO S. Do delays in expected loss recognition affect banks' willingness to lend? [J]. Journal of Accounting and Economics, 2011, 52 (1): 1 - 20.

[52] BEATTY A, LIAO S. Financial accounting in the banking industry: A review of the empirical literature [J]. Journal of Accounting and Economics, 2014, 58 (2): 339 - 383.

[53] BECHT M, BOLTON P, RÖELL A. Why bank governance is different [J]. Oxford Review of Economic Policy, 2011, 27 (3): 437 - 463.

[54] BECK P J, CHEN Z, LI B, et al. The Relevance of Discretionary Loan Loss Provisions During the Financial Crisis [J]. Available at SSRN 2835606, 2019.

[55] BEN OTHMAN H, MERSNI H. The use of discretionary loan loss provisions by Islamic banks and conventional banks in the Middle East region: A comparative study [J]. Studies in Economics and Finance, 2014, 31 (1): 106 - 128.

[56] BERGER A N, HERRING R J, SZEGÖ G P. The role of capital in financial institutions [J]. Journal of Banking & Finance, 1995, 19 (3 - 4): 393 - 430.

[57] BERNANKE B S, LOWN C S, FRIEDMAN B M. The credit crunch [J]. Brookings Papers on Economic Activity, 1991 (2): 205 - 247.

[58] BERNILE G. Report and Recommendations Pursuant to Section 133 of the Emergency Economic Stabilization Act of 2008: Study on Mark - To - Market Accounting [J]. Working Paper, 2009.

[59] BIKKER J A, METZEMAKERS P A. Is bank capital procyclical? A cross - country analysis [J]. Credit and Capital Markets - Kredit und Kapital,

2007, 40 (2): 225 - 264.

[60] BISCHOF J, BRÜGGEMANN U, DASKE H. Fair value reclassifications of financial assets during the financial crisis [J]. SSRN Working Paper Series, 2014.

[61] BLAŽEKOVÁ P. The impact of IFRS 9 (increase in credit risk provisioning) on banks' regulatory capital [J]. Comenius Management Review, 2017, 11 (2): 27 - 42.

[62] BOARD F S. Report of the Financial Stability Forum on addressing procyclicality in the financial system [J]. Basel. April, 2009.

[63] BOUVATIER V, LEPETIT L. Banks' procyclical behavior: Does provisioning matter? [J]. Journal of International Financial Markets, Institutions and Money, 2008, 18 (5): 513 - 526.

[64] BOWEN R M, RAJGOPAL S, VENKATACHALAM M. Accounting discretion, corporate governance, and firm performance [J]. Contemporary Accounting Research, 2008, 25 (2): 351 - 405.

[65] BRATTEN B, CAUSHOLLI M, MYERS L A. Fair value exposure, auditor specialization, and banks' discretionary use of the loan loss provision [J]. Journal of Accounting, Auditing & Finance, 2020, 35 (2): 318 - 348.

[66] BUSHMAN R M. Transparency, accounting discretion, and bank stability [J]. Economic Policy Review, 2016 (8): 129 - 149.

[67] BUSHMAN R M, WILLIAMS C D. Accounting discretion, loan loss provisioning, and discipline of Banks' risk - taking [J]. Journal of Accounting and Economics, 2012, 54 (1): 1 - 18.

[68] BUSHMAN R M, WILLIAMS C D. Delayed expected loss recognition and the risk profile of banks [J]. Journal of Accounting Research, 2015, 53 (3): 511 - 553.

[69] CAMFFERMAN K. The emergence of the "incurred - loss" model for credit losses in IAS 39 [J]. Accounting in Europe, 2015, 12 (1): 1 - 35.

[70] CARBONI M, FIORDELISI F, GIRARDONE C, et al. Levels 2

and 3 Instruments and Stock Price Crash Risk: Evidence From European Banks [J]. Available at SSRN 3562228, 2020.

[71] CHANG R, SHEN W, FANG C. Discretionary Loan Loss Provisions And Earnings Management For The Banking Industry [J]. International Business & Economics Research Journal, 2008, 7 (3).

[72] CHIRCOP J, NOVOTNY-FARKAS Z. The economic consequences of extending the use of fair value accounting in regulatory capital calculations [J]. Journal of Accounting and Economics, 2016, 62 (2): 183-203.

[73] COHEN B H, SCATIGNA M. Banks and capital requirements: Channels of adjustment [J]. Journal of Banking & Finance, 2016 (69): S56-S69.

[74] COLLINS J H, SHACKELFORD D A, WAHLEN J M. Bank differences in the coordination of regulatory capital, earnings, and taxes [J]. Journal of Accounting Research, 1995, 33 (2): 263-291.

[75] CUMMINGS J R, DURRANI K J. Effect of the Basel Accord capital requirements on the loan-loss provisioning practices of Australian banks [J]. Journal of Banking & Finance, 2016 (67): 23-36.

[76] DELOITTE. The Auditor's response to the risks of material misstatement posed by estimates of expected credit losses under IFRS 9 [R]. https://www.iasplus.com, 2017.

[77] De JONGHE O, ÖZTEKIN Ö. Bank capital management: International evidence [J]. Journal of Financial Intermediation, 2015, 24 (2): 154-177.

[78] DELI Y D, HASAN I. Real effects of bank capital regulations: Global evidence [J]. Journal of Banking & Finance, 2017 (82): 217-228.

[79] DIAMOND D W, RAJAN R G. Fear of fire sales, illiquidity seeking, and credit freezes [J]. The Quarterly Journal of Economics, 2011, 126 (2): 557-591.

[80] DOMIKOWSKY C, BORNEMANN S, DUELLMANN K, et al. Loan loss provisioning and procyclicality: Evidence from an expected loss model

[J]. Working Paper, 2014.

[81] DOU Y, RYAN S G, XIE B. The real effects of FAS 166/167 on banks' mortgage approval and sale decisions [J]. Journal of Accounting Research, 2018, 56 (3): 843-882.

[82] DUGAN J C. Remarks by John C. Dugan Comptroller of the Currency before the Institute of International Bankers [J]. Working Paper, 2009.

[83] ESRB. Macroprudential implications of financial instruments in Levels 2 and 3 for accounting purposes [R]. https://www.regulationtomorrow.com, 2020.

[84] EL SOOD H A. Loan loss provisioning and income smoothing in US banks pre and post the financial crisis [J]. International Review of Financial Analysis, 2012 (25): 64-72.

[85] ELLUL A, JOTIKASTHIRA C, LUNDBLAD C T, et al. Is historical cost accounting a panacea? Market stress, incentive distortions, and gains trading [J]. The Journal of Finance, 2015, 70 (6): 2489-2538.

[86] ENRIA A, CAPPIELLO L, DIERICK F, et al. Fair value accounting and financial stability [J]. European Central Bank, 2004.

[87] FARGHER N, ZHANG J Z. Changes in the measurement of fair value: Implications for accounting earnings [J]. Accounting Forum, 2014, 38 (3): 184-199.

[88] FAROOK S, HASSAN M K, CLINCH G. Islamic bank incentives and discretionary loan loss provisions [J]. Pacific-Basin Finance Journal, 2014 (28): 152-174.

[89] FIECHTER P. Reclassification of financial assets under IAS 39: Impact on European banks' financial statements [J]. Accounting in Europe, 2011, 8 (1): 49-67.

[90] FLORO D. Loan loss provisioning and the business cycle: Does capital matter? Evidence from Philippine banks [J]. Bank for International Settlements, 2010.

[91] FUSTER A, VICKERY J. What Happens When Regulatory Capital is Marked to Market? [J]. Working Paper, 2018.

[92] GEBHARDT G. Impairments of Greek government bonds under IAS 39 and IFRS 9: A case study [J]. Accounting in Europe, 2016, 13 (2): 169 – 196.

[93] GEBHARDT G U, NOVOTNY FARKAS Z. Mandatory IFRS adoption and accounting quality of European banks [J]. Journal of Business Finance & Accounting, 2011, 38 (3 – 4): 289 – 333.

[94] GORNJAK M. Comparison of IAS 39 and IFRS 9: The analysis of replacement [J]. International Journal of Management, Knowledge and Learning, 2017, 6 (1): 115 – 130.

[95] HASHIM N, LI W, O HANLON J. Expected – loss – based accounting for impairment of financial instruments: The FASB and IASB proposals 2009 – 2016 [J]. Accounting in Europe, 2016, 13 (2): 229 – 267.

[96] HEALY P M. The effect of bonus schemes on accounting decisions [J]. Journal of Accounting and Economics, 1985, 7 (1): 85 – 107.

[97] HEALY P M, WAHLEN J M. A review of the earnings management literature and its implications for standard setting [J]. Accounting Horizons, 1999, 13 (4): 365 – 383.

[98] HERZ R H. Accounting standards and bank regulation [J]. International Journal of Disclosure and Governance, 2010, 7 (2): 97 – 107.

[99] HODDER L, KOHLBECK M, MCANALLY M L. Accounting choices and risk management: SFAS No. 115 and US bank holding companies [J]. Contemporary Accounting Research, 2002, 19 (2): 225 – 270.

[100] HUIAN M C. Accounting for financial assets and financial liabilities according to IFRS 9 [J]. Analele Ştiinţifice ale Universităţii Alexandru Ioan Cuza din Iaşi. Ştiinţe economice, 2012, 59 (1): 27 – 47.

[101] HUIZINGA H, LAEVEN L. Bank valuation and accounting discretion during a financial crisis [J]. Journal of Financial Economics, 2012, 106

(3): 614 -634.

[102] JIN J, KANAGARETNAM K, LOBO G J. Discretion in bank loan loss allowance, risk taking and earnings management [J]. Accounting & Finance, 2018, 58 (1): 171 -193.

[103] JONES J J. Earnings Management During Import Relief Investigations [J]. Journal of Accounting Research, 1991, 29 (2): 193 -228.

[104] JONES D. Emerging problems with the Basel Capital Accord: Regulatory capital arbitrage and related issues [J]. Journal of Banking & Finance, 2000, 24 (1): 35 -58.

[105] JONES J S, LEE W Y, YEAGER T J. Valuation and systemic risk consequences of bank opacity [J]. Journal of Banking & Finance, 2013, 37 (3): 693 -706.

[106] KASHYAP A, RAJAN R, STEIN J. Rethinking capital regulation [J]. Maintaining Stability in a Changing Financial System, 2008 (43171) .

[107] KILIC E, LOBO G J, RANASINGHE T, et al. The impact of SFAS 133 on income smoothing by banks through loan loss provisions [J]. The Accounting Review, 2013, 88 (1): 233 -260.

[108] KIM S, KIM S, RYAN S G. Economic consequences of the AOCI filter removal for advanced approaches banks [J]. The Accounting Review, 2019, 94 (6): 309 -335.

[109] KIM S. Delays in banks' loan loss provisioning and economic downturns: Evidence from the US housing market [J]. Journal of Accounting Research, 2022, 60 (3): 711 -754.

[110] KIM M, KROSS W. The impact of the 1989 change in bank capital standards on loan loss provisions and loan write -offs [J]. Journal of Accounting and Economics, 1998, 25 (1): 69 -99.

[111] KOCH T W, WALL L D. Bank loan -loss accounting: a review of theoretical and empirical evidence [J]. Economic Review, 2000a, 85 (Q2): 1 -20.

［112］ KOCH T W， WALL L D. The use of accruals to manage reported earnings：Theory and evidence ［J］． Federal Reserve Bank of Atlanta Working Paper，2000b（23）．

［113］ KOHLBECK M， SMITH T， VALENCIA A. Auditors and net transfers of Level 3 fair – valued financial instruments ［J］． Advances in Accounting，2017（36）：27 –39.

［114］ LAEVEN L. Corporate Governance：What's Special About Banks？［J］． Annual Review of Financial Economics，2013，5（1）：63 –92.

［115］ LAEVEN L， MAJNONI G. Loan loss provisioning and economic slowdowns：too much， too late？［J］. Journal of Financial Intermediation，2003，12（2）：178 –197.

［116］ LINSMEIER T J. Financial reporting and financial crises：The case for measuring financial instruments at fair value in the financial statements ［J］． Accounting Horizons，2011，25（2）：409 –417.

［117］ LUBBERINK M. A Primer on Regulatory Bank Capital Adjustments ［J］． Available at SSRN：https：//ssrn. com/abstract =2305052，2014.

［118］ MAHIEUX L， SAPRA H， ZHANG G. CECL：Timely loan loss provisioning and bank regulation ［J］． Journal of Accounting Research，2023，61（1）：3 –46.

［119］ MALIK A， UD DIN S， SHAFI K， et al. Accounting Discretion，Loan Loss Provision in Financial Distress：Evidence from Commercial Banks ［J］． Zagreb International Review of Economics & Business，2022，25（2）：1 –18.

［120］ MOYER S E. Capital adequacy ratio regulations and accounting choices in commercial banks ［J］． Journal of Accounting and Economics，1990，13（2）：123 –154.

［121］ NELSON B， WOHLMANNSTETTER G， FERRON – JOLYS M，et al. Focus on transparency – Trends in the presentation of financial statements and disclosure of information by European banks ［J］． KPMG，London，2008.

［122］ NG E C Y. Housing market dynamics in China：Findings from an estimated DSGE model [J]. Journal of Housing Economics, 2015 (29): 26 -40.

[123] NG J, ROYCHOWDHURY S. Do loan loss reserves behave like capital? Evidence from recent bank failures [J]. Review of Accounting Studies, 2014 (19): 1234 -1279.

[124] NISSIM D, PENMAN S H. Fair value accounting in the banking industry [R]. https://academiccommons.columbia.edu, 2007.

[125] NISWANDER F, SWANSON E P. Loan, security, and dividend choices by individual (unconsolidated) public and private commercial banks [J]. Journal of Accounting and Public Policy, 2000, 19 (3): 201 -235.

[126] NOVOTNY -FARKAS Z. The interaction of the IFRS 9 expected loss approach with supervisory rules and implications for financial stability [J]. Accounting in Europe, 2016, 13 (2): 197 -227.

[127] ORBÁN I, TAMIMI O. Accounting Model for Impairment under IFRS 9 and its Impact on Loss Allowance [J]. European Research Studies Journal, 2020, 23 (4): 1259 -1277.

[128] OZILI P K. Loan loss provisioning, income smoothing, signaling, capital management and procyclicality: does IFRS matter? Empirical evidence from Nigeria [J]. Mediterranean Journal of Social Sciences, 2015, 6 (2): 224 -232.

[129] PACKER F, ZHU H. Loan loss provisioning practices of Asian banks [J]. Available at SSRN: https://ssrn.com/abstract=2038215, 2012.

[130] POOL S, de HAAN L, JACOBS J P A M. Loan loss provisioning, bank credit and the real economy [J]. Journal of Macroeconomics, 2015 (45): 124 -136.

[131] POZEN R C. Is it fair to blame fair value accounting for the financial crisis? [J]. Harvard Business Review, 2009, 87 (11): 84 -92.

[132] RIME B. Capital requirements and bank behaviour: Empirical evidence for Switzerland [J]. Journal of Banking & Finance, 2001, 25 (4): 789 -805.

[133] ROBINSON D, SMITH T, VALENCIA A. Does managerial opportunism explain the differential pricing of level 3 fair value estimates? [J]. Journal of Financial Research, 2018, 41 (2): 253 -289.

[134] RYAN S G. Do the effects of accounting requirements on banks' regulatory capital adequacy undermine financial stability? [J]. Annual Review of Financial Economics, 2017 (9): 1 -20.

[135] RYAN S G. Recent research on banks' financial reporting and financial stability [J]. Annual Review of Financial Economics, 2018 (10): 101 -123.

[136] SCHOLES M S, WILSON G P, WOLFSON M A. Tax planning, regulatory capital planning, and financial reporting strategy for commercial banks [J]. The Review of Financial Studies, 1990, 3 (4): 625 -650.

[137] SHAWTARI F A, SAITI B, ABDUL RAZAK S H, et al. The impact of efficiency on discretionary loans/finance loss provision: A comparative study of Islamic and conventional banks [J]. Borsa Istanbul Review, 2015, 15 (4): 272 -282.

[138] SHEFFER S. Fair Value Accounting: Villain or Innocent Victim [J]. Exploring the Links Between Fair Value, 2010.

[139] SHRIEVES R E, DAHL D. Discretionary accounting and the behavior of Japanese banks under financial duress [J]. Journal of Banking & Finance, 2003, 27 (7): 1219 -1243.

[140] SONG G. Can accounting rules be made neutral for bank capital regulation? [J]. Journal of Governance and Regulation, 2012, 1 (3): 27 -35.

[141] SPATT C S. Regulatory Conflict: Market Integrity Vs. Financial Stability [J]. University of Pittsburgh Law Review, 2009, 71 (3).

[142] THOMAS R S, TRICKER P C. Shareholder Voting in Proxy Contests for Corporate Control, Uncontested Director Elections and Management Proposals: A Review of the Empirical Literature [J]. Oklahoma Law Review,

2017, 70 (1): 9.

[143] TRAN D V, HASSAN M K, HOUSTON R. Discretionary loan loss provision behavior in the US banking industry [J]. Review of Quantitative Finance and Accounting, 2020, 55 (2): 605 - 645.

[144] VYAS D. The timeliness of accounting write - downs by US financial institutions during the financial crisis of 2007 - 2008 [J]. Journal of Accounting Research, 2011, 49 (3): 823 - 860.

[145] WHEELER P B. Loan loss accounting and procyclical bank lending: The role of direct regulatory actions [J]. Journal of Accounting and Economics, 2019, 67 (2): 463 - 495.

[146] YAO D, PERCY M, STEWART J, et al. Determinants of discretionary fair value measurements: the case of Level 3 assets in the banking sector [J]. Accounting & Finance, 2018, 58 (2): 561 - 597.

后　　记

本书是笔者承担的国家社科基金项目——“商业银行会计方法虚增资本引发的风险隐患与防控对策研究”（项目编号：21BJY050）的结题成果。

对这一课题的最初研究来自笔者对公允价值会计问题的长期关注和思考。2008 年全球金融危机中公允价值、贷款减值等会计问题受到前所未有的关注，甚至成为 G20 峰会领导人持续讨论的重要议题，这促使笔者对相关问题展开更深入、更系统的研究。随着研究的深入，笔者认识到，商业银行受会计监管与资本监管的双重约束但两者的目标定位存在差异，商业银行执行这些目标存在差异且捆绑在一起的制度组合则会对金融市场产生负面效应，即双重监管差异的负面效应，这是公允价值、贷款减值等会计问题在金融危机期间备受关注的根源。

有了这样的想法和认识之后，笔者开始收集相关理论、文献、案例和数据，不仅获得了大量欧美学者基于 2008 年全球金融危机研究的理论和证据，也从 2013 年提高监管资本要求以来我国银行业投资决策调整和个别银行爆雷事件中认识到，双重监管差异的负面效应在我国也存在。在系统性金融风险防控提升至国家战略层面的背景下，对这一问题进行研究具有一定现实意义。于是笔者于 2011 年以“商业银行会计监管与资本监管冲突根源及化解策略研究”为题申报国家社科基金项目并获得立项。

在研究该课题过程中，笔者进一步认识到，双重监管差异的重要负面效应之一是它为银行提供了虚增监管资本的合法渠道，运用这些渠道虚增监管资本不仅在欧美国家银行业司空见惯，而且在我国银行业也偶有发生，是引发系统性金融风险的诱因之一。这实质上就是 2022 年诺贝尔经济学奖获得者 Ben Bernanket（1991）提出的“资本紧缩理论”所描述的问题。于是笔者于 2021 年又以“商业银行会计方法虚增资本引发的风险隐患与防控对策研究”为题申报国家社科基金项目并获得立项。

本书是一项跨学科研究，涉及会计、金融和政府管制等相关理论。在研究中，浙江财经大学王俊豪教授给予了诸多思想和理论上的指导，另外笔者也拜读了王俊豪教授出版和发表的相关专著和论文，这些文献为本研究提供了重要支撑。

中国财政经济出版社樊清玉编辑为本书出版给予了大力支持，在此表示感谢！

于永生　卢桂荣

2024 年 12 月